배지윤의 아테나 유아교육과정

# 2019 개정 누리과정
## 총정리 문제집

# 머리말

공립유치원교사를 목표로 오늘도 열심히 매진중인 수험생 여러분께

최근 유아·놀이 중심 교육과정을 지향하며 「2019 개정 누리과정」이 제정·고시되었습니다. 「2019 개정 누리과정」과 관련된 교육부 자료는 「2019 개정 누리과정 해설서」, 「2019 개정 누리과정 놀이 이해자료」, 「2019 개정 놀이 실행자료」, 「2019 개정 누리과정 놀이 운영사례집」입니다.

이 책은 공립유치원 임용시험 출제 범위인 「2019 개정 누리과정 해설서」, 「2019 개정 누리과정 놀이 이해자료」, 「2019 개정 놀이 실행자료」(이하 「2019 개정 해·이·실」)를 꼼꼼하게 이해하고, 관련 고시문 등을 암기하는 데 도움을 드리고자 집필되었습니다. 이 책은 크게 세 가지 작은 책으로 구성되어 있습니다. 「본책」, 「정답과 해설」, 「암기훈련」입니다.

「본책」은 「2019 개정 해·이·실」을 완벽하게 이해하고 필요한 내용을 암기할 수 있는 문제로 구성했습니다. 문제 구성 순서는 「2019 개정 누리과정 해설서」를 기준으로 하여 이와 연관된 「2019 개정 놀이 실행자료」의 내용을 통합하여 이해의 효율을 높일 수 있도록 했고, 「2019 개정 놀이 실행자료」와 「2019 개정 놀이 이해자료」에만 나오는 내용은 뒤에 별도로 문제를 추가했습니다. 문제의 목표는 「2019 개정 누리과정」의 내용을 얼마만큼 이해하고 암기하고 있는가를 점검하는 것이 아닌, 문제를 푸는 과정에서 자동적으로 「2019 개정 누리과정」을 이해하고 암기하는 것입니다. 따라서 「정답과 해설」을 함께 보면서 문제를 풀어도 좋고, 「2019 개정 해·이·실」 원본이나 「배지윤의 누리해설」(배지윤 연구소 정리·발간, 2020)을 보면서 문제를 확인해도 좋습니다.

「정답과 해설」에는 문제의 출처 페이지를 함께 수록하여 전체 맥락이 궁금한 분들은 직접 「2019 개정 해·이·실」 원본 혹은 「배지윤의 누리해설」을 확인할 수 있도록 구성했습니다.

다음으로, 「암기훈련」은 시험 출제 빈도가 높은 고시문과 간략한 설명을 암기하기 용이하도록 총론을 둘로 나누고 5개 영역을 순서대로 추가하여 총 7개의 파트로 구성했습니다. 각각의 파트는 1회부터 5회까지, 점차 암기 분량을 늘려나가도록 배치하여 부담감을 덜고 재미있게 반복·암기가 가능하도록 했습니다. 처음에는 하루에 7개 파트 중 하나의 파트를 5회 정도 반복하면서 학습하고, 어느 정도 암기가 되었다면 하루에 7개 파트 전체를 1회~2회 반복하면서 공부하는 것을 추천합니다.

아무쪼록 공립유치원교사 임용시험을 대비하며 다양하고 방대한 범위의 공부를 하는 수험생분들이 조금이나마 공부 부담을 덜고 「2019 개정 누리과정」을 더 잘 이해하여 현장에서 유능한 교사가 되는 데 이 책이 도움이 되었으면 합니다. 교재 집필 및 길고 긴 교정과정을 묵묵히 도와주신 우리교과서 관계자분들과 도희, 주희, 유리, 민희 선생님께 감사의 인사드립니다.

2021년 7월 배지윤 드림

# 차 례

**1 누리과정의 이해** ··· 5

    Ⅰ. 누리과정의 제정과 개정 ·················································· 6
    Ⅱ. 국가 수준 교육과정으로서 누리과정 ································· 7
    Ⅲ. 누리과정 개정의 취지 ···················································· 9
    Ⅳ. 누리과정의 주요 개정 내용 ············································ 11
    Ⅴ. 개정 누리과정의 구성 ···················································· 13

**2 총론 해설** ··· 15

    Ⅰ. 누리과정의 성격 ···························································· 16
    Ⅱ. 누리과정의 구성 방향 ···················································· 18
        1. 추구하는 인간상 ························································ 18
        2. 목적과 목표 ······························································ 20
        3. 구성의 중점 ······························································ 21
    Ⅲ. 누리과정의 운영 ···························································· 23
        1. 편성·운영 ································································ 23
        2. 교수·학습 ································································ 35
        3. 평가 ·········································································· 57

**3 영역별 목표 및 내용 해설** ··· 61

    Ⅰ. 신체운동·건강 ······························································ 63
    Ⅱ. 의사소통 ········································································ 70
    Ⅲ. 사회관계 ········································································ 77
    Ⅳ. 예술경험 ········································································ 83
    Ⅴ. 자연탐구 ········································································ 96

**4 「2019 개정 누리과정」 놀이 실행자료** ··· 105

    Ⅰ. 개정 누리과정과 교사의 역할
        1. 교육과정의 변화와 교사의 역할 ······························· 108
        2. 교육과정의 변화 준비하기 ······································· 108

**5 「2019 개정 누리과정」 놀이 이해자료** ··· 111

# 1 누리과정의 이해

I. 누리과정의 제정과 개정

II. 국가 수준 교육과정으로서 누리과정

III. 누리과정 개정의 취지

IV. 누리과정의 주요 개정 내용

V. 개정 누리과정의 구성

# 1 누리과정의 이해

## I. 누리과정의 제정과 개정

**01** 다음은 2019 누리과정 제정과 개정 관련 내용이다. 물음에 답하시오.

> 유치원교육과정은 ( ㉠ )년 최초로 국가 수준 교육과정으로 제정, 공포된 이후 여러 차례의 개정을 거쳐 「2007 개정 유치원 교육과정」으로 이어졌다. 한편 ( ㉡ )은/는 2007년 최초로 고시, 시행되었다. 이후 유치원에서는 ( ㉢ )을/를, 어린이집에서는 ( ㉡ )을/를 운영하였으나, 이원화된 운영체제를 정비해야 할 필요성이 제기되었다.

1) ㉠에 해당하는 말을 숫자로 쓰시오.
   - ㉠ : _____

2) ㉡과 ㉢에 해당하는 말을 쓰시오.
   - ㉡ : _____
   - ㉢ : _____

**02** 다음은 2019 누리과정 제정과 개정에 관련하여, 「5세 누리과정」 제정과 「3-5세 연령별 누리과정」 제정'에 대한 내용이다. 물음에 답하시오.

> 교육과학기술부와 보건복지부는 2011년 9월 「5세 누리과정」을 '( ㉠ )과정'으로 제정하여 고시하고 2012년 3월부터 유치원과 어린이집에 다니는 5세 모든 유아에게 ( ㉠ )(으)로 시행하였다. 2012년 7월, 유치원과 어린이집에 다니는 3~5세 유아를 위한 ㉡ 교육·보육을 통합한 '( ㉠ )과정'인 「3-5세 연령별 누리과정」이 고시되어, ( ㉢ )년 3월부터 시행되었다. 이후 2015년 3월, 「3-5세 연령별 누리과정」은 누리과정 운영 시간을 3-5시간에서 ( ㉣ )시간으로 조정하여 개정·고시되었다.

1) ㉠에 해당하는 말을 쓰시오.
   - ㉠ : _____

2) ㉢과 ㉣에 해당하는 말을 쓰시오.
   - ㉢ : _____
   - ㉣ : _____

3) ㉡과 관련하여 다음 「유아교육법」[시행 2021.6.23.]의 (     )에 해당하는 말을 쓰시오.

> 제2조(정의) 이 법에서 사용하는 용어의 뜻은 다음 각 호와 같다. 〈개정 2010.3.24., 2012.3.21.〉
> 1. "유아"란 만 3세부터 초등학교 취학전까지의 어린이를 말한다.
> 2. "유치원"이란 유아의 교육을 위하여 이 법에 따라 설립·운영되는 학교를 말한다.
> 3. "보호자"란 친권자·후견인 그 밖의 자로서 유아를 사실상 보호하는 자를 말한다.

# 2019 개정 누리과정

··· (중략) ···
6. "방과후 과정"이란 제13조제1항에 따른 교육과정 이후에 이루어지는 그 밖의 (　　　)을/를 말한다.

• : _____

## Ⅱ 국가 수준 교육과정으로서 누리과정

**01** 다음은 '교육과정'에 대한 설명이다. 물음에 답하시오.

「2019 개정 누리과정」의 성격에서는 누리과정을 '국가 수준의 공통 교육과정'으로 명시하고 있다. 「2007 개정 유치원 교육과정」에서는 교육과정을 '학습자에게 제공할 학습경험을 미리 선정하고 ( ㉠ )하여 교육경험의 질을 구체적으로 관리하는 교육의 기본 설계도'로 정의하고 있다. 또 「2015 초·중등학교 교육과정」에서는 교육과정을 '학교의 교육 목적 및 목표를 달성하기 위해 ( ㉡ ) 또는 학습경험을 선정하고 ( ㉠ )하고 실천하고 평가하는 제 행위'로 정의하고 있다. 이와 함께 교육과정을 ㉢'학생이 경험하는 총체 또는 학교가 제공하는 경험의 총체'라는 광의의 의미로도 정의하고 있다. 개정 누리과정에서는 교육과정에 대한 이러한 다양한 해석을 바탕으로, 교육과정이 '교육 목표를 달성하기 위해 ( ㉡ )을/를 선정·( ㉠ )하는 방식'임을 고려하면서, '유아가 경험하는 총체'임에 중점을 두고 교사와 ( ㉣ )이/가 함께 만들어가는 교육과정의 중요성을 강조하였다.

**03** 다음은 '교육과정으로서 「2019 개정 누리과정」 개정'과 관련된 내용이다.

교육부는 국정과제 구현과 출발선 평등 실현을 위해 2017년 12월 '( ㉠ )'을/를 발표하였다. '( ㉠ )'의 주요 내용으로 '유아가 중심이 되는 놀이 위주의 교육과정 개편'이 명시되었다. 이에 유아·놀이 중심 교육과정 개편 방향을 반영하여 2019년 7월, 「2019 개정 누리과정」이 고시되었다. 「2019 개정 누리과정」은 유치원과 어린이집에 다니는 3~5세 유아에게 공통으로 적용되는 ( ㉡ )과정으로 2020년 3월부터 시행되었다.

1) ㉠에 해당하는 문서의 명칭을 쓰시오.
• ㉠ : _____

2) ㉡에 해당하는 말을 쓰시오.
• ㉡ : _____

1) ㉠과 ㉡, ㉣에 해당하는 말을 쓰시오.
• ㉠ : _____
• ㉡ : _____
• ㉣ : _____

# 1 누리과정의 이해

2) 블룸(Bloom, 1971), 아이즈너(Eisner, 1979)에 근거하여 ㉢과 관련 있는 교육과정의 명칭을 쓰시오.

> 학교의 물리적 조건, 지도 및 행정적 조직, 사회 및 심리적 상황을 통하여 학교에서는 의도하고 계획 세운 바 없으나 학교생활을 하는 동안에 은연중에 가지게 되는 경험을 말한다. 숨은 교육과정, 계획되지 않은 교육과정, 내현적 교육과정, 비형식적 교육과정 등으로 부르기도 한다. 이것은 주로 학생들의 태도·가치관·신념과 관련되는 정의적 측면에 영향을 주며, 학교의 문화풍토, 교사의 인격적 감화를 중시하고 있다.

- : _____

## 02 다음은 '국가 수준의 공통 교육과정'인 2019 개정 누리과정의 위상과 관련된 내용이다. 물음에 답하시오.

| 국가 수준 교육과정 | 국가 수준의 교육과정은 국가가 주체가 되어 제정·개정하고 고시하는 교육과정을 의미한다. 국가가 고시하는 교육과정은 학교에서 교육과정을 편성·운영할 때 필요한 공통적이고 일반적인 기준을 제시한 것이다. 이와 동시에 지역 및 기관 수준, 그리고 학급(반) 및 개인 수준의 다양성도 존중한다. 이는 국가 수준 교육과정이 국가에서 일방적으로 만들어서 '주어지는 교육과정'이 아니라 교육을 직접 실천하는 각 학교 수준에서 편성·운영하는 '( ⓐ )'(이)라는 것을 보여 준다. |
|---|---|
| 국가 수준의 ( ㉠ ) | 개정 누리과정은 국가 수준에서 교육과정에 대한 공통적 기준을 제시하는 한편, 지역, 기관 및 개인 수준의 특성을 반영하여 교육과정을 다양하게 운영하는 것을 추구한다. 국가 수준의 ( ㉠ )은/는 유치원과 어린이집에서 교육과정을 구성하고 운영할 때 고려해야 할 공통적이고 일반적 기준을 의미한다. |
| ( ㉡ ) 수준의 다양성 | 국가 수준의 교육과정을 바탕으로 각 시·도 교육청이나 시·군·구청에서 그 ( ㉡ ) 사회의 상황과 여건을 고려하여 누리과정을 특색 있게 운영하는 것을 의미한다. 시·도 교육청이나 시·군·구청은 그 ( ㉡ )의 유치원과 어린이집에서 누리과정을 운영할 때 ( ㉡ ) 수준의 특성을 반영할 수 있도록 안내하고 지원해야 한다. |
| ( ㉢ ) 수준의 다양성 | 각 유치원과 어린이집이 국가 수준 교육과정과 지역 수준 교육과정의 특성을 반영하는 동시에 각 ( ㉢ )의 철학, 학급(반) 및 학부모의 특성에 따라 누리과정을 자율적으로 운영하는 것을 의미한다. |
| ( ㉣ ) 수준의 다양성 | 교사가 담당 학급(반) 유아의 연령 및 개별 특성, 발달 수준 등 ( ⓑ )을/를 교육과정에 반영하여 운영하는 것을 의미한다. 교사는 유아를 개별적 특성을 가진 고유한 존재로 인정하며, 유아의 흥미와 관심을 교육과정에 반영하여 자율적으로 운영할 수 있다. |

1) ㉠~㉣에 해당하는 말을 쓰시오.
- ㉠ : _____
- ㉡ : _____
- ㉢ : _____
- ㉣ : _____

## 2019 개정 누리과정

2) ⓐ와 ⓑ에 들어갈 말을 각각 쓰시오.
- ⓐ : _____
- ⓑ : _____

3) 다음 (　　)에 공통으로 들어갈 말을 쓰시오.

> 국가 수준 교육과정으로서 개정 누리과정은 유아가 중심이 되고 놀이가 살아나는 교육과정을 추구한다. 유치원과 어린이집은 국가 수준에서 제시하는 공통성을 바탕으로 (　　)·놀이 중심 교육과정을 다양하게 실천해 갈 수 있다. 누리과정의 실행 주체인 교사는 국가가 제시하는 (　　)·놀이 중심 교육과정을 기초로 하되 자율적으로 (　　)와/과 함께 만들어가는 교육과정을 실천할 수 있다.

- : _____

---

### Ⅲ. 누리과정 개정의 취지

**01** 다음은 '2019 누리과정 개정의 취지'와 관련된 내용이다. ㉠~㉢에 들어갈 말을 순서대로 쓰시오.

> 최근 국내외 교육과정은 ( ㉠ )을/를 중심으로 미래 사회에 부응하는 방향으로 나아가고 있다. 미래 사회는 지식이 많은 사람보다는 지식을 잘 ( ㉡ )할 수 있는 사람을 필요로 한다. 또한 자연과 생명을 존중하며 다른 사람과 함께 살아가는 ( ㉢ )을/를 갖추고, 창조적 사고로 지속 가능한 사회를 만들어 갈 수 있는 ( ㉠ )을/를 갖춘 사람이 필요하다.

- : _____

**02** 다음은 '2019 누리과정 개정의 취지'와 관련된 내용이다. ㉠에 해당하는 「3-5세 연령별 누리과정」의 문제점을 쓰고, 이와 관련하여 ㉡에 해당하는 말을 쓰시오.

> 「3-5세 연령별 누리과정」은 유치원 교육과정과 3~5세 보육과정을 통합한 공통과정으로서 유치원과 어린이집 유아들이 공통의 교육내용을 경험할 수 있도록 하는 성과를 이루었다. 그러나 「3-5세 연령별 누리과정」은 ( ㉠ )하다는 문제가 있었다. 이에 「2019 개정 누리과정」에서는 새로운 시대의 요구에 따라, 교육내용을 ( ㉡ )하고 유아가 주도하는 놀이를 통해 배움이 구현될 수 있도록 유아·놀이 중심 교육과정으로 나아가고자 하였다.

- ㉠ : _____
- ㉡ : _____

# 1 누리과정의 이해

## 03
'2019 개정 누리과정 개정의 취지'에 근거하여 다음 물음에 답하시오.

> 박 교사 : '우리 동네'를 생활주제로 어떤 활동을 해야 할지 모르겠어요.
> 김 교사 : 저는 교사용 지도서를 보고 활동을 정했어요.
> 박 교사 : 저도 그래야겠네요. 흥미 영역은 어떻게 하실 거예요?
> 김 교사 : 제가 예전부터 생각해 놓았던 흥미 영역 활동이 있어서 주말에 바꾸어 놓으려고요.

1) 다음 각 교사의 교육 계획과 관련된 대화 내용 중 부적절한 점을 각각 1가지씩 찾아 쓰시오.
- ① : _____
- ② : _____

2) 다음은 사례의 교사들이 숙지해야 할 2019 개정 누리과정에서 강조하는 놀이의 방향에 대한 해설서의 내용이다. ㉠~㉣에 들어갈 말을 쓰시오.

> 개정 누리과정에서는 유아가 각자 자신에게 가장 적합한 방식으로 ( ㉠ ) 놀이하며 배운다는 점에 주목하여 유아가 ( ㉡ )하는 놀이를 강조하였다. 이처럼 개정 누리과정은 교사가 유아 놀이의 가치와 ( ㉢ )을/를 이해하고, 유아의 놀이를 통한 배움을 ( ㉣ )하도록 하는 데 중점을 두었다.

- ㉠ : _____
- ㉡ : _____
- ㉢ : _____
- ㉣ : _____

## 04
'2019 개정 누리과정 개정의 취지'에 근거하여 다음 ㉠과 ㉡의 이유를 쓰되, ㉠은 유아의 놀이 특성 측면에서, ㉡은 교사 측면에서 쓰시오.

> ㉠ 교사는 활동을 계획하고 준비하는 데 많은 시간을 보내기보다는 유아의 놀이를 이해하고 지원하는 데 더 많은 시간을 보낼 필요가 있다.
> ㉡ 개정 누리과정에서는 국가 수준의 공통 기준을 최소화하였다.

- ㉠ : _____
- ㉡ : _____

## Ⅳ 누리과정의 주요 개정 내용

**01** 2019 개정 누리과정의 주요 개정 내용 중 '국가 수준의 교육과정으로서 구성 체계를 확립'하기 위한 것은 무엇인지 다음 ㉠~㉥에 해당하는 말을 쓰시오.

| 개정 항목 | 해설 |
|---|---|
| '( ㉠ )'을/를 신설하여 누리과정이 '국가 수준의 공통 ( ㉡ )'임을 명시 | ◦ 유아 차원에서는 유치원과 어린이집에 다니는 3~5세 모든 유아가 편견이나 차별 없이 양질의 교육적 경험을 할 수 있음.<br>◦ 교사와 기관 차원에서는 누리과정 운영의 자율성을 가지면서도 국가 수준의 ( ㉡ )을/를 우선적으로 존중하여 운영해야 하는 책임감도 강화됨.<br>◦ 국가 차원에서는 누리과정이 현장에서 지속적으로 운영될 수 있도록 행정적·재정적 지원을 해야 하는 의무가 있음. |
| ( ㉢ ) 제시 | ◦ 건강한 사람, 자주적인 사람, 창의적인 사람, 감성이 풍부한 사람, 더불어 사는 사람.<br>◦ 누리과정 5개 영역의 내용을 경험하면서 유아가 어떠한 모습으로 성장해 가는지에 대한 교육적 비전을 명료히 제시함. |
| ( ㉣ )와/과의 구성 체계 및 교육내용 연계 | ◦ 누리과정 5개 영역의 내용은 초등학교 1학년의 교육내용을 ( ㉤ )하지 않도록 유의함.<br>◦ 누리과정은 유·초 연계에 있어서 보다 적정화된 교육내용의 계속성, 계열성, 통합성 및 ( ㉥ )을/를 확보함. |

- ㉠ : _____
- ㉡ : _____
- ㉢ : _____
- ㉣ : _____
- ㉤ : _____
- ㉥ : _____

**02** 2019 개정 누리과정의 주요 개정 내용 중 '유아·놀이 중심 교육과정 재정립'을 위한 것은 무엇인지 다음 ㉠~㉣에 해당하는 말을 쓰시오.

| 개정 항목 | 해설 |
|---|---|
| ( ㉠ ) 중심 교육과정에서 ( ㉡ )·놀이 중심 교육과정으로 변화 | ◦ 예를 들어, 교사가 계획하여 제안하는 자유선택활동을 유아가 주도하는 놀이로 대체하여 운영하도록 제안함. |
| 충분한 ( ㉢ )시간 확보 권장 | ◦ 유아가 몰입하여 놀이를 즐길 수 있도록 여유있게 시간을 확보하여 일과를 운영함. |
| 유아 놀이와 ( ㉣ )의 의미에 대한 재이해 | ◦ 교사가 가르치지 않아도 유아는 놀이하며 스스로 배울 수 있음.<br>◦ 5개 영역의 내용은 교사가 가르쳐야 할 내용이 아니라 유아가 경험하며 스스로 배우는 내용임. |

- ㉠ : _____
- ㉡ : _____
- ㉢ : _____
- ㉣ : _____

# 1 누리과정의 이해

**03** 2019 개정 누리과정의 주요 개정 내용 중 '5개 영역의 내용 간략화'를 위한 것은 무엇인지 ① 다음 ㉠~㉢에 해당하는 말을 순서대로 쓰시오. 그리고 ② ⓐ와 ⓑ에 해당하는 말을 순서대로 쓰되, ⓑ는 숫자로 쓰시오.

| 개정 항목 | 해설 |
|---|---|
| 교육과정 ( ㉠ )화 | ○ 교육과정 ( ㉠ )화는 국가 수준 교육과정의 기준을 상세하게 제시하는 대신 최소한의 기준을 제시하는 것을 의미함.<br>○ 교과 지식을 ( ⓐ )하여 학습자의 학습 부담을 줄이고, 학습경험의 질을 개선하는 것임.<br>○ 「3-5세 연령별 누리과정」에서 제시하였던 369개의 세부 내용을 총 ( ⓑ )개의 내용으로 ( ㉢ )함. |
| 유아가 경험해야 할 내용을 ( ㉡ ) 구분 없이 제시 | ○ 유아가 경험해야 할 내용을 ( ㉡ )에 따라 인위적으로 제한하기 어렵고, ( ㉡ )별 구분이 개별 유아의 배움의 특성을 제한할 수 있다는 우려를 반영함.<br>○ 유아가 놀이하는 실제 내용을 중심으로 누리과정을 운영해 갈 수 있는 토대가 된다는 점에서 의의가 있음. |
| ( ㉢ )된 내용으로 교사의 누리과정 실천 지원 | ○ 교사는 과다한 내용을 모두 가르쳐야 한다는 생각에서 벗어나서 ( ㉢ )된 내용을 유아의 놀이를 통한 배움과 연결하여 이해함으로써 유아·놀이 중심 교육과정을 용이하게 실천할 수 있음. |

- ① : _____
- ② : _____

**04** 다음은 2019 개정 누리과정의 주요 개정 내용 중 '교사의 자율성 강조'를 위한 것이다. 개정 항목의 ㉠~㉣에 해당하는 말을 쓰고, 해설의 ⓐ~ⓓ에 해당하는 말을 쓰시오.

| 개정 항목 | 해설 |
|---|---|
| 교사의 ( ㉠ ) 강조 | ○ 그동안 놀이 중심 교육과정의 실행을 어렵게 했던 고시문의 세부 지침 등을 ( ⓐ )함으로써 교사가 좀 더 ( ㉠ )을/를 가지고 유아·놀이 중심 교육과정을 실천할 수 있도록 함. |
| 교사의 ( ㉠ ) 강조 이유 | ○ 학습자 중심의 배움을 실현하는 데 교사의 ( ⓑ )이/가 중요한 역할을 하기 때문임.(유아의 놀이는 예측하기 어렵고 상황에 따라 다양하게 일어남) |
| ( ㉡ ) 형식과 방법의 자율화 | ○ 연간, 월간, 주간, 일일계획안의 형식과 내용을 개선하여 다양한 방식으로 ( ㉡ )을/를 작성할 수 있음.<br>○ ( ⓒ )을/를 최소화하고 유아가 실제 놀이하는 내용과 교사의 지원 계획을 자율적으로 기록하는 방식으로 ( ㉡ )을/를 개선할 수 있음. |
| ( ㉢ )의 운영 방식의 자율화 | ○ 기존에 유아의 놀이를 제한했던 고정된 ( ㉢ )의 개수, 유형, 운영 방식 등을 자율적으로 개선하여 유아의 자유로운 놀이가 가능하도록 제안함.<br>○ 미리 계획한 ( ⓓ )에 맞지 않는 놀이도 존중하고 지원할 수 있도록 함. |
| 5개 영역 ( ㉣ ) 방식의 다양화 | ○ 생활주제 외에도 교사가 자율성을 가지고 다양한 ( ㉣ ) 방식을 운영할 수 있음.<br>○ 유아는 놀이하면서 자연스럽게 5개 영역을 ( ㉣ )하여 경험하므로, 교사는 유아의 놀이를 존중함으로써 5개 영역의 ( ㉣ )을/를 실천할 수 있음. |

## 2019 개정 누리과정

| | |
|---|---|
| | ○ 미리 정해진 ( ⓓ )이/가 아니더라도, 유아의 놀이에서 나타나는 주제, 그림책, 사물 등을 활용하여 유아의 관심과 흥미를 중심으로 누리과정을 ( ㉢ )적으로 실천할 수 있음. |
| ( ㉣ )의 자율화 | ○ 기관과 학급(반) 수준에서 ( ㉣ )의 자율적 시행을 강조함.<br>○ 자율성이 강조되는 ( ㉣ )에서 고려해야 할 핵심 사항을 ( ㉣ )의 목적, ( ⓔ ), ( ⓕ ), ( ⓖ )(으)로 나누어 간략히 제시함.<br>○ 유아가 실제 놀이하는 내용과 교사의 지원 내용을 기록한 계획안 등을 유아 평가 및 누리과정 운영 평가와 연계하여 활용할 수 있도록 함. |

- ㉠ : _____
- ㉡ : _____
- ㉢ : _____
- ㉣ : _____
- ㉤ : _____
- ⓐ : _____
- ⓑ : _____
- ⓒ : _____
- ⓓ : _____
- ⓔ : _____
- ⓕ : _____
- ⓖ : _____

### Ⅴ 개정 누리과정의 구성

**01**  다음은 2019 개정 누리과정의 구성이다. ㉠~㉢에 해당하는 말을 쓰시오.

| 누리과정의 ( ㉠ ) | ○ 신설.<br>○ 개정 누리과정이 국가 수준 공통 교육과정임을 명시. | |
|---|---|---|
| 총론 | 누리과정의 구성 방향 | ( ㉡ )(신설) |
| | | 목적과 목표 |
| | | 구성의 중점 |
| | 누리과정의 운영 | 편성·운영 |
| | | 교수·학습 |
| | | 평가 |
| 영역별 목표 및 내용 | 신체운동·건강 | ( ㉢ )개 내용 |
| | 의사소통 | |
| | 사회관계 | |
| | 예술경험 | |
| | 자연탐구 | |

- ㉠ : _____
- ㉡ : _____
- ㉢ : _____

## 참고: 2019 개정 누리과정의 구성

| | | |
|---|---|---|
| **누리과정의 성격** | | '신설'<br>개정 누리과정이 국가 수준 공통 교육과정임을 명시<br><br>누리과정은 3~5세 유아를 위한 국가 수준의 공통 교육과정이다.<br><br>가. 국가 수준의 공통성과 지역, 기관 및 개인 수준의 다양성을 동시에 추구한다.<br>나. 유아의 전인적 발달과 행복을 추구한다.<br>다. 유아 중심과 놀이 중심을 추구한다.<br>라. 유아의 자율성과 창의성 신장을 추구한다.<br>마. 유아, 교사, 원장(감), 학부모 및 지역사회가 함께 실현해 가는 것을 추구한다. |
| **누리과정의 구성 방향** | 추구하는 인간상 | '신설'<br>가. 건강한 사람   나. 자주적인 사람<br>다. 창의적인 사람   라. 감성이 풍부한 사람   마. 더불어 사는 사람 |
| | 목적과 목표 | 누리과정의 목적은 유아가 놀이를 통해 심신의 건강과 조화로운 발달을 이루고 바른 인성과 민주 시민의 기초를 형성하는 데에 있다.<br><br>가. 자신의 소중함을 알고, 건강하고 안전한 생활 습관을 기른다.<br>나. 자신의 일을 스스로 해결하는 기초능력을 기른다.<br>다. 호기심과 탐구심을 가지고 상상력과 창의력을 기른다.<br>라. 일상에서 아름다움을 느끼고 문화적 감수성을 기른다.<br>마. 사람과 자연을 존중하고 배려하며 소통하는 태도를 기른다. |
| | 구성의 중점 | 가. 3~5세 모든 유아에게 적용할 수 있도록 구성한다.<br>나. 추구하는 인간상 구현을 위한 지식, 기능, 태도 및 가치를 반영하여 구성한다.<br>다. 신체운동·건강, 의사소통, 사회관계, 예술경험, 자연탐구의 5개 영역을 중심으로 구성한다.<br>라. 3~5세 유아가 경험해야 할 내용으로 구성한다.<br>마. 0~2세 보육과정 및 초등학교 교육과정과의 연계성을 고려하여 구성한다. |
| **누리과정의 운영** | 편성·운영 | 가. 1일 4~5시간을 기준으로 편성한다.<br>나. 일과 운영에 따라 확장하여 편성할 수 있다.<br>다. 누리과정을 바탕으로 각 기관의 실정에 적합한 계획을 수립하여 운영한다.<br>라. 하루 일과에서 바깥 놀이를 포함하여 유아의 놀이가 충분히 이루어지도록 편성하여 운영한다.<br>마. 성, 신체적 특성, 장애, 종교, 가족 및 문화적 배경 등으로 인한 차별이 없도록 편성하여 운영한다.<br>바. 유아의 발달과 장애 정도에 따라 조정하여 운영한다.<br>사. 가정과 지역사회와의 협력과 참여에 기반하여 운영한다.<br>아. 교사 연수를 통해 누리과정의 운영이 개선되도록 한다. |
| | 교수·학습 | 가. 유아가 흥미와 관심에 따라 놀이에 자유롭게 참여하고 즐기도록 한다.<br>나. 유아가 놀이를 통해 배우도록 한다.<br>다. 유아가 다양한 놀이와 활동을 경험할 수 있도록 실내외 환경을 구성한다.<br>라. 유아와 유아, 유아와 교사, 유아와 환경 간에 능동적인 상호작용이 이루어지도록 한다.<br>마. 5개 영역의 내용이 통합적으로 유아의 경험과 연계되도록 한다.<br>바. 개별 유아의 요구에 따라 휴식과 일상생활이 원활히 이루어지도록 한다.<br>사. 유아의 연령, 발달, 장애, 배경 등을 고려하여 개별 특성에 적합한 방식으로 배우도록 한다. |
| | 평가 | 가. 누리과정 운영의 질을 진단하고 개선하기 위해 평가를 계획하고 실시한다.<br>나. 유아의 특성 및 변화 정도와 누리과정의 운영을 평가한다.<br>다. 평가의 목적에 따라 적합한 방법을 사용하여 평가한다.<br>라. 평가의 결과는 유아에 대한 이해와 누리과정 운영 개선을 위한 자료로 활용할 수 있다. |
| **5개 영역** | | 신체운동·건강 / 의사소통 / 사회관계 / 예술경험 / 자연탐구 |

# 2

# 총론 해설

Ⅰ. 누리과정의 성격

Ⅱ. 누리과정의 구성 방향

　　1. 추구하는 인간상

　　2. 목적과 목표

　　3. 구성의 중점

Ⅲ. 누리과정의 운영

　　1. 편성·운영

　　2. 교수·학습

　　3. 평가

# 2 총론 해설

## I 누리과정의 성격

**01** 다음은 2019 개정 누리과정의 '성격'이다. ① 교육과정의 '성격'을 잘못 이해한 교사의 이름을 쓰고, ② 바르게 고쳐 쓰시오.

―〈성격〉―

누리과정은 3~5세 유아를 위한 국가 수준의 공통 교육과정이다.

김 교사 : 이번에 신설된 '성격'은 국가 수준 교육과정의 구성 체계를 확립하는 출발점이에요.
최 교사 : 여기서 '공통'이란 3~5세의 유아를 지칭하는 거예요.
황 교사 : 교육과정이란 누리과정을 운영할 때 우선적으로 고려해야 할 공통적이고 일반적인 기준을 국가가 고시한 것이에요.
송 교사 : 그래서 유치원과 어린이집에 다니는 3~5세 유아는 국가 수준의 교육과정에서 제시하는 기준에 따라 차별 없이 양질의 교육적 경험을 할 수 있게 되었어요.

- ① : _____
- ② : _____

**02** 다음 교사의 저널을 읽고 2019 개정 누리과정의 성격 중 '국가 수준의 ( ㉠ )와/과 지역, 기관 및 ( ㉡ ) 수준의 ( ㉢ )을/를 동시에 추구한다.'에 근거하여, ① ㉠~㉢에 해당하는 말을 쓰시오. 그리고 ② 다음 저널 내용 중 ㉠에 해당하는 내용과, ③ ㉡과 ㉢에 해당하는 내용을 찾아 쓰시오.

나는 2019 개정 누리과정 5개 영역의 내용에 근거하여 교육계획을 세웠다. 그런데 우리 유치원이 있는 지역은 해변이 있어 매년 여름이 되면 해변에 많은 관광객들이 온다. 올해는 군청에서 유아들의 그림으로 관광 홍보를 하고 싶다는 요청이 들어와 이와 관련하여 유아들은 이야기를 나누고 우리 지역을 홍보할 수 있는 그림을 협동하여 그리는 경험을 하였다. 옆 반 학부모 중 소방관으로 근무하시는 분이 계셔서 우리 반에도 초대하여 물놀이 시 주의사항에 대해 배웠다. 몇몇 아이들은 해변 홍보 그림보다는 물놀이 시 주의사항에 대해 동시를 짓고 싶어 했다. 또 다른 아이들은 미아 예방 노래를 만들고 싶어 하여 유아들의 흥미대로 활동할 수 있도록 지원했다.

- ① : ㉠ _____, ㉡ _____, ㉢ _____
- ② : _____
- ③ : _____

## 2019 개정 누리과정

**03** 다음은 2019 개정 누리과정 '성격'의 하위 내용이다. ㉠~㉣에 각각 해당하는 말을 쓰시오.

――〈성격〉――

국가 수준의 공통성과 지역, 기관 및 개인 수준의 다양성을 동시에 추구한다.

| ( ㉠ ) 수준의 공통성 | ○ 유치원과 어린이집에서 교육과정을 구성하고 운영할 때 고려해야 할 공통적이고 일반적 기준을 의미함. |
|---|---|
| ( ㉡ ) 수준의 다양성 | ○ 국가 수준의 교육과정을 바탕으로 각 시·도 교육청이나 시·군·구청에서 그 지역사회의 상황과 여건을 고려하여 누리과정을 특색 있게 운영하는 것을 의미함.<br>○ 시·도 교육청이나 시·군·구청은 그 지역의 유치원과 어린이집에서 누리과정을 운영할 때 지역 수준의 특성을 반영할 수 있도록 안내하고 지원해야 함. |
| ( ㉢ ) 수준의 다양성 | ○ 각 유치원과 어린이집이 국가 수준 교육과정과 지역 수준 교육과정의 특성을 반영하는 동시에 각 기관의 철학, 학급(반) 및 학부모의 특성에 따라 누리과정을 자율적으로 운영하는 것을 의미함. |
| ( ㉣ ) 수준의 다양성 | ○ 교사가 담당 학급(반) 유아의 연령 및 개별 특성, 발달 수준 등 개인차를 교육과정에 반영하여 운영하는 것을 의미함. |

- ㉠ : _____
- ㉡ : _____
- ㉢ : _____
- ㉣ : _____

**04** 다음은 2019 개정 누리과정의 '성격'의 하위 내용이다. 보기 에서 ㉠에 해당하는 것 1가지, ㉡에 해당하는 것 2가지, ㉢에 해당하는 것 3가지를 골라 기호를 쓰시오.

――〈성격〉――

㉠ 유아의 전인적 발달과 행복을 추구한다.
㉡ 유아 중심과 놀이 중심을 추구한다.
㉢ 유아의 자율성과 창의성 신장을 추구한다.

**보기**

ⓐ 유아의 목소리에 귀 기울이며, 유아의 의견을 존중하고 반영하는 교육과정을 구성하고 운영해야 한다.
ⓑ 유아가 크고 작은 어려움을 스스로 해결해 가는 모습을 격려하고, 자신의 경험과 생각을 자유롭게 표현할 수 있도록 도와주어야 한다.
ⓒ 교사가 계획하여 주도하는 교육과정에서 유아가 주도적으로 놀이하며 배우는 교육과정으로의 변화를 추구한다.
ⓓ 자유롭고 즐겁게 충분히 놀이할 수 있도록 교육과정을 구성하고 운영해야 한다.
ⓔ 유아는 호기심을 가지고 주변 세계를 탐색하고 탐구하며 재미있는 상상을 해 나가고 자신만의 방식으로 놀이를 변형하고 창조하면서 창의성을 기른다.
ⓕ 유아는 스스로 자신이 할 수 있는 일을 하고, 하고 싶은 일을 선택하며, 자신의 선택과 결정에 대해 책임지는 경험을 하도록 해야 한다.

- ㉠ : _____
- ㉡ : _____
- ㉢ : _____

# 2 총론 해설

05 다음은 2019 개정 누리과정의 '성격'의 하위 내용이다. ㉠~㉢에 해당하는 주체를 보기 에서 골라 쓰시오.

〈성격〉

유아, 교사, 원장(감), 학부모 및 지역사회가 함께 실현해 가는 것을 추구한다.

| ( ㉠ ) | 유아의 관심과 흥미 및 놀이에 대한 이해를 바탕으로 유아의 놀이를 지원하는 교육과정의 주체이다. 또한 학부모가 유아·놀이 중심 교육과정의 의미를 이해하고 협력할 수 있도록 지원한다. |
|---|---|
| ( ㉡ ) | 유아·놀이 중심 교육과정의 의미를 이해하고 유아가 가정과 기관에서 주도적으로 충분히 놀이할 수 있도록 기관과 협력하고 지원한다. |
| ( ㉢ ) | 지역사회의 공공기관이나 단체와 협력하여 지역사회의 인적, 환경적, 문화적 자원을 통해 유아가 풍부한 경험을 할 수 있도록 교육과정 운영을 지원한다. |

보기

학부모
유치원
교사와 원장(감)

- ㉠ : _____
- ㉡ : _____
- ㉢ : _____

## Ⅱ 누리과정의 구성 방향

### 1. 추구하는 인간상

01 다음은 2019 개정 누리과정의 '추구하는 인간상'의 내용이다. 물음에 답하시오.

〈추구하는 인간상〉

○ 누리과정이 추구해야 할 교육적 비전.
○ 미래의 핵심역량을 반영한 초·중등학교 교육과정의 인간상과 연계되어 있음.

| ( ㉠ ) | ○ 몸과 마음이 고루 발달하고 스스로 건강함을 유지하며 안정적이고 안전한 생활을 하는 사람을 의미함.<br>○ 개정 누리과정은 유아가 튼튼한 몸과 안정된 정서를 바탕으로 자신을 소중히 여기며, 일상에서 건강한 생활을 실천하고, 위험한 상황에서 자신을 보호하는 경험을 통해 건강한 사람으로 성장해 갈 수 있도록 도와야 함. |
|---|---|
| ( ㉡ ) | ○ 자신을 잘 알고 존중하며 자신감을 가지고 스스로 할 수 있는 일을 결정하고 주도적으로 해 나가는 사람을 의미함.<br>○ 유아가 자신에 대한 이해를 바탕으로 자신을 가치 있고 긍정적인 존재로 여기며, 자신이 잘 할 수 있는 일이 무엇인지 알고 자신의 능력을 확장하기 위해 노력하는 사람으로 성장할 수 있도록 도와야 함. |

# 2019 개정 누리과정

| ( ㉢ ) | ○ 주변 세계에 열려 있고, 호기심이 많으며, 자기만의 방식으로 상상하고 느끼고 표현하고 탐구하고 도전하는 가운데 새롭고 독창적인 생각을 하는 사람을 의미함.<br>○ 유아가 놀이를 통해 자신의 관심과 흥미에 따라 세계를 탐색하고 도전하고 실험하는 과정에 적극적으로 참여하는 사람으로 성장해 갈 수 있도록 도와야 함. |
|---|---|
| ( ㉣ ) | ○ 예술을 사랑하고 존중하며 자신을 둘러싼 주변 세계에 경이감과 아름다움을 느끼고 즐길 수 있는 풍부한 문화적 감수성을 지닌 사람을 의미함.<br>○ 개정 누리과정은 유아가 예술을 사랑하고 존중하며 일상과 놀이 속에서 아름다움을 발견하고 공감하고, 이를 다양한 예술로 표현하면서 문화를 향유하는 사람으로 성장해 갈 수 있도록 도와야 함. |
| ( ㉤ ) | ○ 자신이 속해 있는 사회에 소속감을 느끼고, 다른 사람과 생명을 존중하고 자연과 더불어 살아가며 보다 나은 사회를 만들기 위해 사회문제에 관심을 갖고 협력하는 민주 시민을 의미함.<br>○ 개정 누리과정은 유아가 가족, 이웃, 동식물과 주변 환경에 관심을 가지고 소중히 여기며, 서로 배려하는 마음과 태도, 책임 의식을 가진 사람으로 성장해 갈 수 있도록 도와야 함. |

○ 교사는 유아가 놀이를 통해 인간상을 통합적으로 경험하도록 지원하는 것이 필요함.
○ 추구하는 인간상은 유아가 일상에서 놀이하며 배우는 현재의 모습에서 발견할 수 있으며 동시에 유아가 앞으로 배우며 성장해 가야 할 모습이기도 함.

1) ㉠~㉤에 해당하는 '추구하는 인간상'을 쓰시오.

- ㉠ : _____
- ㉡ : _____
- ㉢ : _____
- ㉣ : _____
- ㉤ : _____

2) 다음 ⓐ와 ⓑ에 해당하는 '추구하는 인간상'의 명칭을 쓰시오.

> ⓐ 초·중등학교 교육과정에는 없고 누리과정에서만 제시된 인간상으로, 일생에서 가장 중요한 신체와 정신 건강의 기초를 형성하는 유아기의 특성을 고려한 것이다.
> ⓑ 초·중등학교 교육과정에서 '교양 있는 사람'에 해당하지만, 유아기 특성을 고려하여 적절한 표현으로 조정했다.

- ⓐ : _____
- ⓑ : _____

# 2 총론 해설

## 2. 목적과 목표

**01** 다음 ㉠~㉢에 해당하는 말을 쓰시오.

| ( ㉠ ) | ○ 우리나라 모든 학교 교육과정이 공통적으로 추구해야 할 교육적 비전이다. |
|---|---|
| ( ㉡ ) | ○ 각 학교급에서 학습자의 특성을 고려하여 지향하는 교육 ( ㉡ )이다.<br>○ 유아기의 특성을 반영하여 누리과정이 지향해야 하는 바를 제시한 것이다. |
| ( ㉢ ) | ○ 누리과정의 ( ㉡ ) 아래 제시된 ( ㉢ )은/는 유아가 ( ㉠ )(으)로 성장하기 위해 필요한 사항을 중심으로 구성되었다. |

• ㉠: _____
• ㉡: _____
• ㉢: _____

**02** 다음은 2019 개정 누리과정의 '목적'이다. ㉠~㉣에 해당하는 말을 쓰시오.

─〈목적〉─
누리과정의 목적은 유아가 ( ㉠ )을/를 통해 심신의 ( ㉡ )와/과 조화로운 발달을 이루고 ( ㉢ )와/과 ( ㉣ )의 기초를 형성하는 데에 있다.

• ㉠: _____
• ㉡: _____
• ㉢: _____
• ㉣: _____

**03** 다음은 2019 개정 누리과정의 '목표'이다. 물음에 답하시오.

─〈목표〉─
㉠ 자신의 소중함을 알고, 건강하고 안전한 생활 습관을 기른다.
㉡ 자신의 일을 스스로 해결하는 기초능력을 기른다.
㉢ 호기심과 탐구심을 가지고 상상력과 창의력을 기른다.
㉣ 일상에서 아름다움을 느끼고 문화적 감수성을 기른다.
㉤ 사람과 자연을 존중하고 배려하며 소통하는 태도를 기른다.

1) 2019 개정 누리과정의 '추구하는 인간상', '목적', '목표'는 체계적으로 연계되어 있다. ㉠~㉤과 관련 있는 '추구하는 인간상'을 순서대로 쓰시오.
   • : _____

2) 다음은 2019 개정 누리과정의 목표 달성을 위해 교사들이 지원하고자 하는 내용이다. ⓐ~ⓓ의 지원 내용과 관련 있는 목표를 ㉠~㉤에서 골라 기호를 쓰시오.

ⓐ 정 교사는 유아들이 주변 세계에 대한 호기심을 가지고 자유롭게 상상하며, 융통성 있는 발상의 전환을 지원하고자 한다. 또한 새로운 일에 대한 열린 태도와 도전 정신을 가지고 미래에 필요한 독창적인 능력을 키울 수 있도록 도우려고 한다.

ⓑ 심 교사는 유아들이 놀이를 통하여 자연을 소중히 여기고 다른 사람과 협력하며 소통하는 방법을 경험할 수 있는 기회를 제공함으로써, 공동체 의식과 민주시민의 역량을 키워갈 수 있도록 돕고자 했다.

ⓒ 최 교사는 유아들이 자신의 몸과 마음에 대한 긍정적인 생각을 키워, 자신을 소중히 여기는 사람으로 성장하도록 돕고자 했다. 또한 유아가 자신의 신체 리듬에 맞게 생활하고, 위험한 상황에 대처하는 방법들을 배울 수 있는 지원 계획을 세웠다.

ⓓ 박 교사는 유아들이 놀이를 통하여 문화적 공감 능력과 심미적 감수성을 키워갈 수 있도록 돕는 계획을 세웠다.

## 2019 개정 누리과정

ⓔ 황 교사는 유아들이 자신을 이해하고 소중히 여기며 자신의 일을 주도적이고 자율적으로 해결해 나가는 사람으로 성장하도록 돕고자 했다. 또한 유아가 다른 사람과 함께 생활하는 동안 자신의 생각을 자신 있게 표현하며, 주어진 일에 책임감을 가지고 해결해 나갈 수 있는 지원 계획을 세웠다.

- ⓐ : _____
- ⓑ : _____
- ⓒ : _____
- ⓓ : _____
- ⓔ : _____

**04** 다음은 '추구하는 인간상', '목표', '5개 영역의 연계성'과 관련된 교사들의 대화 내용이다. 부적절하게 이해하고 있는 교사 1명을 찾아 이름을 쓰고, 올바르게 수정하시오.

홍 교사 : 교사는 개정 누리과정에서 추구하는 인간상, 그리고 목적과 목표를 5개 영역의 내용과 연계하여 이해하는 것이 필요해요.
강 교사 : 추구하는 인간상, 그리고 목적과 목표는 다소 추상적이지만 유아의 미래 모습이라고 생각해야 할 것 같아요.
남 교사 : 유아는 현재의 경험을 통하여 미래로 성장해 가잖아요. 그런 점에서 누리과정은 유아가 현재 경험하는 내용이 중요함을 강조하고 있다고 생각해요.
신 교사 : 유아는 5개 영역의 내용을 일상적으로 경험하며 궁극적으로 추구하는 인간상을 향하여 성장해 간다고 생각하면 될 것 같아요.
정 교사 : 누리과정의 목표는 5개 영역의 목표와 일대일 대응하면서 59개의 내용에 고르게 분포되어 있어요.

- : _____

## 3. 구성의 중점

**01** 다음 2019 개정 누리과정 '구성의 중점' 중 밑줄 친 '모든 유아'의 의미를 올바르게 이해한 교사의 이름을 쓰시오.

〈구성의 중점〉
3~5세 <u>모든 유아</u>에게 적용할 수 있도록 구성한다.

백 교사 : 연령, 발달, 장애, 종교나 가족구성, 지역 등의 사회·경제적 배경과 문화적 배경에 의해 배제되거나 차별받지 않는다는 것을 의미합니다.
신 교사 : 우리나라의 유치원과 어린이집에 다니는 3~5세 유아를 말하는 것입니다.
나 교사 : 우리나라뿐 아니라 세계 여러 나라 유아까지 포함하는 개념입니다.

- : _____

**02** 다음은 2019 개정 누리과정 '구성의 중점'이다. 물음에 답하시오.

〈구성의 중점〉
추구하는 인간상 구현을 위한 지식, 기능, ( ㉠ )을/를 반영하여 구성한다.

1) ㉠에 해당하는 말을 쓰시오.
- ㉠ : _____

## 2 총론 해설

2) 다음은 '미래형 교육과정에서 지향하는 역량'과 관련된 설명이다. ⓐ와 ⓑ에 해당하는 말을 쓰시오.

| ( ⓐ ) 역량 | 인간성품계발과 관련된 역량으로, 자기 존중과 수용, 잠재력 개발, 자기 통제와 조절능력 등 개인차원이나 개인자격으로 타인을 만나 발생하는 관계 속에서 필요한 역량이다. |
|---|---|
| 지적 역량 | 학습역량과 창의적 사고능력을 포괄하는 것으로 기본소양 준비를 기초로 문제를 해결하고 그 과정 속에서 비판적, 창의적 사고를 발휘하는 데 필요한 역량이다. |
| 사회적 역량 | 사회생활 능력과 직무수행능력을 포괄하는 것으로, 사회적 소통을 중시하고 참여를 통해 문제를 인식하고 사회생활 속에서 자신의 위치나 진로를 개척해 나가는 데 필요한 역량이다. |
| 핵심역량의 세 가지 범주는 서로 긴밀하게 연결되어 있으며 인지적, ( ⓑ ), 심동적 영역을 포괄하는 통합적 특성을 가지고 있다. 이는 서로 독자적인 영역을 가지고 있음과 동시에 상호적으로 영향을 주는 관계로 구성되어 있다는 것이다. ||

- ⓐ : _____
- ⓑ : _____

3) 다음은 핵심역량을 학교교육에 적용하는 방식이다. 2015 개정 초·중등 교육과정에서 채택한 방식을 찾아 쓰시오.

| 급진적 방식 | 핵심역량으로 기존의 교과를 대체하거나 핵심역량 중심으로 교과 지식의 내용과 구조를 재구조화하는 방식이다. |
|---|---|
| 보수주의적인 방식 | 교육과정 문서에서 역량을 강조하기는 하지만 각 교과의 내용과 구성 방식에는 별다른 변화를 주지 않고 주로 교수·학습 과정을 통해 역량중심 교육과정을 실현하는 방식이다. |
| 절충적 방식 | 위의 두 입장의 중간적인 입장으로 각 교과들이 갖는 독특성과 자율성을 존중하는 방식이다. |

- : _____

03 다음은 2019 개정 누리과정 '구성의 중점'이다. 아래의 교사 중 '구성의 중점' 내용을 잘못 이해한 교사 1명을 찾아 쓰시오.

──〈구성의 중점〉──

신체운동·건강, 의사소통, 사회관계, 예술경험, 자연탐구의 5개 영역을 중심으로 구성한다.

---

오 교사 : 각 영역은 유아가 누리과정을 통하여 자연스럽게 경험하거나 경험해야 하는 교육내용을 5개 영역으로 나누어 제시한 것이에요.

송 교사 : 유아들은 개정 누리과정의 5개 영역을 구분하여 경험할 때 개별 교과의 특성을 선명하게 구분 지으면서 배워 나갈 수 있어요.

권 교사 : 유아의 경험은 대부분 놀이를 통해 이루어지고 이러한 놀이는 5개 영역의 내용을 통합적으로 포함하고 있으므로, 유아·놀이 중심 교육과정의 운영은 곧 5개 영역의 통합적 실천으로 이해해야 해요.

- : _____

# 2019 개정 누리과정

## 04. 다음은 2019 개정 누리과정 '구성의 중점'이다. 물음에 답하시오.

〈구성의 중점〉

㉠ 3~5세 유아가 (    )해야 할 내용으로 구성한다.
㉡ 0~2세 보육과정 및 (    ) 교육과정과의 연계성을 고려하여 구성한다.

1) ㉠과 ㉡의 (    )에 해당하는 말을 각각 쓰시오.
   • ㉠: _____
   • ㉡: _____

2) 5개 영역의 내용을 연령 구분 없이 3~5세 유아가 모두 경험할 수 있는 내용으로 제시했을 때의 의의를 쓰시오.
   • : _____

3) ㉡과 관련하여 누리과정은 유·초 연계에 있어서 보다 적정화된 교육내용의 계속성, 계열성, 통합성 및 ( ⓐ )을/를 확보하게 되었다. 다음의 ⓑ와 관련 있는 ⓐ를 쓰시오.

먼저 0~2세 보육과정 내용과 3세 유아의 경험이 분절되지 않고 자연스럽게 연계되도록 구성하였다. 또한 초등학교 교육과정과의 연계를 위하여 교육내용의 계열성을 포함하여 체계와 형식을 통일하여 구성하고자 하였다. 특히 추구하는 인간상, 목적과 목표 등에서는 초등학교 교육과정과 형식은 통일하되, 유아기의 고유한 특성이 드러나도록 내용을 구성하였다. 5개 영역의 내용은 초등학교 교육내용을 상회하지 않도록 유의하여 구성하되, ⓑ 3~5세의 경험과 초등학교 1학년에서의 경험이 단절되지 않고, 유아들이 순조롭게 전이하도록 돕고자 하였다.

   • ⓐ: _____

## Ⅲ. 누리과정의 운영

### 1. 편성·운영

## 01. 다음은 2019 개정 누리과정의 '편성·운영' 지침이다. ㉠~㉢에 해당하는 말을 쓰시오.

〈구성의 중점〉

1일 ( ㉠ )시간을 기준으로 편성한다.

누리과정 운영 시간은 유아가 중심이 되고 놀이가 살아나는 유아·놀이 중심 ( ㉡ )의 운영 시간이며 동시에 ( ㉢ )이/가 누리과정 운영에 필요한 행정적·재정적 지원을 하는 시간을 의미한다.

• ㉠: _____
• ㉡: _____
• ㉢: _____

## 02. 다음은 2019 개정 누리과정의 '편성·운영' 지침이다. 물음에 답하시오.

〈편성·운영〉

일과 운영에 따라 ( ㉠ )하여 편성할 수 있다.

1) ㉠에 해당하는 말을 쓰시오.
   • ㉠: _____

## 2 총론 해설

2) 다음 중 위에서 제시한 '편성·운영' 지침에 따라 부적절하게 운영한 유치원 1곳을 찾아 기호를 쓰고, 올바르게 수정하시오.

> ⓐ A유치원은 시·도교육청 방과후 과정 운영 계획을 바탕으로 연간운영계획을 수립·운영했다.
> ⓑ B유치원은 유치원운영위원회 심의·자문을 거쳐 특성화프로그램을 운영하면서 유아당 1일 3개, 1시간 이내에서 놀이 중심 활동으로 운영했다.
> ⓒ C유치원은 방과후 과정 운영을 위한 전담 인력 등을 배치했다.
> ⓓ D유치원은 교육과정과 방과후 과정을 담당하는 교직원을 교수·학습에 대한 컨설팅, 수업 나눔 등에 참여하도록 하여 그 결과를 향후 교육계획, 실행, 평가에 적극적으로 반영하도록 했다.
> ⓔ E유치원은 방과후 과정을 담당하는 교직원에게 다양한 학습공동체(소모임)에 참여하도록 하여 자신의 전문성 향상을 꾀할 수 있도록 했다.
> ⓕ F유치원은 방과후 과정 운영 시간에도 급·간식 인력을 배치했다.

- 기호 : _____
- 수정 : _____

## 03 다음은 2019 개정 누리과정의 '편성·운영' 지침과 관련 해설이다. 물음에 답하시오.

─〈편성·운영〉─
누리과정을 바탕으로 각 기관의 실정에 적합한 ( ㉠ )을/를 수립하여 운영한다.

> 유치원과 어린이집은 국가 수준의 교육과정인 개정 누리과정을 바탕으로 각 기관의 실정에 따라 적합한 ( ㉠ )을/를 수립하여 운영하여야 한다. 계획안에는 교사가 기관과 학급(반) 수준에서 유아의 놀이를 지원하기 위해 필요한 사항을 미리 생각하여 준비하는 모든 과정이 포함될 수 있다. 개정 누리과정은 계획안 수립에 있어서 기관과 교사의 ( ㉡ )을/를 강조하였다. 계획안을 작성할 때에는 교육과 ( ㉢ ) 모두를 포괄하여 유아의 경험이 교육적 가치를 가지도록 놀이를 중심으로 기록하고 교사의 ㉣ (훈육/지원/지도) 방안을 기술할 필요가 있다.

1) ㉠~㉢에 해당하는 말을 쓰고, ㉣에 적합한 말을 (훈육/지원/지도) 중에서 1가지 골라 쓰시오.

- ㉠ : _____
- ㉡ : _____
- ㉢ : _____
- ㉣ : _____

2) 다음 ㉤에 들어갈 적절한 내용과 ㉥에 들어갈 말을 1가지씩 쓰고, ㉦에 적합한 말을 (안전/기본생활습관/인성) 중에서 1가지 골라 쓰시오.

> 기존에 계획안을 자유선택활동, 대·소집단활동, 바깥놀이 등을 포함하는 정해진 형식에 맞추어 기술해 왔다면 개정 누리과정에서의 계획안은 ( ㉤ ) 내용을 포함하되 자율적인 형식으로 바꾸어 볼 수 있다. 이것은 유아가 실제 경험한 놀이 내용과 그에 따른 교사의 놀이 지원 계획을 기술하는 형식으로, 기존의 방식에 비해 사전 계획을 ( ㉥ )하여 계획을 수립한다는 특징이 있다. 교사는 필요에 따라 ㉦ (안전/기본생활습관/인성)과 관련된 사항, 유아 특성에 따라 개별적으로 지원해야 하는 사항 등을 계획할 수 있다.

- ㉤ : _____
- ㉥ : _____
- ㉦ : _____

## 04 다음 (가)와 (나)를 읽고 물음에 답하시오.

**(가)**

유아·놀이 중심 교육과정 편성은 유치원과 어린이집에서 하루, 한 주, 한 달, 한 학기, 일 년의 ( ㉠ )을/를 어떻게 살아갈 것인가에 대한 교육내용과 ( ㉠ )을/를 조직하는 과정이다. 유아·놀이 중심 교육과정에서는 각 기관의 실정에 맞게 교육계획을 수립하고 일과를 놀이, 일상생활, 활동으로 구성하되 놀이가 충분히 이루어지도록 편성하여 운영할 것을 강조한다. 교육과정 편성에서의 놀이는 일과구성의 단위로서 실내에서 이루어지는 놀이와 ( ㉡ )을/를 포함한다.

**(나)**

계획하기란 교사가 유아의 놀이를 통한 배움을 지원하기 위하여 교육과정 내용과 ( ㉠ )을/를 조직하는 것이다. 개정 누리과정은 유아가 경험해야 할 내용을 바탕으로 배움의 통합성, ( ㉢ ), 자율성을 강조하므로 기존의 문서양식으로는 담아낼 수 없거나 필요 없는 부분이 생길 수도 있고, 작성의 시기가 변경될 수도 있다. 따라서 연간, 월간, 주간, 일일계획안의 형식이나 분량을 자율적으로 할 수 있으며 통합하거나 선택적으로 활용할 수 있다.

1) ㉠에 공통으로 들어갈 말 1가지와, ㉡에 들어갈 말을 쓰시오.
- ㉠ : _____
- ㉡ : _____

2) ㉢에 들어갈 말을 다음 교사의 이야기를 근거로 하여 1가지 쓰시오.

> 연간, 월간, 주간 교육계획에 기반하여 일일계획안에 놀이와 활동을 구체적인 서술방식으로 기록하고 있지만 실제로 교실에서 이루어지는 놀이는 다르게 나타나는 경우가 더 많습니다.

- ㉢ : _____

## 05 다음 밑줄 그은 부분 중 2019 개정 누리과정의 '연간계획' 수립 시 고려해야 할 사항이 아닌 것 1가지를 찾아 쓰시오.

> 연간 교육계획은 개정 누리과정에서 <u>추구하는 인간상, 기관의 철학, 교육 예산, 지역사회의 특성, 개인 수준의 다양성</u>을 고려하여 자율적으로 수립할 수 있다.

- : _____

## 06 다음 2019 개정 누리과정에 맞게 '연간계획'을 계획하고 계획안을 작성한 유치원 중 부적절한 유치원 1곳을 찾아 기호를 쓰시오.

> ㉠ 연간계획은 학급 차원보다는 기관 차원에서 수립했다.
> ㉡ 일 년간의 중요한 경험(예 기관 적응, 계절, 명절, 그 해의 특별한 국가적 행사, 기관 행사, 진급 등)을 미리 염두에 두고 계획했다.
> ㉢ 유아에게서 발현되는 놀이 주제가 학기를 진행하는 동안 즉각적으로 반영될 수 있도록 여지를 남기고 연간계획을 작성했다.
> ㉣ 개정 누리과정은 유아와 교사가 함께 '만들어가는 교육과정'이기 때문에 연간계획 시 유아들을 참여시켰다.
> ㉤ 연간계획이 수립되었다 하더라도 유아들의 놀이 경험에 따라 시기와 기간 등이 바뀔 수 있다는 것을 염두에 두었다.

- 기호 : _____

## 2 총론 해설

**07** 다음 2019 개정 누리과정에 맞게 '월간, 주간, 일일계획'을 계획하고 계획안을 작성한 유치원 중 부적절한 유치원 1곳을 찾아 기호를 쓰시오.

> ㉠ 교사는 기존에 활용하였던 연간, 월간, 주간, 일일계획안을 기관 및 학급(반)의 특성에 적합하게 변경하여 사용했다.
> ㉡ 월간, 주간, 일일계획안을 기관과 교사의 필요에 맞게 형식이나 분량을 자율적으로 구성했다.
> ㉢ 월간과 주간계획을 통합해서 계획안을 작성했다.
> ㉣ 월간, 주간과 일일계획 중 하나만 선택하여 작성했다.
> ㉤ 월간, 주간, 일일계획을 작성하지 않고 유아의 실제 놀이를 관찰한 내용과 교사의 지원을 일지 방식으로 작성했다.
> ㉥ 기관과 담당 학급(반) 특성에 따라 간단한 일지 등을 활용하여 계획안을 작성했다.

• 기호 : _____

**08** 다음 2019 개정 누리과정에 맞게 '월간, 주간, 일일계획'을 계획하고 계획안을 작성한 유치원 중 부적절한 유치원 1곳을 찾아 기호를 쓰시오.

> ㉠ 유아가 활동할 내용을 미리 계획하여 안내하는 방식에서 유아가 실제 놀이한 내용과 배움에 대한 기록을 공유하는 방식으로 변화시켰다.
> ㉡ 매일 진행된 유아의 놀이를 기록하고 다음 날 지원할 내용을 간단히 계획했다.
> ㉢ 계획안의 양식과 내용, 작성 주기는 각 기관의 실정과 철학, 학급의 상황 및 교사의 신념을 고려하여 자율적으로 결정했다.
> ㉣ 계획, 놀이와 지원 기록, 평가, 개별 유아의 관찰 내용을 통합한 양식으로 계획안을 작성했다.
> ㉤ 계획안이라는 명칭 대신 놀이기록과 평가, ○○반 놀이 이야기 등의 다양한 명칭으로 바꾸어 불렀다.

• 기호 : _____

**09** 다음은 만 3세 바다반 일일교육계획안이다. [A]에 비추어 [B]를 작성하고자 할 때 ㉠에 들어갈 것 1가지와, ㉡에 알맞은 활동 2가지를 쓰시오.

| 일자 | 20**년 *월 *일 *요일 | 수업일수 | ○○○/○○○일 |
|---|---|---|---|
| [A] 일과 시간표 | 09:00~ 등원<br>09:10~ 실내놀이<br>10:10~ 오전간식<br>10:40~ 바깥놀이<br>11:40~ 화장실 다녀오기  *12:10~ 화장실 다녀오기*<br>11:50~ 이야기나누기 '주말 지낸 이야기'<br>12:05~ 점심식사  *12:20~ 점심식사*<br>13:05~ 동화 '구름'<br>13:25~ 귀가지도 및 하원 | | |
| [B] 누리과정 운영 평가 | • 시간 연장 : ( ㉠ )<br>• 진행되지 않은 활동 : ( ㉡ ) | | |

• ㉠ : _____
• ㉡ : _____

**10** 다음은 2019 개정 누리과정의 '편성·운영' 지침과 관련 해설이다. 다음 물음에 답하시오.

― 〈편성·운영〉 ―
하루 일과에서 ( ㉠ )을/를 포함하여 유아의 ( ㉡ )이/가 충분히 이루어지도록 편성하여 운영한다.

## 2019 개정 누리과정

유아는 하루 일과에서 ( ㉡ ), 일상생활, ( ㉢ ) 등을 하면서 다양한 경험을 한다. ( ㉡ )은/는 ( ㉠ )을/를 포함하여 하루 일과 중 가장 길게, 우선적으로 편성·운영하여 유아가 충분히 ( ㉡ )할 수 있도록 한다. 일상생활에 포함되는 ( ㉣ ) 등은 유아의 신체적 리듬을 반영하여 편성·운영함으로써 유아들이 즐겁게 하루를 보낼 수 있도록 한다. ( ㉢ )은/는 유아가 ( ㉡ )을/를 통한 배움을 확장해 갈 수 있도록 돕는 교사의 지원이다. 교사는 유아가 주도하는 ( ㉡ )을/를 지원하기 위해 필요에 따라 ( ㉢ )을/를 계획하여 운영할 수 있다.

1) ㉠~㉢에 해당하는 말을 1가지씩 쓰시오.
  - ㉠ : _____
  - ㉡ : _____
  - ㉢ : _____

2) 다음 ㉣에 들어갈 것 중 ⓐ가 무엇인지 쓰시오.

   등원, 손 씻기, 화장실 다녀오기, 간식, ( ⓐ ), 낮잠, 휴식, 안전에 대한 지도

  - ⓐ : _____

3) 다음 (   )에 들어갈 말을 쓰시오.

   교사는 미리 계획한 활동을 모두 해야 한다거나 정해진 순서대로 일과를 운영해야 한다는 부담을 내려놓고 유아가 주도하는 놀이의 흐름에 따라 (   ) 있게 일과를 운영하도록 한다.

  - : _____

## 11

김 교사는 '놀이시간을 충분히 운영한다.'라는 2019 개정 누리과정 놀이실행자료의 지침을 읽고 다음과 같이 하루 일과를 운영하였다. <u>부적절한 것 1가지의 기호와 그 이유를 쓰시오.</u>

㉠ 홍 교사는 등원 후 실내놀이를 1시간 10분, 간식 후 바깥놀이를 1시간 운영했다.

㉡ 정 교사는 등원 후 실내놀이 40분, 이야기 나누기 15분, 간식 후 바깥놀이 40분, 동화 15분, 실내놀이 30분을 운영했고, 하원 전 바깥놀이를 30분 운영했다.

㉢ 오 교사는 등원 후 실내놀이 1시간, 간식 후 바깥놀이를 1시간 20분 운영했다.

㉣ 남 교사는 어제 미세먼지가 '나쁨' 이상이었기 때문에 실내놀이만 2시간 운영했고, 오늘은 미세먼지가 '좋음'이었기 때문에 실내놀이를 1시간, 바깥놀이를 1시간 30분 운영했다.

㉤ 심 교사는 유아들과 의논하여 하루 일과의 순서를 달리해서 운영했다.

㉥ 용 교사는 배를 물에 띄워 보는 놀이를 하다가 유아들이 상자로 직접 탈 수 있는 배를 만들고 싶다고 하여 계획된 놀이시간을 길게 연장하여 운영했다.

- 기호 : _____
- 이유 : _____
  _____

## 2 총론 해설

**12** 김 교사는 '일상생활이 융통성 있고 유아 주도적으로 이루어지도록 한다.'라는 놀이실행자료의 지침을 읽고 다음과 같이 하루 일과를 운영하였다. 부적절한 것 1가지를 찾아 기호를 쓰시오.

> ㉠ 등원과 하원, 간식과 점심, 손 씻기와 화장실 다녀오기, 낮잠, 휴식, 안전에 대한 지도 등은 유아의 신체적 리듬을 반영하여 편성·운영했다.
> ㉡ 놀이와 활동뿐 아니라 일상생활을 통해서도 기본생활습관, 안전, 인성 등 다양한 배움의 기회를 갖도록 했다.
> ㉢ 놀이시간을 더 길게 운영하는 경우에는 놀이를 하는 과정에서도 화장실을 다녀올 수 있도록 허용했으나 간식은 놀이를 잠시 중단하고 놀이와 분리하여 운영했다.
> ㉣ 반복되는 일상이지만 놀이와 같은 방식으로 일상생활을 즐기기 위해 책상을 식당의 테이블처럼 꾸미고 좋아하는 음악도 틀어서 식당놀이처럼 즐겁게 점심을 먹었다.

• 기호 : _____

**13** 김 교사는 '놀이와 연결하여 활동을 운영한다.'라는 놀이실행자료의 지침을 읽고 다음과 같이 하루 일과를 운영하였다. 부적절한 것 1가지를 찾아 기호를 쓰시오.

> ㉠ 유아의 놀이를 지원하는 과정에서 필요한 경우 이야기 나누기, 노래, 동화, 게임 등 적절한 유형의 활동을 연결하여 운영했다.
> ㉡ 활동은 교사가 계획하여 제안하는 경우도 있고, 유아가 인형극과 같이 다른 유아들과 공유하기 위해 준비할 수도 있게 했다.
> ㉢ 활동은 학급 전체 유아가 참여하도록 학급 전체 유아의 흥미와 관심이 있는 것 위주로 했다. 일부의 유아들이 관심 있어 하는 것은 활동이 아닌 놀이시간에 놀이할 수 있도록 했다.
> ㉣ 일과 중 활동 시간은 교사가 계획하여 실시하기도 했지만 놀이 중간에 잠깐 모여서 활동을 실시하고 다시 놀이로 연결하는 경우도 있었다.
> ㉤ 활동은 놀이를 지원하거나 놀이 중의 문제를 해결하기 위한 내용으로 구성했다.
> ㉥ 활동의 방법은 유아·놀이 중심 교육과정을 실천할 수 있도록 유아들이 즐겁게 참여할 수 있는 교수방법을 사용했다.

• 기호 : _____

**14** 김 교사는 '일과를 융통성 있게 운영한다.'라는 놀이실행자료의 지침을 읽고 다음과 같이 하루 일과를 운영하였다. 부적절한 것 2가지를 찾아 기호를 쓰시오.

> ㉠ 일과의 순서는 매일 다양한 변화를 주면서 융통성 있게 운영했다.
> ㉡ 전날의 놀이 흐름에 대한 기록과 평가를 반영하여 다음 날의 일과를 다른 순서로 조직하는 경우도 있었다.
> ㉢ 동생 반 유아들에게 인형극을 보여 주기 위해 교사들 간 협의를 통해 일과를 조정했다.
> ㉣ 등원 후에는 실내에서 놀이를 하는 것이 일과 계획이었지만, 등원 길에 비를 맞은 유아들이 빗소리에 관심을 보여서 산책을 나가는 것으로 변경했다.
> ㉤ 유아들과 함께 하루 일과를 평가하고 다음 날의 일과를 정할 때는 유아가 정하는 것이 아니라 교사가 정했다.
> ㉥ 일과의 변화가 필요하다고 판단될 때 교사가 독단적으로 결정하기보다는 유아의 의견을 반영해 주었다.

• 기호 : _____

**15** 다음 ㉠~㉢의 교사의 지원 유형과 ⓐ~ⓒ의 지원 사례를 올바르게 연결하시오.

─〈지원 유형〉─

㉠ 일과의 변화(놀이시간 확장)
㉡ 일과의 변화(놀이를 지원하기 위한 활동)
㉢ 상호작용(질문하기/제안하기)

─〈지원 사례〉─

ⓐ 교실 안으로 옮겨진 지렛대 놀이로 다시 유아 간 갈등이 빈번해지자 교사는 이와 관련한 이야기 나누기 활동을 진행함으로써 유아의 놀이를 지원하였다.
ⓑ 게임을 개발한 유아들이 주도적인 역할을 할 수 있도록 교사는 다른 유아들과 함께 게임 진행을 하는 유아의 이야기를 듣고 있다가 다른 유아들도 잘 이해할 수 있도록 적절히 질문하거나 의견을 정리해 주었다.
ⓒ 교사는 유아들이 신체활동에 사용하던 리본을 정리하다가 리본을 던지는 놀이가 시작되자 즐거운 놀이가 되도록 충분한 시간을 제공했다.

- ㉠ : _____
- ㉡ : _____
- ㉢ : _____

**16** 다음은 2019 개정 누리과정의 '편성 · 운영' 지침과 관련 해설이다. ㉠과 ㉡에 해당하는 말을 쓰고, ㉢에 들어갈 인성요소 1가지를 쓰시오.

─〈편성 · 운영〉─

성, ( ㉠ ), 장애, 종교, 가족 및 ( ㉡ ) 등으로 인한 차별이 없도록 편성하여 운영한다.

누리과정은 유아가 성, ( ㉠ ), 장애, 종교, 가족 및 ( ㉡ ) 등으로 인해 차별받지 않고 서로 배려하는 마음을 가지도록 편성 · 운영해야 한다. 유아가 다른 사람을 대할 때 자신과 상대와의 다른 점을 틀린 것이 아니라 다른 특성으로 받아들이고 편견 없이 대할 수 있도록 지원해야 한다. 교사는 성별, 신체적 특징 및 장애 유무에 따라 유아를 비교하고 평가하거나 불이익을 주지 말아야 하며 유아에게 고정적인 성 역할과 특정 종교를 강요해서는 안 된다. 또한 유아들에게 다양한 가족 형태 및 ( ㉡ )을/를 이해할 수 있는 경험을 제공하여 다양성을 ( ㉢ )하고 배려할 수 있도록 지원한다.

- ㉠ : _____
- ㉡ : _____
- ㉢ : _____

**17** 다음은 2019 개정 누리과정의 '편성 · 운영' 지침과 관련 해설이다. 물음에 답하시오.

─〈편성 · 운영〉─

유아의 발달과 장애 정도에 따라 ( ㉠ )하여 운영한다.

유아의 놀이는 연령 및 발달적 특성에 따라 다양한 모습으로 나타난다. ㉡ 같은 연령의 유아들일지라도 흥미, 관심, 경험, 발달, 가정의 문화 등 많은 부분에서 차이가 있으므로, 교사는 유아가 자신에게 적합한 방식으로 놀이할 수 있도록 누리과정을 조정하여 운영한다.

발달 지연 또는 장애 유아도 또래 유아와 함께 하는 경험이 필요하다. 따라서 교사는 특별한 요구를 가진 유아가 차별 없이 또래와 더불어 생활하고 함께 놀이하도록 지원해야 한다. 교사는 모든 유아가 ( ㉢ )적인 환경에 접근하고 참여할 수 있도록 교육환경, 교육( ㉣ ), 교육방법 등을 조정하여 운영할 수 있다. 또한 유치원과 어린이집에서는 특수학급 또는 ( ㉤ )학급을 편성하여

## 2 총론 해설

운영할 수 있다. 장애 유아의 특성과 요구를 파악하여 ( ㉥ ) 교육계획을 수립하고, 개별 장애 유아의 교육적 요구에 적합한 교육이 이루어지도록 한다. 필요에 따라 특별히 고안된 장치나 보조기구, 자료를 활용하여 유아가 장애로 인한 불편함을 덜 느낄 수 있도록 지원하도록 한다.

1) ㉠에 해당하는 말을 쓰고, ㉡을 위한 교수·학습의 원리 1가지를 쓰시오.

- ㉠ : _____
- ㉡ : _____

2) ㉢~㉥에 해당하는 말을 쓰시오.

- ㉢ : _____
- ㉣ : _____
- ㉤ : _____
- ㉥ : _____

**18** 다음은 2019 개정 누리과정의 '편성·운영' 지침과 관련 해설이다. ㉠과 ㉡에 해당하는 말을 쓰고, ㉢에는 「유엔 아동의 권리에 관한 협약」의 여가 및 놀이와 관련 있는 유아의 권리를 쓰시오.

〈편성·운영〉

( ㉠ )와/과 ( ㉡ )와/과의 협력과 참여에 기반하여 운영한다.

유아가 속해 있는 ( ㉠ ), 기관, ( ㉡ ) 등은 모두 교육과정의 주체이므로, 상호 연계하고 협력해야 한다. 유아·놀이 중심 교육과정을 운영하기 위해서는 무엇보다 부모의 역할이 중요하다. 부모는 유아의 ( ㉢ )와/과 즐겁게 놀이하며 배우는 놀이의 가치를 이해하여 가정에서 유아의 놀이를 지원해야 한다. 이를 위해 유치원과 어린이집에서는 부모 참여, 간담회, 워크숍, 상담 등 다양한 기회를 마련하여 부모의 역할을 지원할 필요가 있다.

- ㉠ : _____
- ㉡ : _____
- ㉢ : _____

**19** 다음 ㉠~㉢은 학부모에게 유아·놀이 중심 교육과정의 의의를 알리고 협력을 구하기 위해 교사가 노력해야 할 사항이다. 물음에 답하시오.

㉠ 놀이 이해를 돕는 학부모 모임을 구성한다.
㉡ 학부모와 소통하며 놀이 정보를 공유한다.
㉢ 유아의 경험 확장을 위해 지역사회 자원을 활용한다.

1) ㉠을 위한 유치원과 교사의 노력 중 부적절한 것 1가지를 찾아 기호를 쓰시오.

ⓐ 일반적 내용의 학부모 교육보다는 교실에서 일어나는 구체적인 놀이에 초점을 맞춰 학부모 소모임을 진행했다.
ⓑ 기관의 교육적 관점을 정확하게 전달하여 학부모들이 가지고 있는 놀이에 대한 관점을 조속히 바꾸도록 했다.
ⓒ 자신의 자녀를 포함한 유아의 놀이를 이해하고 가정에서의 지원을 위해 놀이참여자로서 어떤 역할을 해야 하는지를 이해할 수 있도록 지원했다.
ⓓ 놀이의 교육적 가치를 공유하고 점진적 변화를 모색했다.
ⓔ 자녀의 놀이 사진이나 동영상을 보면서 놀이의 의미를 공유하거나 토론을 통하여 놀이에 대한 이해를 높이고 놀이의 가치를 발견하도록 했다.
ⓕ 유아들의 놀이를 이해하기 위하여 자녀가 평소 좋아하는 놀잇감을 가지고 직접 놀이하는 경험을 해 보도록 했다.

- 기호 : _____

2) ㉡을 위한 유치원과 교사의 노력 중 부적절한 것 1가지를 찾아 기호를 쓰시오.

ⓐ 가정통신문이나 알림장 등 종이로 된 형식적인 문서를 주기적으로 보냈다.
ⓑ 홈페이지, 어플리케이션 등 다양한 방법으로 놀이에 대해 의사소통했다.
ⓒ 유치원 특색이 드러나는 특별한 이벤트나 매일 반복되는 일과를 중심으로 알렸다.
ⓓ 놀이에 대한 구체적 내용을 공유함으로써 놀이를 통한 경험과 배움에 대해 소통했다.

• 기호 : _____

3) ㉢을 위한 유치원과 교사의 노력 중 부적절한 것 1가지를 찾아 기호를 쓰시오.

ⓐ 여러 공공기관, 지역사회 문화예술단체, 놀이터, 과학관, 체험관, 박물관, 공원, 숲 등의 다양한 시설이나 지역의 자연환경을 경험할 수 있는 곳을 방문했다.
ⓑ 지역의 전문 지식을 갖춘 전문가들을 방문하거나 초대하여 유아 경험의 폭을 넓혀 줄 수 있다.
ⓒ 지역 대학 전공학생들의 놀이연구 동아리와 협력하여 부모들이 일상용품을 이용해 자녀들의 놀잇감을 만들어 보는 워크숍을 개최했다.
ⓓ 지역사회 어르신들이 일일 교사가 되어 하루 동안 교실에서 유아들과 함께 놀이함으로써 세대 간 놀이문화와 정서를 교류하였다.

• 기호 : _____

## 20
다음 [A]는 유아·놀이 중심 교육과정 구현을 위한 '지역지원체계'에 대한 설명이다. [A]와 가장 거리가 먼 것을 [B]에서 1가지 찾아 쓰시오.

── [A] ──
유아·놀이 중심 교육과정의 구현을 위해서 개별 기관의 원장과 원감뿐 아니라 다양한 지역지원체계들도 교사의 교육과정 운영의 자율성과 전문성 신장을 지원한다. 교사가 지역지원체계와 함께 교육과정 운영에서의 어려움을 나누고 해결 방안을 모색해 간다면 유아·놀이 중심 교육과정의 실행을 통해 즐거운 변화를 만들어갈 수 있다.

── [B] ──
시·도교육청 및 지역교육지원청, 시·도청 및 시·군·구청, 유아교육진흥원, 청소년 수련원, 육아종합지원센터

• : _____

## 21
다음에서 '지역지원체계'가 하는 일이 아닌 것을 1가지 찾아 기호를 쓰시오.

㉠ 교사 연수의 기회 제공
㉡ 기관별 요구에 부응하는 맞춤형 컨설팅 제공
㉢ 교사의 소그룹 워크숍 지원
㉣ 교사 주택 및 연금 지원
㉤ 토론, 워크숍, 학부모 공동체 운영 등의 학부모 교육

• 기호 : _____

## 2 총론 해설

**22** 다음의 역할을 하는 온라인 지역지원체계를 쓰시오.

> 교육부와 보건복지부가 운영하는 것으로, 다양한 놀이 실천 사례 및 관련 연수정보를 온라인으로 공유할 수 있도록 함으로써 교사의 누리과정 실행력 향상을 지원하는 것이다. 교사들은 자신이 실행한 교육과정 사례를 이곳에 등록하고 다른 교사들과 나눔으로써 우수 사례의 확산에 기여할 수 있다. 또한, 공유된 우수 사례를 학습 공동체에서 논의하고 토론함으로써 함께 성장하는 기회를 가질 수 있다.

• : _____

**23** 2019 개정 누리과정에서 '지역사회와의 협력과 참여'가 갖는 중요한 의의 2가지를 다음 ①과 ②의 측면에서 서술하시오.

> ① 유아에 대한 교육 측면
> ② 누리과정 운영 측면

• ① : _____
• ② : _____

**24** 다음은 2019 개정 누리과정의 '편성 · 운영' 지침과 관련 해설이다. ㉠에 해당하는 말을 쓰시오.

> ─〈편성 · 운영〉─
> 교사 ( ㉠ )을/를 통해 누리과정의 운영이 개선되도록 한다.

> 교사는 유아의 놀이와 배움을 지원하는 교육과정의 주체이자 유아와 함께 배우고 성장하는 전문가이다. 개정 누리과정에서는 누리과정의 실행자로서 유아의 놀이를 지원하는 교사의 역할을 강조하고 있다. 누리과정의 실천과 지속적인 개선을 위해서는 교사 ( ㉠ )이/가 필수적이다. 유치원과 어린이집을 지원하는 국가 및 지역 기관에서는 다양한 형태의 교사 ( ㉠ )을/를 마련하고, 교사가 자율적으로 참여할 수 있는 기회를 제공해야 한다.

• ㉠ : _____

**25** [A]는 유아 · 놀이 중심 교육과정의 교사 연수 후 교사들의 평가 내용이고 [B]는 하그리브스와 풀란(Hargreaves & Fullan, 1992)의 교사 발달에 대한 관점이다. ㉠~㉢과 ⓐ~ⓒ를 연결하시오.

> ─ [A] ─
> ㉠ 현장에 계신 선생님들과 소통하며 '동지애'를 느낄 수 있어 좋았습니다.
> ㉡ 놀이에 대한 교사로서의 나의 역할에 대해 답을 찾을 수 있었고 교사로서의 자존감을 회복하는 데 도움이 되었습니다.
> ㉢ 놀이 사례 공유를 통하여 수업의 흐름을 이해할 수 있었고 유아 · 놀이 중심 교육과정에 대해 몰랐던 것을 알 수 있었던 시간이었습니다.

> ─ [B] ─
> ⓐ 지식과 기술발달로서의 교사 발달
> ⓑ 자기 이해로서의 교사 발달
> ⓒ 생태학적 변화로서의 교사 발달

• ㉠ : _____
• ㉡ : _____
• ㉢ : _____

## 26. 다음 글을 읽고 물음에 답하시오.

교사는 유아와 가장 가까이에서 그들의 배움을 지원할 수 있는 교육과정의 주체이자 유아들과 함께 배우고 성장하는 존재이다. 교사가 개정 누리과정을 실행하면서 경험하는 고민에 대해서는 기관의 구성원들과 함께 해결 방안을 모색할 수 있다. 유아·놀이 중심을 강조하는 개정 누리과정에서는 유아의 놀이를 읽어 내고 지원할 수 있는 교사의 역할이 중요해진 만큼 <u>교사의 전문성 신장을 지원하는 협력적 조직문화 조성</u>이 필요하다.

1) 밑줄 그은 부분이 가리키는 것을 1가지 쓰시오.
- : _____

2) 밑줄 그은 부분의 필요성을 ① 교사 개인 측면과 ② 유치원 측면에서 각각 1가지씩 쓰시오.
- ① : _____
- ② : _____

## 27. 학습공동체가 원활히 운영되기 위한 다음 교사들의 대화 내용 중 <u>부적절한</u> 내용의 교사 1명과 그 이유를 쓰시오.

김 교사 : 우리 유치원 학습공동체가 원활히 운영되기 위해서 제일 중요한 것은 교사들 간의 신뢰와 협력이라고 생각해요.
유 교사 : 저도 동감해요. 효과적인 협력을 위해서는 원장님이 우리 유치원 조직의 비전과 교육적 가치를 분명하게 수립하고, 교사들은 민주적으로 이 비전과 가치를 따르기 위해 노력해야 해요.
장 교사 : 학습공동체에서 나온 교사들의 교육적 성찰을 실제 실행하는 것도 무척 중요해요.
남 교사 : 모두가 함께 성장한다는 교육적 분명한 목적의식이 있어야 학습공동체가 성공할 것 같아요.

- 교사 이름 : _____
- 이유 : _____

## 28. 유치원 원장이 구성원들과 함께 교육 비전을 만들어 보기 위한 다음의 노력 중 <u>부적절한</u> 것을 1가지 찾아 기호를 쓰시오.

㉠ A원장은 교사에게 교육과정 운영에 관한 자율권을 부여하고 지원했다.
㉡ B원장은 수직적 관계 속에서 하향식으로 교육 비전을 전달하면서 실제 유아의 놀이에서 지속적으로 교육 비전이 발현되도록 했다.
㉢ C원장은 원장이 교육 비전을 수립하고 제시하는 기존의 방식에서 벗어나고자 고민했다.
㉣ D원장은 의사결정 과정에 교사들이 자발적으로 참여하여 합의된 교육적 가치와 비전이 실현될 수 있도록 지원했다.

- 기호 : _____

## 2 총론 해설

**29** '학습공동체는 다양하게 운영될 수 있다.'에 근거하여 <u>잘못</u> 운영된 유치원 1곳을 찾아 기호를 쓰시오.

---

㉠ A유치원은 동일연령 학급의 교사 및 여러 연령 학급의 교사, 원장과 원감, 특수교사가 참여하는 등 다양한 형태의 학습공동체를 운영했다.

㉡ B유치원은 기관 내에서의 운영뿐만 아니라 관심 분야가 유사한 인근지역의 다른 기관과 네트워크를 형성해 운영했다.

㉢ C유치원은 학습공동체의 시간을 정기적으로 운영할 때도 있지만 그때그때 교사들의 필요에 따라 시간을 변경하여 운영했다.

㉣ D유치원은 유아·놀이 중심 교육과정을 운영하면서 발생하는 문제, 특히 놀이지원과 관련한 고민 및 그 해결방안을 중심으로 학습공동체에서 다룰 주제를 정했다.

㉤ E유치원은 외부 전문가를 초빙하여 자문을 구하기보다는 자체 구성원들이 주축이 되어 문제를 협의하고 해결했다.

㉥ F유치원은 선배 교사들이 후배 교사들의 멘토가 되어 학습공동체의 주제를 선정하고 바람직한 실행에 대해 가르쳐 준다.

---

• 기호 : _____

**30** '학습공동체는 다양하게 운영될 수 있다.'에 근거하여 다음 기관 내 학습공동체 운영 단계와 짝지을 수 있는 교사의 말 ㉠~㉤을 보기 에서 찾아 기호를 쓰시오.

| 단계의 명칭 | 교사의 말 |
|---|---|
| 1단계 학습공동체를 시작하는 느낌 공유하기 | ㉠ |
| 2단계 해결하고 싶은 주제 나누기 | ㉡ |
| 3단계 공통 주제 정하기 | ㉢ |
| 4단계 실행방법 찾기 | ㉣ |
| 5단계 실행에 대한 기대 나누기 | ㉤ |

**보기**

ⓐ "주간교육계획안과 일일교육계획안을 합해서 하나로 만들고, 계획한 놀이와 실제 진행된 놀이를 구분하여 체크하는 방법이 좋다고 생각하는데 다른 분 의견은 어떠세요?"

ⓑ "계획안을 어떻게 작성하고 운영해야 하는지 고민이 많았는데 선생님들과 이야기를 나누다 보니 나도 할 수 있겠다는 생각이 듭니다."

ⓒ "제 고민은 유아·놀이 중심 교육과정을 운영하게 되면서 같은 공간에서 다양한 놀이가 이루어지는데 이때 어떻게 해야 하는가에 대해서예요."

ⓓ "이렇게 저희 유치원에서 가까운 유치원의 선생님들과 유아·놀이 중심 교육과정에 대한 고민을 나누게 되어 무척 기뻐요."

ⓔ "계획안이 우리 학습공동체 선생님 모두의 고민인 것 같네요. 그럼 계획안을 어떻게 작성해야 하는지에 대해 의견을 나눠 보면 좋겠습니다."

• ㉠ : _____
• ㉡ : _____
• ㉢ : _____
• ㉣ : _____
• ㉤ : _____

# 2019 개정 누리과정

31. 학습공동체에 대한 다음 교사들의 대화 내용 중 부적절한 것 1가지를 찾아 기호를 쓰시오.

> ㉠ 김 교사 : 학습공동체에서는 유아·놀이 중심 교육과정을 운영하며 생긴 교사의 고민을 해결할 수 있어요.
> ㉡ 권 교사 : 학습공동체는 제가 처음 가졌던 놀이에 대한 추상적 생각을 '유아와 진정한 소통', '설렘, 흥분, 기대감'과 '살아있는 교육' 등으로 바꿔 주었고, 놀이를 긍정적으로 바라볼 수 있도록 해 주었어요.
> ㉢ 송 교사 : 저희는 두 학급만 있는 소규모 유치원이라 인근 유치원의 교사들과 학습공동체를 구성했어요.
> ㉣ 홍 교사 : 매일 만날 수는 없지만 정기적인 학습공동체의 날을 정해서 현재 제 자신의 역할에 대한 성찰의 시간을 가질 수 있고, 유아 놀이 지원을 위해 변화해야 하는 역할 등에 대해 생각을 나눌 수도 있어요.
> ㉤ 문 교사 : 학습공동체가 효과적으로 운영되기 위해서는 사례를 이론과 연결 지을 수 있는 전문적 지식, 관찰과 비판능력, 옳고 그름을 설명할 수 있는 의사소통 능력과 정확성, 실천을 위한 도전정신, 그리고 체력 등이 필요해요.

• 기호 : _____

## 2. 교수·학습

01. 다음 ㉠과 ㉡에 해당하는 말을 쓰시오.

> 유아 중심 및 놀이 중심을 추구하는 개정 누리과정에서는 교사를 유아의 놀이 지원자로 제안하고 있다. 교사는 놀이의 특성, 의미, 가치를 이해하여 유아가 즐겁게 놀이하면서 배우는 경험을 지원할 수 있다. 교사는 적절하게 ( ㉠ )을/를 구성하고, 유아와 바람직한 ( ㉡ )을/를 하여 유아가 놀이에 몰입하고 놀이를 확장하도록 돕는 역할을 한다.

• ㉠ : _____
• ㉡ : _____

02. '놀이 지원자'로서의 교사 역할 수행에서 유아의 놀이를 지원하기 위해 제공해 주어야 할 다음의 5가지 중 제시되지 않은 1가지를 쓰시오.

> 놀이 경험, 시간, 공간, ( ), 상호작용

• : _____

## 2 총론 해설

**03** 다음은 2019 개정 누리과정의 '교수·학습' 지침이다. 물음에 답하시오.

―〈교수·학습〉―

유아가 ( ㉠ )와/과 관심에 따라 놀이에 ( ㉡ )롭게 참여하고 즐기도록 한다.

1) ㉠과 ㉡에 해당하는 말을 쓰시오.
- ㉠ : _____
- ㉡ : _____

2) 다음 (가)의 ㉢과 (나)의 ㉤에 공통으로 들어갈 말과 (가)의 ㉣과 (나)의 ㉥에 공통으로 들어갈 말을 각각 쓰시오.

(가)

유아는 놀이하며 자신의 유능함을 드러내고 즐겁게 배우며 성장한다. 일상에서 자연스럽게 ( ㉢ ), ( ㉣ ), 사람 등을 만나며 세상과 교감하는 방식은 놀이를 통해 깊어진다. 유아에게 놀이는 앎이자 삶의 방식이다. 유아는 놀이를 통해 자신이 경험한 세상을 재구성하며 세상에 대한 이해를 넓혀 나간다.

(나)

루소(Rousseau)는 '합자연의 원리'를 주장하면서 ( ㉤ ), ( ㉥ ), 인간에 의한 교육을 강조했다. ( ㉤ )에 의한 교육이란 인간의 내부에 천성으로 갖추어진 각 기관과 능력이 자연스럽게 내면적으로 발달함을 의미한다. ( ㉥ )에 의한 교육은 사람이 외부세계의 사물과 접촉하여 감각과 경험을 통해 획득되는 것이다. 인간에 의한 교육은 ( ㉤ ), ( ㉥ ), 그리고 인간에 대한 교육이 잘 조화되도록 하는 것이다.

- ㉢과 ㉤ : _____
- ㉣과 ㉥ : _____

3) 다음 교사들이 공통적으로 중요하게 생각하는 것을 2019 개정 누리과정에 근거하여 쓰시오.

김 교사 : 유아가 놀이할 때 교사는 간섭과 통제를 최소화해야 합니다.
이 교사 : 실내의 제한된 흥미 영역에서 교사가 미리 준비한 놀이를 선택하게 하는 것은 부적절합니다.

- : _____

**04** 다음은 2019 개정 누리과정의 '교수·학습' 지침과 관련 해설이다. 물음에 답하시오.

―〈교수·학습〉―

유아가 흥미와 관심에 따라 놀이에 ( ㉠ )롭게 참여하고 ( ㉡ )도록 한다.

개정 누리과정에서는 유아가 자신의 흥미와 관심에 따라 자유롭게 참여하고 ( ㉢ )하는 놀이를 강조한다. 유아가 ( ㉢ )하는 놀이는 유아가 자신만의 방식으로 자유롭게 이끌어 가는 놀이를 의미한다. 교사는 놀이에 대한 이해를 바탕으로 유아가 ( ㉢ )하는 놀이를 지원할 수 있어야 한다.
유아가 ( ㉢ )하는 놀이는 성인의 간섭과 통제가 최소화되고 유아가 다양한 놀이 환경과 만날 때 활발하게 나타난다. [A] 교사는 유아가 ( ㉢ )하는 놀이에 내재된 의미와 가치를 파악하고 그것을 이해하는 과정에서 유아에게 무엇을 지원해 줄 수 있을지를 발견할 수 있다. [B] 교사는 놀이 상황과 맥락에 따라 새롭게 생성되는 유아의 놀이를 존중하고 이해하면서 유아가 필요로 하는 놀이자료, 놀이공간, 놀이 규칙과 ( ㉣ ) 등을 고려하여 필요한 지원을 할 수 있다. [C]

## 2019 개정 누리과정

1) ㉠~㉢에 해당하는 말을 쓰시오.
- ㉠ : _____
- ㉡ : _____
- ㉢ : _____

2) 다음 내용이 들어갈 곳을 [A]~[C]에서 찾아 기호를 쓰시오.

> 따라서 실내의 제한된 흥미 영역에서 교사가 미리 준비한 놀이를 선택하게 하는 방식보다는 유아가 자유롭게 놀이하며 즐기는 방식으로 바꾸어 갈 필요가 있다.

- 기호 : _____

3) 다음 대화 내용을 읽고 ㉣에 들어갈 말을 쓰시오.

> 김 교사 : 유아가 놀이할 때 교사는 유아 주도적인 놀이가 되도록 놀이자료, 놀이공간, 놀이 규칙 등을 고려해서 필요한 지원을 해 주어야 해요.
> 정 교사 : 자유로운 놀이를 지원하다가 혹시 다치지는 않을지 걱정이 돼요. 놀이 규칙을 정하면서 놀이에 어떠한 위험 요소가 있을지 토의해 보는 시간을 갖는 게 중요해요.

- ㉣ : _____

## 05 다음은 2019 개정 누리과정의 '교수 · 학습' 지침과 관련 해설이다. 물음에 답하시오.

〈교수 · 학습〉
유아가 ( ㉠ )을/를 통해 배우도록 한다.

> 유아는 놀이하면서 자연스럽게 세상과 교감하며 성장해 간다. 놀이는 시작과 끝이 정해져 있는 것이 아니라 이어지고 끊어지며 새롭게 생성되어 가는 ( ㉡ )적 과정이며 이는 곧 배움의 과정과 같다. 교사는 유아의 놀이를 배움의 과정으로 이해하고 유아의 놀이를 지원해야 한다.

1) ㉠과 ㉡에 해당하는 말을 쓰시오.
- ㉠ : _____
- ㉡ : _____

2) 듀이(Dewey)의 '경험의 원리' 2가지를 쓰시오.
- : _____

3) 다음 교사의 대화 중 '놀이를 통한 배움의 이해' 측면에서 잘못 이해하고 있는 교사를 찾아 기호를 쓰시오.

> ⓐ 장 교사 : 개정 누리과정에서는 유아가 놀이를 통해 경험하는 배움을 5개 영역과 연결 지어 이해할 수 있도록 안내하고 있어요.
> ⓑ 님 교사 : 개정 누리과정의 5개 영역, 59개의 내용은 3~5세 유아가 유치원과 어린이집에서 경험해야 할 의미 있고 가치 있는 배움의 내용으로 구성되어 있어요.
> ⓒ 박 교사 : 59개 영역은 교사가 유아의 놀이를 이해하고 지원하면서 가르쳐야 할 내용이에요.
> ⓓ 김 교사 : 교사는 유아의 놀이에서 나타나는 통합적 경험을 59개의 내용과 연결해 보면서 유아의 놀이를 통한 배움을 이해할 수 있어요.

- 기호 : _____

## 2. 총론 해설

4) 다음 교사의 대화 중 '놀이와 연계한 활동을 통한 유아의 배움 지원' 측면에서 부적절한 교수·학습을 한 교사를 찾아 기호를 쓰시오.

> ⓐ 김 교사는 일상생활과 활동에도 유아의 흥미와 관심을 반영하여 유아가 즐겁게 경험하며 배우도록 지원했다.
> ⓑ 박 교사는 활동을 운영할 때 유아가 주도하는 놀이의 내용과 연계하여 유아가 즐겁게 배울 수 있도록 지원했다.
> ⓒ 송 교사는 현재 유아가 하고 있는 놀이에 부합하면서 유아의 흥미나 관심과 관련된 동화 듣기, 노래 부르기, 요리하기, 게임 등의 활동을 제안했다.
> ⓓ 이 교사는 유아가 자신이 하고 있는 놀이를 친구들에게 소개하기, 놀이 규칙 정하기, 특정 관심사에 대해 함께 알아보기 등 상황에 따라 이야기를 나누는 것은 활동으로 보지 않았다.
> ⓔ 정 교사는 유아의 놀이를 지원하기 위해 다양한 활동을 계획했더라도 유아의 관심과 흥미에 따라 수정했다.
> ⓕ 신 교사는 정해진 생활주제에 따라 활동을 진행하기보다는 유아가 주도해 가는 놀이와 연계하여 활동을 진행했다.

• 기호 : _____

5) 다음 [A]의 ⓐ에 들어갈 말을 쓰고, [A], [B], [C]의 ⓑ에 공통으로 해당하는 교육의 명칭을 쓰시오.

[A]

> 교사는 유아의 건강과 ( ⓐ )을/를 위해 필수적으로 요구되는 일상생활 습관 지도나 ( ⓐ ) 교육을 계획하여 운영할 수 있다. 유치원과 어린이집에서는 유아가 놀이 ( ⓐ )와/과 생활 ( ⓐ )을/를 지키고, 위험한 일이 발생하였을 때 도움을 받아 대처할 수 있는 능력을 기를 수 있도록 ( ⓐ ) 교육을 실시해야 한다. ( ⓐ ) 교육이 필요한 항목으로는 화재안전, ( ⓑ )안전, 약물안전, 유괴에 대처하는 방법 등이 있으며, 이는 ( ⓐ ) 교육 관련 법령 및 지침 등에서 제안하는 내용을 바탕으로 유아들이 이해하기 쉬운 방식으로 지도한다.

[B] 아동복지법 시행령[시행 2021.3.30.] [별표 6] 교육기준

| 구분 | 실시 주기(총 시간) |
|---|---|
| 성폭력 및 아동학대 예방 교육 | 6개월에 1회 이상 (연간 8시간 이상) |
| 실종·유괴의 예방·방지 교육 | 3개월에 1회 이상 (연간 10시간 이상) |
| 감염병 및 약물의 오용·남용 예방 등 보건위생관리 교육 | 3개월에 1회 이상 (연간 10시간 이상) |
| 재난대비 안전교육 | 6개월에 1회 이상 (연간 6시간 이상) |
| ( ⓑ )안전교육 | 2개월에 1회 이상 (연간 10시간 이상) |

[C] 학교안전교육 실시 기준 등에 관한 고시[시행 2020.1.1.]
학생안전교육의 시간 및 횟수(단위 : 단위활동)

| 구분 | 교육 시간 | 횟수 |
|---|---|---|
| 생활안전교육 | 13 | 학기당 2회 이상 |
| ( ⓑ )안전교육 | 10 | 학기당 3회 이상 |
| 폭력예방 및 신변보호교육 | 8 | 학기당 2회 이상 |
| 약물 및 사이버 중독 예방 교육 | 10 | 학기당 2회 이상 |
| 재난안전교육 | 6 | 학기당 2회 이상 |
| 직업안전교육 | 2 | 학기당 1회 이상 |
| 응급처치교육 | 2 | 학기당 1회 이상 |

- ⓐ : _____
- ⓑ : _____

**06** 다음은 「아동복지법 시행령」 [별표6]에 있는 안전 교육 기준이다. 초등학교 취학 전 유아들을 대상으로 한 교육내용으로서 부적절한 것을 [A]~[D]에서 각각 1가지씩 골라 쓰시오.

| 교육 구분 | 교육내용 |
|---|---|
| [A]<br>재난대비<br>안전 교육<br>6개월에 1회 이상<br>(연간 6시간 이상) | 1. 화재의 원인과 예방법<br>2. 뜨거운 물건 이해하기<br>3. 옷에 불이 붙었을 때 대처법<br>4. 화재 시 대처법<br>5. 자연재난의 개념과 안전한 행동 알기<br>6. 소방기구 사용법 |
| [B]<br>교통안전 교육<br>2개월에 1회 이상<br>(연간 10시간 이상) | 1. 차도, 보도 및 신호등의 의미 알기<br>2. 안전한 도로 횡단법<br>3. 안전한 통학버스 이용법<br>4. 교통법규 이해하기<br>5. 날씨와 보행안전<br>6. 어른과 손잡고 걷기 |
| [C]<br>감염병 및 약물의<br>오용·남용 예방<br>등 보건위생관리<br>교육<br>3개월에 1회 이상<br>(연간 10시간 이상) | 1. 감염병 예방을 위한 개인위생 실천 습관<br>2. 예방접종의 이해<br>3. 몸에 해로운 약물 위험성 알기<br>4. 생활 주변의 해로운 약물·화학제품 그림으로 구별하기<br>5. 모르면 먼저 어른에게 물어보기<br>6. 가정용 화학제품 만지거나 먹지 않기<br>7. 어린이 약도 함부로 많이 먹지 않기<br>8. 중독사고의 대처법과 예방법 |
| [D]<br>실종·유괴의<br>예방·방지 교육<br>3개월에 1회 이상<br>(연간 10시간 이상) | 1. 길을 잃을 수 있는 상황 이해하기<br>2. 미아 및 유괴 발생 시 대처방법<br>3. 유괴범에 대한 개념<br>4. 유인·유괴 행동에 대한 이해 및 유괴 예방법<br>5. 유괴·유인 상황 목격 시 신고 요령 |
| 성폭력 및<br>아동학대<br>예방교육<br>6개월에 1회 이상<br>(연간 8시간 이상) | 1. 내 몸의 소중함<br>2. 내 몸의 정확한 명칭<br>3. 좋은 느낌과 싫은 느낌<br>4. 성폭력 예방법과 대처법 |

- [A] : _____
- [B] : _____
- [C] : _____
- [D] : _____

**07** 다음은 「아동복지법 시행령」 [별표6]에 있는 안전 교육 기준이다. 다음 ㉠~㉥의 교육 방법 중 적절하지 않은 것을 1가지 찾아 기호를 쓰시오.

| 교육 구분 | 교육 방법 |
|---|---|
| 재난대비<br>안전 교육 | 1. 전문가 또는 담당자 강의<br>2. 시청각 교육<br>3. ㉠ 실습교육 또는 현장학습<br>4. 사례 분석 |
| 교통안전 교육 | 1. ㉡ 전문가 또는 담당자 강의<br>2. ㉢ 시청각 교육<br>3. 실습교육 또는 현장학습<br>4. 일상생활을 통한 반복 지도 및 부모 교육 |

## 2 총론 해설

| 교육 구분 | |
|---|---|
| 감염병 및 약물의 오용·남용 예방 등 보건위생관리 교육 | 1. 전문가 또는 담당자 강의<br>2. 시청각 교육<br>3. ㉣ 실습교육 또는 현장학습<br>4. 사례 분석 |
| 실종·유괴의 예방·방지 교육 | 1. 전문가 또는 담당자 강의<br>2. ㉤ 장소·상황별 역할극 실시<br>3. 시청각 교육<br>4. 사례 분석 |
| 성폭력 및 아동학대 예방 교육 | 1. 전문가 또는 담당자 강의<br>2. 장소·상황별 역할극 실시<br>3. 시청각 교육<br>4. ㉥ 사례 분석 |

• 기호 : _____

**08** 다음은 '학교 안전 교육 7대 영역'의 교육 구분과 교육내용이다. 교육 구분과 교육내용이 알맞게 짝 지어지지 <u>않은</u> 것을 밑줄 친 ㉠~㉥에서 2가지 찾아 기호를 쓰시오.

| 교육 구분 | 교육내용 |
|---|---|
| 생활안전 교육 | 1. 교실, 가정, 등하굣길에서 안전하게 생활하기<br>2. 안전한 장소를 알고 안전하게 놀이하기<br>3. 놀이기구나 놀잇감, 도구의 바른 사용법을 알고 안전하게 사용하기<br>4. ㉠ <u>나와 내 주변사람(가족, 친구 등)의 소중함을 알고 사이좋게 지내기</u><br>5. 몸에 좋은 음식, 나쁜 음식 알기 |
| 교통안전 교육 | 1. 표지판 및 신호등의 의미 등 교통안전 규칙 알고 지키기<br>2. 안전한 도로 횡단법 알기<br>3. ㉡ <u>어른과 손잡고 걷기</u><br>4. 교통수단(자전거, 통학버스 등) 안전하게 이용하기 |
| 폭력예방 및 신변보호 교육 | 1. 내 몸의 소중함과 정확한 명칭 알기<br>2. 좋은 느낌과 싫은 느낌 알기<br>3. 성폭력 예방 및 대처방법 알기<br>4. ㉢ <u>실종, 유괴, 미아 상황 알고 도움 요청하기</u><br>5. 아동학대 신고 및 대처방법 알기 |
| 약물 및 사이버 중독 예방 교육 | 1. 올바른 약물 사용법 알기<br>2. 생활주변의 해로운 약물·화학제품 만지거나 먹지 않기<br>3. TV, 인터넷, 통신기기(스마트폰 등) 등의 중독 위해성을 알고 바르게 사용하기 |
| 재난안전 교육 | 1. 화재의 원인과 예방법 알기<br>2. 화재 발생 시 유의사항 및 대처법 알기<br>3. ㉣ <u>각종 자연 재난 및 사고 적절하게 대처하는 방법 알기</u><br>4. 각종 재난 유형별 대비 훈련 실시 |
| 직업안전 교육 | 1. 일터 안전의 중요성 및 안전을 위해 지켜야 할 일 알기<br>2. 일터 안전시설 현장 체험하기 |
| 응급처치 교육 | 1. 응급상황 알기 및 도움 요청하기<br>2. 119 신고와 주변에 알리기<br>3. 손 씻기와 소독하기 등 청결 유지하기<br>4. ㉤ <u>상황별 응급처치 방법 알기</u> |
| 교육 방법 | 1. 학생 발달 수준을 고려한 전문가 또는 교원 설명<br>2. 학생 참여 수업 방법 연계 적용<br>3. 교내외 체험교육 또는 현장학습<br>4. 일상생활을 통한 반복 지도 및 부모 교육 연계 |

• 기호 : _____

## 09
다음 일상생활과 활동에서 유아를 지원한 내용 중 가장 <u>부적절한</u> 것 1가지를 찾아 기호를 쓰시오.

ⓐ 현재 유아가 하고 있는 놀이에 부합하면서 유아의 흥미나 관심과 관련된 동화 듣기, 노래 부르기, 요리하기, 게임 등을 제안하여 즐겁게 놀이하는 방식으로 활동을 했다.
ⓑ 유아가 자신이 하고 있는 놀이를 친구들에게 소개하기, 놀이 규칙 정하기, 특정 관심사에 대해 함께 알아보기 등 상황에 따라 이야기를 나누도록 했다.
ⓒ 유아의 놀이를 위해 다양한 활동을 계획하고 유아가 흥미나 관심을 보이지 않더라도 이를 미리 정해진 생활주제에 맞세 활동을 진행했다.
ⓓ 유아가 놀이 안전과 생활 안전을 지키고, 위험한 일이 발생하였을 때 도움을 받아 대처할 수 있는 능력을 기를 수 있도록 안전 교육을 실시했다.
ⓔ 화재안전, 교통안전, 약물안전, 유괴에 대처하는 방법 등의 안전 교육을 안전 교육 관련 법령 및 지침 등에서 제안하는 내용을 바탕으로 유아들이 이해하기 쉬운 방식으로 지도했다.

• 기호 : _____

## 10
다음은 '학교 안전 교육 7대 영역'의 교육 시간과 횟수이다. ㉠과 ㉡에 들어갈 교육시간을 숫자로 쓰시오.

| 교육 구분 | 교육시간 | 횟수 |
|---|---|---|
| 생활안전교육 | ( ㉠ ) | 학기당 2회 이상 |
| 교통안전교육 | 10 | 학기당 3회 이상 |
| 폭력예방 및 신변보호교육 | 8 | 학기당 2회 이상 |
| 약물 및 사이버 중독 예방 교육 | 10 | 학기당 2회 이상 |
| 재난안전교육 | ( ㉡ ) | 학기당 2회 이상 |
| 직업안전교육 | 2 | 학기당 1회 이상 |
| 응급처치교육 | 2 | 학기당 1회 이상 |

• ㉠ : _____
• ㉡ : _____

## 11
다음 중 '계획안'에 기록하는 것에 포함되지 <u>않는</u> 것을 1가지 골라 기호를 쓰시오.

㉠ 교육 계획
㉡ 유아가 실제 놀이한 내용
㉢ 놀이에서 나타나는 배움
㉣ 교사가 한 지원 내용
㉤ 기관장의 지시 내용
㉥ 앞으로 유아에게 필요한 놀이 지원 내용

• 기호 : _____

## 2 총론 해설

**12** 보기 중 ㉠에 들어갈 것으로 <u>부적절한</u> 것 1가지를 찾아 쓰시오.

> 유아·놀이 중심 교육과정에서는 유아가 놀이에서 경험하는 배움을 지원하기 위해 교사의 자율성을 강조한다. 유아는 자신에게 가장 적합한 방식으로 놀이하기 때문에 유아의 놀이는 예측하기 어렵다. 교사는 ( ㉠ ) 등을 고려하여 놀이를 지원해야 한다. 교사는 유아가 놀이하며 배울 수 있도록 상황에 따라 필요한 교육적 판단을 자율적으로 할 수 있어야 한다.

보기
> 유아의 특성, 안전, 교사의 기분
> 놀이 환경, 놀이자료, 날씨, 기관의 상황

• _____

**13** 다음 교사의 대화 중 '자율성을 바탕으로 유아의 놀이 배움 지원' 측면에서 <u>잘못</u> 이해하고 있는 교사를 ㉠~㉢에서 골라 쓰고, ⓐ와 ⓑ에 해당하는 말을 순서대로 쓰시오.

> ㉠ 강 교사 : 교사는 유아의 특성, 안전, 놀이 환경, 자료, 날씨, 기관의 상황 등을 고려하여 놀이를 지원해야 합니다.
> ㉡ 고 교사 : 유아의 놀이가 자신이 계획한 주제나 활동과 다르게 이루어지더라도 유아의 놀이를 존중하여 계획된 활동을 변경할 수 있어야 해요.
> ㉢ 국 교사 : 교사가 유아의 놀이를 존중한다는 것은 유아의 놀이에 개입하지 않고 바라봐 주는 것을 의미해요.

> 교사는 유아가 놀이하며 경험한 내용을 관찰하고, 놀이에서 나타나는 배움에 주목하여 이를 ( ⓐ )할 수 있다. 이러한 ( ⓐ )은/는 유아의 놀이 지원을 위한 교사의 자율적 판단의 근거가 된다. 교사는 ( ⓑ )을/를 활용하여 유아가 실제 놀이한 내용을 적합한 방식으로 ( ⓐ )하고, 그에 따른 교사의 지원 내용도 함께 작성할 수 있다. ( ⓑ )은/는 유아가 놀이하며 배우는 과정을 이해하는 자료가 되며, 이를 작성하면서 유아에게 필요한 놀이 지원도 함께 계획할 수 있다.

• 기호 : _____
• ⓐ : _____
• ⓑ : _____

**14** 다음은 2019 개정 누리과정의 '교수·학습' 지침과 관련 해설이다. 물음에 답하시오.

〈교수·학습〉
> 유아가 다양한 놀이와 ( ㉠ )을/를 경험할 수 있도록 ( ㉡ ) 환경을 구성한다.

> 개정 누리과정에서 놀이 환경은 유아가 놀이하는 실내외 모든 ( ㉢ )와/과 ( ㉣ )을/를 포함한다. 유아가 보고 듣고 만지며 자유롭게 표현할 수 있는 놀이 환경은 놀이가 다양하게 이루어지도록 하는 중요한 교육적 자원이다. 따라서 교사는 다양한 실내외 놀이 환경과 풍부한 ( ㉣ )을/를 제공하여 유아의 놀이가 활성화되도록 돕는다.

1) ㉠~㉣에 해당하는 말을 쓰시오.
• ㉠ : _____
• ㉡ : _____
• ㉢ : _____
• ㉣ : _____

2) 다음 교사의 대화 중 '다양하고 안전한 실내 공간 구성' 측면에서 잘못 이해하고 있는 교사 1명을 찾아 기호를 쓰시오.

> ⓐ 차 교사 : 교실의 흥미 영역은 유아들이 가장 좋아하는 놀이를 중심으로 구성하는 것이 좋아요.
> ⓑ 정 교사 : 유아들이 흥미를 보이지 않는 영역은 더욱 매력적인 자료를 준비하고 흥미가 생길 때까지 영역을 바꾸지 않아요.
> ⓒ 최 교사 : 유아의 관심과 흥미, 요구에 따라 새로운 영역을 구성할 수 있으며, 이때 유아가 주도적으로 놀이 영역을 창조할 수 있도록 지원해야 해요.
> ⓓ 장 교사 : 교실 밖의 복도나 계단, 구석진 공간 등 유아가 놀이할 수 있는 실내 공간은 먼저 안전에 문제가 없는지 파악한 후에 놀이공간으로 구성해야 해요.

• 기호 : _____

3) 다음 교사의 대화 중 '다양하고 안전한 실외 공간 구성' 측면에서 잘못 이해하고 있는 교사 1명을 찾아 기호를 쓰시오.

> ⓐ 윤 교사 : 실외 공간은 유아가 마음껏 뛰어놀며, 자연과 계절의 변화를 만나고 탐색할 수 있는 놀이 환경이에요.
> ⓑ 나 교사 : 교사는 유아가 몸을 충분히 움직여 즐겁게 놀이하면서 위험한 것도 알고 이를 극복할 수 있는 능력을 기르도록 지원해야 해요.
> ⓒ 원 교사 : 실외 놀이 환경은 유아가 안전하게 놀이할 수 있는 공간과 자료로 구성해야 해요.
> ⓓ 신 교사 : 유아들이 활발한 신체 움직임을 바탕으로 모험과 도전을 하면서 궁금한 것을 찾아 자유롭게 탐색하는 놀이를 다양하게 경험할 수 있는 놀이 환경을 만들어야 해요.

• 기호 : _____

4) 다음 중 ① 유치원 내의 유아의 놀이공간으로 사용할 수 없는 곳을 1곳 찾아 쓰고, ② ①을 제외한 다음의 공간을 놀이공간으로 사용할 때에 교사가 공통적으로 가장 유의해야 하는 것 1가지를 쓰시오.

> 복도, 계단, 구석진 공간, 실외 자투리 공간, 텃밭, 통로, 인근 공원 및 놀이터, 인도 및 도로

• ① : _____
• ② : _____

5) 다음 교사의 대화 중 '풍부한 놀이자료 제공' 측면에서 잘못 이해하고 있는 교사 2명을 찾아 기호를 쓰시오.

> ⓐ 김 교사 : 놀이자료는 유아가 놀이에 사용할 수 있는 놀잇감, 매체, 재료와 도구 등을 포함합니다.
> ⓑ 황 교사 : 유아에게 놀이자료는 자신의 감정과 생각, 상상 등을 자유롭게 표현하는 수단이자 세상에 대한 이해를 넓혀 나가는 데 중요한 역할을 하는 매개물이 됩니다.
> ⓒ 윤 교사 : 교사는 유아에게 일상의 평범한 사물, 자연물, 악기, 미술재료, 그림책, 재활용품 등을 적절히 제공할 수 있으며 계절이나 행사, 국경일과 관련된 자료는 시기에 맞게 제공할 필요가 있습니다.
> ⓓ 최 교사 : 구조적인 자료를 풍부하게 제공하여 유아가 흥미를 갖고 활동할 수 있도록 지원하고, 유아가 찾아낸 새로운 놀이자료나 창의적인 놀이 방식을 인정하고 존중해야 합니다.
> ⓔ 임 교사 : 놀이자료를 제공할 때는 유아가 성취감을 느끼도록 자료의 사용 방법이나 놀이 방식을 정확하게 알려주어서 정해진 방법대로 사용할 수 있도록 해야 합니다.

• 기호 : _____

## 2 총론 해설

**15** [실행자료 02. 교수·학습 실천하기/놀이와 안전]
다음 중 '놀이와 안전'과 관련된 교사의 대화 내용을 읽고 물음에 답하시오.

> 김 교사 : 안전한 놀이를 보장하기 위하여 물리적 환경의 안전성을 점검하고 위해를 가할 수 있는 사물이나 물질을 사전에 차단해야 해요.
> 이 교사 : 정해진 놀이 규칙을 잘 지키면서 놀 수 있도록 해야 해요. 쌓기놀이 시 어깨높이만큼만 쌓기로 했는데 더 높이 쌓는 유아들이 있다면 안전이 최우선되어야 하기 때문에 놀이를 제한해야 해요.
> 박 교사 : 저는 공구나 요리용 도구를 유아들이 사용하도록 하고 있어요. 유아들은 이러한 도구들을 주의해서 사용함으로써 다양하고 정교한 놀이를 하더군요.
> 정 교사 : 저랑 같네요. 저는 새로운 놀이공간과 자료를 사용할 경우 조심해야 할 부분에 대해 제가 직접 알려주는 경우도 있지만 ㉠ <u>유아가 스스로 위험한 요소를 찾아보고 조심하는 방법에 대해 생각해 보도록 하고 약속을 정하도록 지원</u>합니다. 다양한 사물의 속성을 잘 알게 되면 유아는 스스로 조심할 부분을 더 잘 판단하더군요.

1) 2019 개정 누리과정에 근거하여 놀이 시 안전과 관련된 지도 방법을 <u>잘못</u> 이해하고 있는 교사 1명을 찾아 쓰시오.
  • : _____

2) ㉠의 이유를 '지속적인 유아 주도적 놀이 지원'의 측면에서 1가지 쓰시오.
  • : _____

**16** [실행자료 02. 교수·학습 실천하기/놀이와 안전]
교사들이 다음의 내용에 유의해야 하는 이유를 놀이 중심 교육과정의 관점에 근거하여 3가지 쓰시오.

> 유아는 유치원에서 놀이를 통하여 환경을 탐색하고 감정과 행동을 조절하면서 스스로 안전하게 생활하게 된다는 것을 학부모와 소통해야 한다. 학기 초부터 학부모교육이나 가정통신문, 교육 자료를 통하여 유아·놀이 중심 교육과정의 의미와 가치에 대해 지속적으로 소통하는 기회를 갖는 것이 필요하다.

• ① : _____
• ② : _____
• ③ : _____

**17** 다음은 2019 개정 누리과정의 '교수·학습' 지침이다. 물음에 답하시오.

> 〈교수·학습〉
> 유아가 다양한 놀이와 ( ㉠ )을/를 경험할 수 있도록 ( ㉡ ) 환경을 구성한다.

1) ㉠과 ㉡에 해당하는 말을 쓰시오.
  • ㉠ : _____
  • ㉡ : _____

2) 다음 실내 흥미 영역 운영 방법 중 <u>부적절한</u> 것을 1가지 찾아 기호와 그 이유를 쓰시오.

> ⓐ 교실의 흥미 영역은 유아들이 가장 좋아하는 놀이를 중심으로 구성한다.
> ⓑ 유아들이 흥미를 보이지 않는 영역은 다른 영역과 통합하여 재구성하거나 다른 영역으로 대체한다.

## 2019 개정 누리과정

ⓒ 유아의 관심과 흥미, 요구에 따라 새로운 영역을 구성하거나 유아가 주도적으로 놀이 영역을 창조하도록 지원한다.
ⓓ 교실 밖의 복도나 계단, 구석진 공간 등에서 유아가 놀고자 할 경우에는 유아 스스로 안전에 문제가 없는지 파악한 후에 놀도록 지원한다.

• 기호 : _____
• 이유 : _____

**18** [실행자료 02. 교수·학습 실천하기/놀이공간]
다음 ㉠과 ㉡에 들어갈 말을 쓰시오.

유아·놀이 중심 교육과정을 표방하는 개정 누리과정은 교사가 유아의 흥미와 관심, 개별 특성을 존중하며 유아의 다양한 놀이와 경험을 지원할 수 있도록 ( ㉠ )을/를 구성하고, 자료와 시간을 ( ㉡ )하고 상호작용에 변화를 줄 것을 기대한다.

• ㉠ : _____
• ㉡ : _____

**19** [실행자료 02. 교수·학습 실천하기/놀이공간]
놀이공간의 구성과 관련하여 <u>부적절하게</u> 운영한 내용을 1가지 찾아 기호를 쓰시오.

㉠ 하나의 공간을 자신들의 놀이에 적합한 공간으로 새로운 목적을 부여하여 사용하기도 하고 놀이할 공간을 스스로 찾아내거나 만들기도 하고, 공간과 공간을 연결하여 새로운 놀이로 확장하기도 하는 유아들의 특성을 고려했다.
㉡ 교실에 기존의 영역이 구성되어 있다고 하더라도 학급의 원아 수, 성별의 비율, 유아들의 전반적인 놀이 성향을 고려하여 적합성을 판단하여 놀이공간을 구성했다.
㉢ 학기 초에는 놀이자료를 구분하기 위한 기본적인 영역을 구분하고 각 영역이 지나치게 협소해지지 않도록 가구를 배치했다.
㉣ 생활주제에 따라 한 번 정한 영역은 고정해 두고 일주일에 한 번씩 교사가 정한 주제에 따라 자료를 재배치해 주었다.
㉤ 실내외 전체공간을 놀이를 위해 다양하게 활용하려고 했다.

• 기호 : _____

**20** [실행자료 02. 교수·학습 실천하기/놀이공간]
'놀이공간을 융통성 있게 배치해 본다.'와 관련하여 <u>부적절하게</u> 운영한 내용을 1가지 찾아 기호를 쓰시오.

㉠ 교실 내에 반드시 배치되어야 하는 흥미 영역을 정하지 않고 유아의 놀이를 지원할 수 있도록 공간을 융통성 있게 구성했다.
㉡ 영역의 수는 줄이더라도 영역의 크기는 가능한 한 모두 넓혀 주어 유아들이 자유롭게 놀이하도록 했다.
㉢ 유아의 놀이에 따라 넓은 공간이 필요하기도 하고 분리된 작은 공간이 필요하기도 하므로 유아의 흥미와 놀이 흐름에 따라 조정했다.
㉣ 확장하거나 축소하기도 하고, 구석진 곳이나 조용한 곳에 옮겨 주기도 하고, 놀이가 서로 연결될 수 있도록 가까이에 배치해 주기도 했다.

• 기호 : _____

## 2 총론 해설

**21** [실행자료 02. 교수 · 학습 실천하기/놀이공간]
'놀이하는 공간을 넓혀 본다.'와 관련하여 다음의 경우 해결할 수 있는 방법을 쓰시오.

> 유아의 놀이를 관찰한 결과 좁은 공간이 놀이를 방해하는 요소라고 판단되었거나, 유아가 놀이공간을 넓히고 싶다고 스스로 요구하였을 때 교사는 놀이공간을 확장시켜 주어야 한다.

- 놀이를 방해하는 가구와 설비 : _____
- 유아에게 관심이 적은 놀잇감 : _____
- 교실에서 꺼낸 자료 보관 방법 : _____
  _____
- 교실 밖에 가구를 둘 때 : _____
  _____

**22** [실행자료 02. 교수 · 학습 실천하기/놀이공간]
'유아에게 공간 배치의 주도권을 주어 본다.', '다른 놀이공간을 찾아본다.'와 관련하여 <u>부적절하게</u> 운영한 내용을 1가지 찾아 기호를 쓰시오.

> ㉠ 유아 스스로 놀이공간을 배치하거나 변경하도록 지원하여 교실이 유아들의 공간이라고 생각하도록 했다.
> ㉡ 조용한 혼자만의 놀이공간이 필요하거나 공간구성이 지나치게 자주 바뀌는 것을 싫어하는 유아들이 있다는 것도 존중하여 다수와 개인의 놀이가 고루 존중되는 교실의 문화를 만들고자 했다.
> ㉢ 교실이나 실외 놀이터 외에 복도, 현관 입구, 교실과 교실 사이의 공유 공간, 계단 밑 등도 안전하다면 유아의 놀이공간으로 허용했다.
> ㉣ 비상구나 비상계단 등 비상시 대피경로에 놀잇감이나 자료장을 배치했다.

- 기호 : _____

**23** [실행자료 02. 교수 · 학습 실천하기/놀이공간]
'다른 놀이공간을 찾아본다.'와 관련하여 다음과 같이 허용하기 위해 교사가 해야 할 일 2가지를 쓰시오.

> 교실이나 실외 놀이터 외에 복도, 현관 입구, 교실과 교실 사이의 공유 공간, 계단 밑 등도 안전하다면 유아의 놀이공간으로 허용했다.

- ① : _____
- ② : _____

**24** [실행자료 02. 교수 · 학습 실천하기/놀이자료]
'유아가 결정한 자료활용 방법을 격려한다.'와 관련하여 <u>부적절한</u> 내용을 2가지 찾아 기호를 쓰시오.

> ㉠ 교사가 준비한 자료 및 유아가 매일 마주치게 되는 일상의 사물들, 자연물이나 자연현상 등은 자료가 되지만 OHP나 조명기구, 다양한 디지털 매체 등은 자료가 되지 않는다.
> ㉡ 교사는 유아에게 위험하거나 유해하지 않는 한 모든 자료가 놀이자료가 될 수 있다는 새로운 가치를 함께 실현하려는 열린 마음과 유아의 주도성을 인정해 주는 태도를 갖도록 해야 한다.
> ㉢ 자료를 준비한 교사의 의도와는 다르게 유아가 자신만의 방식으로 자료를 해석하고 자료를 활용하더라도 이를 허용해 준다.
> ㉣ 어떤 자료는 단순한 탐색의 대상이 되기도 하고, 어떤 자료는 다양한 방법으로 오랫동안 놀이 속에서 활용되기도 한다는 것을 인정해 준다.
> ㉤ 유아의 성취감 향상을 위해 교사가 계획한 자료와 활동방법대로 유아가 놀이하여 계획 시 의도한 결과가 나오도록 지원한다.

- 기호 : _____

**25** [실행자료 02. 교수·학습 실천하기/놀이자료]

'자연물이나 자연현상도 자료가 될 수 있다.'와 관련한 (가)의 내용을 근거로, (나)의 놀이 중 자연물이나 자연현상을 자료로 활용한 놀이가 <u>아닌</u> 것을 1가지 찾아 기호를 쓰시오.

(가)

> 유아는 자연물로 놀이하는 과정에서 색, 모양, 선, 질감과 같은 자연물의 속성과 아름다움에 대한 감성, 생명의 존귀함 등을 스스로 배운다.
> 빛과 그림자, 눈, 비, 구름 등과 같은 자연현상도 놀이의 매개 또는 주제가 될 수 있다. 이처럼 자연은 매일의 삶 속에서 탐색, 관찰, 몰입을 통해 배움이 일어나도록 매개하는 자료이다.

(나)

> ㉠ 마른 지렁이에 대한 단순한 호기심에서 시작하여 자연현상과 자연물의 변화에 대한 관심이 깊어졌다.
> ㉡ 유아들이 밖에서 그림자를 발견하고 흥미를 보이며 그림자 만들기, 그림자 밟기 등의 놀이를 하였다.
> ㉢ 비오는 날 자연현상의 변화로 인하여 흙, 풀 등의 자연물의 속성이 변화하였고 새로운 놀이를 발견하였다.
> ㉣ 교실에서 보던 책을 밖으로 가지고 나가서 보기 위해 유치원 마당에 돗자리를 깔고 책을 보았다.
> ㉤ 주변에 깔린 돌이 다양한 색깔, 모양, 질김, 무게와 크기 등의 속성을 이용해 놀이했다.

• 기호 : _____

**26** [실행자료 02. 교수·학습 실천하기/놀이자료]

'다양한 일상의 사물을 놀이자료로 활용한다.', '자료가 없어도 놀이할 수 있다.'와 관련하여 <u>부적절한</u> 내용을 1가지 찾아 기호를 쓰시오.

> ㉠ 놀이방법이 정형화되어 있는 상업적인 놀잇감보다 일상에서 발견하는 다양한 사물이 유아의 놀이를 더 풍부하게 해 주기도 한다.
> ㉡ 교사는 상품화되거나 정형화된 놀잇감 이외에 다양한 열린 자료를 지원하도록 한다.
> ㉢ 기존의 놀잇감과 휴지속심 등 재활용 자료를 함께 사용하며 놀이하도록 허용할 수 있다.
> ㉣ 유아는 일상의 물건을 놀이자료로 사용하면서 본래의 용도 외에 물질의 고유한 특성과 형태, 색, 질감 등 감각적 요소를 발견하게 된다.
> ㉤ 실외에서 몸을 움직여 노는 놀이는 허용하지만 실내에서는 유아가 몸을 크게 움직여 놀기보다 주로 조용한 놀이를 하도록 한다.

• 기호 : _____

**27** [실행자료 02. 교수·학습 실천하기/놀이자료]

'자료가 없어도 놀이할 수 있다.'와 관련하여 바깥놀이에서 자료가 없이 놀이하는 예를 1가지 쓰시오.

• 놀이 예 : _____

## 2 총론 해설

**28** [실행자료 02. 교수·학습 실천하기/놀이자료]
'기존의 자료도 새롭게 활용해 본다.'와 관련하여 <u>부적절하게</u> 운영한 내용을 1가지 찾아 기호를 쓰시오.

> ㉠ 교사가 미리 정한 주제에 따라 기존의 놀이자료를 새롭게 맞추어 제시했다.
> ㉡ 기존에 사용하던 생활주제 관련 놀이자료를 모두 새로운 자료로 대체하지 않고 기존에 기관에서 가지고 있던 흥미 영역별, 생활주제별 자료를 다시 잘 활용했다.
> ㉢ 유아가 기존의 자료를 새로운 방식으로 놀이하는 것을 허용하고 격려했다.
> ㉣ 자료를 흥미 영역이나 생활주제 또는 연령별로 분류하는 기존의 보관방법을 놀이자료별로 분류하는 등 좀 더 효과적으로 기존의 자료를 활용할 수 있는 방법을 찾아보았다.

• 기호 : _____

**29** 다음은 2019 개정 누리과정의 '교수·학습' 지침이다. 물음에 답하시오.

─〈교수·학습〉─
유아와 ( ㉠ ), 유아와 ( ㉡ ), 유아와 ( ㉢ ) 간에 능동적인 상호작용이 이루어지도록 한다.

1) 다음 글을 참고하여 ㉠~㉢에 해당하는 말을 쓰시오.

> 유치원과 어린이집에서 유아는 또래, 교사 및 자신을 둘러싼 환경 등과 관계를 맺으며 성장한다. 또한 유아는 놀이에서 또래 친구와 교사, 자연환경 등과 적극적으로 상호작용하면서 세상을 이해하고 배움을 이루어 간다. 교사는 유아가 놀이에서 만나는 다양한 관계에 관심을 기울이고 함께 상호작용을 하며 배움을 지원해야 한다.

• ㉠ : _____
• ㉡ : _____
• ㉢ : _____

2) 다음은 '유아와 유아 간의 상호작용'과 관련된 내용이다. 관련된 교수·학습 원리를 쓰시오.

> 유아가 주도하는 놀이 중심의 개정 누리과정에서는 유아와 유아 간의 상호작용이 더 활발하고 빈번하게 일어난다. 유아는 또래들과 함께 놀이하면서 자신의 생각을 표현하고, 친구들의 의견을 듣고 때때로 생각을 바꾸기도 한다. 더 재미있게 놀이하기 위해 양보하고, 배려하고, 나와 다른 의견을 수용하여 조절하는 경험도 할 수 있다. 교사는 유아들이 자유롭고 활기차게 놀이할 수 있는 분위기를 제공하여 유아 간의 다양한 상호작용을 격려해 주어야 한다.

• _____ :

3) 다음 교사의 대화 중 '교사와 유아 간의 상호작용' 측면에서 <u>잘못</u> 이해하고 있는 교사를 찾아 기호를 쓰시오.

> ⓐ 최 교사 : 교사는 유아의 놀이에 귀 기울여 놀이의 의미와 배움을 발견하고, 이를 확장하기 위해 다양한 상호작용을 해야 합니다.
> ⓑ 남 교사 : 교사는 유아의 흥미와 관심이 어디에 있는지 파악하고, 칭찬, 격려, 미소, 공감 등 정서적 또는 언어적 상호작용을 통해 유아의 놀이를 긍정적으로 수용하고 격려해야 합니다.
> ⓒ 유 교사 : 교사는 답이 정해진 질문을 하여 유아들이 지식을 확장할 수 있도록 도와야 합니다.
> ⓓ 문 교사 : 유아의 놀이에서 나타나는 상상력과 사물을 의인화하여 이해하는 유아의 독특한 놀이 표현을 지지하고 함께 교감하는 태도가 필요합니다.
> ⓔ 이 교사 : 교사는 유아와 주변세계를 이해하는 공동의 놀이자로서 놀이에서 발생하는 문제를 함께 해결하면서 유아의 배움을 이끄는 상호작용을 할 수 있습니다.

• 기호 : _____

4) 다음은 '유아와 환경 간의 상호작용'을 설명한 내용이다. '비구조적 놀잇감'을 4가지 찾아 쓰시오.

> 유아·놀이 중심 교육과정에서는 유아와 환경 간의 상호작용이 매우 중요하다. 환경은 유아의 놀이가 활성화되는 배경이자 유아가 다양한 배움을 경험하는 원천이 된다. 유아와 환경 간의 상호작용은 유아 주변의 친근한 공간, 자료, 일상생활에서 자연스럽게 접하는 모든 환경과의 교감을 포함한다. 유아는 놀이에서 다양한 사물, 자료, 자연물 등을 만지고 움직여 보며 새로운 흥미와 관심을 가지게 되고, 이는 창작적 표현으로 이어지기도 한다. 유아는 물과 모래, 블록과 종이 등을 가지고 매일 다른 놀이를 하며 즐긴다. 또한 종이로 접은 새에게 물을 먹여 주기도 하고, 나뭇잎이 떨어진 나무를 춥다고 감싸 주며 즐거워한다. 유아가 환경과 교감하면서 표현하는 말과 행동은 모두 유아가 환경과 상호작용하며 배우는 과정이다. 교사는 유아와 환경 간의 상호작용에 주의를 기울이고 존중하며 유아들이 환경과 즐겁게 상호작용할 수 있도록 지원해야 한다.

• : _____

## 30 다음은 2019 개정 누리과정의 '교수·학습' 지침이다. 물음에 답하시오.

〈교수·학습〉

유아와 ( ㉠ ), 유아와 ( ㉡ ), 유아와 ( ㉢ ) 간에 능동적인 ( ㉣ )이/가 이루어지도록 한다.

1) ㉠~㉣에 해당하는 말을 쓰시오.
• ㉠ : _____
• ㉡ : _____
• ㉢ : _____
• ㉣ : _____

2) 유아가 또래와 상호작용하면서 얻을 수 있는 긍정적 효과 중 거리가 먼 것을 1가지 찾아 기호를 쓰시오.

> ⓐ 자신의 생각을 표현한다.
> ⓑ 친구들의 의견을 듣고 때때로 생각을 바꾼다.
> ⓒ 양보, 배려한다.
> ⓓ 자신의 능력과 또래의 능력을 비교할 수 있다.
> ⓔ 나와 다른 의견을 수용하여 조절할 수 있다.

• 기호 : _____

3) 메이어(Mayer)의 유아교육과정 분류 모형 중 ㉠~㉣에 해당하는 명칭을 1가지씩 쓰시오.

| | |
|---|---|
| ( ㉠ ) | 프로이트, 에릭슨, 게젤 등의 발달 이론에 근거하며, 유아와 유아의 상호작용을 강조하는 모형이다. |
| ( ㉡ ) | 피아제의 인지발달 이론에 기초하며, 유아와 교구, 유아와 유아, 유아와 교사 간의 상호작용을 모두 중요시하는 모형이다. |
| ( ㉢ ) | 행동주의 학습이론, 행동수정 원리 등에 기초를 두는 것으로, 교사에 의한 지시적 교수와 언어발달을 강조하는 모형이다. |
| ( ㉣ ) | 몬테소리 교육 이념 및 방법에 입각한 것으로, 유아와 교구 간의 상호작용을 가장 중요시하는 모형이다. |

• ㉠ : _____
• ㉡ : _____
• ㉢ : _____
• ㉣ : _____

## 2 총론 해설

**31** 유아와 환경 간의 상호작용은 유아 주변의 친근한 공간, 자료, 일상생활에서 자연스럽게 접하는 모든 환경과의 교감을 포함한다. 이와 관련하여 다음의 교사 발문 중 적절한 것 1가지를 찾아 기호를 쓰시오.

> ⓐ 숲에 가서 나뭇가지를 주워 돌려보는 유아에게 "위험하니 나뭇가지를 내려놓자."라고 말하며 안전하게 놀이하도록 했다.
> ⓑ 블록과 종이를 가지고 병원을 꾸며 보고자 하는 유아에게 "여기 의사놀이 세트로 병원놀이를 하면 돼."라고 하며 자료를 준비해 주고 놀이를 빨리 시작하도록 지원했다.
> ⓒ 종이로 접은 새에게 물을 먹여 주는 유아에게 "종이 새는 종이로 만든 건데 물을 마실 수 있을까?"라고 말하며 물활론적 사고를 수정해 주었다.
> ⓓ 나뭇잎이 떨어진 나무를 춥다고 감싸 주는 유아에게 "그래, 나무가 너에게 고맙다고 이야기하는 것 같다."라고 유아가 환경과 교감하면서 표현하도록 지원했다.

• 기호 : _____

**32** [실행자료 02. 교수 · 학습 실천하기/상호작용]
'유아와 유아의 상호작용을 지원한다.'와 관련하여 <u>부적절하게</u> 운영한 내용 1가지를 찾아 기호를 쓰시오.

> ㉠ 교사는 유아가 누구와 놀이하는지, 어떻게 놀이하는지, 어떤 관계를 맺는지 관찰함으로써 유아의 성향, 사회적 능력, 대인 관계 등을 파악하여 지원해야 한다.
> ㉡ 유아가 놀이하면서 또래와 맺는 관계는 연령에 따라 다르지만 빈번한 갈등을 경험하는 유아가 있다면 좀 더 적극적으로 지원해 준다.
> ㉢ 교사의 직접적인 개입이 유아 간의 상호작용을 방해할 수 있으므로 스스로 놀이를 전개하고 문제를 해결해 보도록 기다려 주면서 개입 시기를 신중하게 결정하도록 한다.
> ㉣ 주로 혼자 놀이만 하는 유아들은 또래와 함께 놀이할 수 있는 자료를 구성해 주고 가능한 한 또래와 상호작용할 수 있도록 한다.
> ㉤ 만약 놀이에 참여하고 싶지만 그러지 못하고 배회하는 유아가 있다면, 교사는 다른 친구의 놀이를 소개해 주고 관심이 있는지 유아의 의견을 물어본 후 유아와 유아 간의 관계를 지원한다.

• 기호 : _____

## 2019 개정 누리과정

**33** [실행자료 02. 교수·학습 실천하기/상호작용]

'유아와 환경의 상호작용을 지원한다.'와 관련하여 **부적절한** 내용 1가지를 찾아 기호를 쓰시오.

> ㉠ 놀이는 실내외 곳곳에서 산발적 혹은 동시적으로 일어나며, 동일한 놀이 주제나 자료에 대한 흥미와 몰입도 유아마다 다르다.
> ㉡ 놀이가 진행되면서 놀이가 벌어지는 공간의 위치나 크기도 계속적으로 변화하는데 이를 관찰하면 유아가 어떤 놀이를 좋아하는지, 다양한 놀이를 즐기는지 혹은 한 가지 놀이를 주로 하는지 등을 파악할 수 있으며, 이를 바탕으로 적절한 공간을 스스로 찾아볼 수 있도록 지원해야 한다.
> ㉢ 동일한 자료라 하더라도 이를 이용한 놀이 내용과 몰입은 유아의 개별성과 고유성에 의해 다양하게 나타난다.
> ㉣ 자료를 반복적으로 한 가지 방식으로만 탐색하는지 혹은 다양한 방법으로 탐색하는지 살펴보고, 한 가지 방식으로만 탐색하고 있는 유아가 있으면 더 다양하게 탐색하도록 유도해야 한다.

• 기호 : _____

**34** [실행자료 02. 교수·학습 실천하기/상호작용]

'놀이지원을 위해 관찰한다.'와 관련하여 **부적절한** 내용을 1가지 찾아 기호를 쓰시오.

> ㉠ 유아가 놀이할 때 유아의 놀이에 개입을 하고 언어적인 상호작용을 해 주어야만 놀이가 의미 있어지므로 유아의 놀이에 항상 적극적으로 개입하도록 한다.
> ㉡ 유아의 놀이를 지원하기 위해서는 즉각적인 개입보다는 유아가 놀이에서 보이는 감정의 상태, 궁금해하는 것, 흥미를 보이고 탐색을 하는 것 등을 관찰하면서 기다리는 것이 우선되어야 한다.
> ㉢ 교사는 유아의 놀이가 진행되는 과정에서 배움이 일어나도록 상호작용하기에 적절한 순간과 방법을 잘 결정하여야 한다.

• 기호 : _____

**35** [실행자료 02. 교수·학습 실천하기/상호작용]

'제안하며 놀이를 지원한다.'와 관련하여 다음 A교사와 B교사의 제안 방법의 차이점을 쓰시오.

> A교사 : 바닥에 붙여 놓은 마스킹테이프 밖에서 쌓기를 하면 옆 친구의 활동을 방해하니까 마스킹테이프 안에서 쌓기를 하자.
> B교사 : 다른 친구에게 방해되지 않으려면 어떻게 하면 좋을까?

• : _____

## 2 총론 해설

**36** [실행자료 02. 교수·학습 실천하기/상호작용]

'유아의 놀이에 참여하며 지원한다.'와 관련한 다음 (가)의 내용에 근거하여 (나)에서 유아의 놀이에 적절하게 참여한 예가 <u>아닌</u> 것 1가지를 찾아 기호를 쓰시오.

(가)

> 교사는 유아의 주도적인 놀이를 일과의 가장 중요한 부분으로 인식하고 필요한 경우 공동 놀이자로 참여할 수 있다. 이러한 과정에서 교사는 놀이의 속성을 더 잘 이해하게 되고 보다 효과적으로 지원할 수 있게 된다.

(나)

> ㉠ 꽃가게를 구성하는 놀이에 교사가 함께 참여함으로써 꽃을 만드는 방법을 활발하게 의논했다.
> ㉡ 놀이의 아이디어가 결핍되었을 때 교사가 놀이에 참여했다.
> ㉢ 유아 간 상이한 요구와 의견 충돌, 공간이나 자료를 점유하기 위한 갈등 등에 의해 단절되거나 교착 상태에 빠졌을 때 교사가 놀이에 참여했다.
> ㉣ 관찰할 때마다 혼자 놀이하는 유아가 있을 때 친구와 함께 놀 수 있는 방법에 대해 물어보았다.

- 기호 : _____

**37** [실행자료 02. 교수·학습 실천하기/상호작용]

'질문하며 놀이를 지원한다.'와 관련하여 ① A교사와 B교사의 질문의 특성을 각각 서술하고, ② 두 교사 중 유아·놀이 중심 교육과정의 장점을 살린 질문을 하는 교사의 이름과 그렇게 생각한 이유를 쓰시오.

> A교사 : "이것은 무엇이니?", "어떻게 할 거니?"
> B교사 : "선생님은 이런 생각이 드는데, 너는 어떻게 생각해?", "그것도 좋은 방법인데 무겁진 않을까?"

- ① : _____
- ② : _____

**38** [실행자료 02. 교수·학습 실천하기/상호작용]

다음의 ㉠~㉢에 해당하는 교사의 놀이 지원 유형을 쓰시오.

| ( ㉠ ) | 교사는 놀이에 직접 참여하지 않고 격려, 미소, 공감의 표정을 보이거나 칭찬과 격려의 말을 해 주었다. |
|---|---|
| ( ㉡ ) | 놀이를 관찰하다가 배움이 일어나도록 질문이나 제안을 건네 보는 등의 상호작용에 기반한 개입을 했다. |
| ( ㉢ ) | 공간 구성을 바꾸어 주거나 새로운 자료를 제공해 주었다. |

- ㉠ : _____
- ㉡ : _____
- ㉢ : _____

## 2019 개정 누리과정

**39** [실행자료 02. 교수 · 학습 실천하기/상호작용]

'정서적으로 지원해 준다.'와 관련하여 (가)의 정서적 지원 유형에 해당하는 (나)의 교사의 발문을 짝지어 기호를 쓰시오.

(가)

> ㉠ 비언어적 상호작용
> ㉡ 감탄
> ㉢ 격려
> ㉣ 위안

(나)

> ⓐ "그렇게 만들 생각을 하다니 놀랍구나."라고 말해 주었다.
> ⓑ 유아의 놀이를 바라보며 미소, 끄덕거림, 공감하는 표정 등을 지어 보였다.
> ⓒ "큰 것부터 쌓는구나. 그래, 이번에는 더 잘 쌓을 수 있을 거야."라고 말해 주었다.
> ⓓ "훌라후프가 잘 안 돌아서 속상했구나. 선생님도 처음에는 잘 못했어. 그런데 친구가 훌라후프 돌리는 모습을 천천히 보고 있으니까 나도 되었어."라고 말해 주었다.

- ㉠ : _____
- ㉡ : _____
- ㉢ : _____
- ㉣ : _____

**40** 다음은 2019 개정 누리과정의 '교수 · 학습' 지침과 관련 해설이다. 물음에 답하시오.

〈교수 · 학습〉

> 5개 영역의 내용이 ( ㉠ )적으로 유아의 ( ㉡ )와/과 연계되도록 한다.

> ㉢ 유아는 모래놀이를 하며, 신체를 움직이고, 친구와 대화도 하며, 그림도 그릴 수 있다. 모래와 물을 섞으며 물질의 변화에 대해 호기심과 탐구심을 가질 수도 있다. 이처럼 유아는 놀이를 통해 여러 가지 영역을 통합적으로 경험하며, 이러한 경험은 영역별로 이루어지지 않는다. 교사는 유아의 놀이에서 5개 영역의 내용이 자연스럽게 통합적으로 나타나는 것을 발견함으로써, 유아가 놀이하며 배우고 있음을 알 수 있다.

1) ㉠과 ㉡에 해당하는 말을 쓰시오.
- ㉠ : _____
- ㉡ : _____

2) ㉢의 통합적인 모래놀이에서 5개 영역의 내용이 각각 어떻게 나타났는지 쓰시오.

| 신체운동 · 건강 | |
|---|---|
| 의사소통 | |
| 사회관계 | |
| 예술경험 | |
| 자연탐구 | |

3) ⓐ에 들어갈 월간 교육계획안의 주제를 쓰시오.

> 5개 영역의 내용은 정해진 ( ⓐ ) 이외에도 유아의 관심과 흥미에 따라 다양하게 통합할 수 있다.

- ⓐ : _____

## 2 총론 해설

4) 다음 교사의 통합에 대한 대화 중 부적절한 내용의 교사를 1명 찾아 기호를 쓰시오.

> ⓐ 한 교사 : 계절이나 국경일과 같은 친근한 주제, 유아가 놀이하면서 관심을 보이는 동화나 곤충, 그네 등과 같은 주제를 중심으로 유아의 경험과 5개 영역을 통합적으로 연계하여 지원할 수 있어요.
> ⓑ 심 교사 : 유아가 관심을 가지는 그림책, 사물, 우연한 상황 등도 충분히 유아의 경험을 통합적으로 연계하여 지원할 수 있는 자원이 돼요.
> ⓒ 송 교사 : 연간, 월간, 주간계획에 의거하여 5개 영역을 다양한 방식으로 통합하여 누락되는 영역이 없이 지원해야 해요.

• 기호 : _____

## 41  다음은 2019 개정 누리과정의 '교수·학습' 지침이다. 물음에 답하시오.

> ─〈교수·학습〉─
> 개별 유아의 ( ㉠ )에 따라 ( ㉡ )와/과 ( ㉢ )이/가 원활히 이루어지도록 한다.

1) ① ㉠~㉢에 해당하는 말을 쓰시오.
  • ㉠ : _____
  • ㉡ : _____
  • ㉢ : _____

2) 다음 교사들의 대화 중 부적절한 내용의 교사 1명을 찾고, 그 이유를 쓰시오.

> ⓐ 박 교사 : 유치원과 어린이집에서 유아의 하루 일과는 놀이와 휴식을 적절하게 안배하여 운영하며, 개별 유아의 요구를 반영해야 해요.
> ⓑ 최 교사 : 유치원과 어린이집에서는 유아의 건강 상태, 날씨나 계절, 기관의 상황 등에 따라 하루 일과를 융통성 있게 운영할 수 있어요.
> ⓒ 윤 교사 : 일관성 있는 획일적인 하루 일과를 운영하여 안정감을 갖고 활동할 수 있도록 하고, 배변이나 낮잠, 휴식 등도 정해진 시간에 할 수 있도록 도와야 해요.
> ⓓ 한 교사 : 교사는 놀이의 상황과 개별 유아의 요구 등을 적절히 반영하여 일과가 원활하게 이루어지도록 운영해야 해요.

• 기호 : _____
• 이유 : _____

## 2019 개정 누리과정

### 42
다음은 2019 개정 누리과정의 '교수·학습' 지침과 관련 해설이다. 물음에 답하시오.

―〈교수·학습〉―
유아의 ( ㉠ ), ( ㉡ ), 장애, 배경 등을 고려하여 개별 특성에 적합한 방식으로 배우도록 한다.

교사는 유아의 연령과 발달, 장애, 배경 등의 다양한 특성을 이해하고 각 특성을 최대한 고려하여 배움을 지원해야 한다. 유아는 서로 다른 관심과 능력을 가지고 있으며 다양한 맥락 속에서 자신만의 방식으로 놀이하고 배운다. ㉢ <u>같은 연령이라도 개별 유아의 특성이 다르듯이 유아가 놀이하는 모습도 다르게 나타난다.</u>

1) ㉠과 ㉡에 해당하는 말을 쓰시오.
- ㉠ : _____
- ㉡ : _____

2) ㉢에 근거하여, ① 관련된 교수·학습의 기본 원리를 쓰고, ② NAEYC의 「발달에 적합한 실제」에서 유아 교육과정의 기본원리 1가지를 쓰시오.
- ① : _____
- ② : _____

3) ① 다음 ⓐ에 공통으로 들어갈 말을 쓰고, ② ⓑ에 들어갈 인성요소를 1가지 쓰시오.

유아가 가정에서 경험하는 다양한 ( ⓐ )적 특성을 서로 인정하고 ( ⓑ )하며 가치 있게 여길 수 있어야 한다. 교사는 유아의 특성에 적합한 지원을 위해 발달적 특성이나 장애 정도, ( ⓐ )적 배경을 우선적으로 파악해야 하며, 필요할 경우 관련 기관 또는 전문가와 협력할 수 있다.

- ① : _____
- ② : _____

### 43
다음은 통합학급에서 유아·놀이중심 교육과정을 운영하기 위한 '장애 유아가 또래와 함께 놀 수 있는 기회를 최대한 확보한다.'에 근거하여 ① 일반교사, ② 특수교사, ③ 또래가 협력한 내용이다. ㉠~㉤에 해당하는 주체를 ①~③에서 골라 각각의 번호를 쓰시오.

○ 일반교사와 ( ㉠ )은/는 상호 협력하여 개별화 교육 교수학습방법과 놀이 중심 교수학습방법이 통합적으로 운영될 수 있도록 했다.
○ ( ㉡ )은/는 장애 유아가 일반 유아들과 함께 놀이하도록 돕기 위해서 학급 전체의 놀이 흐름을 파악하여 또래와의 놀이에 참여할 수 있도록 제약을 최소화하도록 노력했다.
○ ( ㉢ )은/는 장애 유아가 선택한 놀이자료와 놀이방법으로 놀이를 시작하도록 허용해 주고 일반 유아들이 참여할 수 있는 부분을 찾아서 함께 놀이하도록 제안했다.
○ ( ㉣ )은/는 장애 유아를 위한 개별 활동을 또래와 함께 할 수 있는 놀이의 방식으로 진행해 보거나 장애 유아가 좋아하는 놀이를 전체 유아의 놀이로 확장하도록 제안하고 또래들로부터 놀이 아이디어를 구할 수도 있다.
○ ( ㉤ )은/는 장애 유아에게 적절한 행동의 시범자이자 촉진자이며 활동 참여에 대한 강화자 역할을 할 수 있다. 장애 유아에 대한 관찰자이자 정보 제공자로서 교사의 놀이관찰을 보완해 줄 수 있다.

- ㉠ : _____
- ㉡ : _____
- ㉢ : _____
- ㉣ : _____
- ㉤ : _____

## 2 총론 해설

**44** 통합학급에서 '놀이공간과 자료를 준비할 때 장애 유아의 특성을 고려한다.'에 근거하여 [B]의 ⓐ~ⓓ 운영 사례가 [A]의 ㉠~㉢ 중 어디에 해당되는지 각각 기호를 쓰시오.

─────── [A] ───────

통합학급에서 놀이공간과 자료를 계획하거나 일반 유아의 놀이 흐름에 따라 ㉠ 공간, ㉡ 자료, ㉢ 일과 구성 등에서 계획이 변경될 때 장애 유아에게 불편함이 없을지 점검한다.

─────── [B] ───────

ⓐ 미술활동을 하기 위해 소근육 힘이 부족한 지체장애 유아가 사용할 수 있는 가위를 비치했다.
ⓑ 새로운 공간을 제시할 때 보행 워커를 사용하는 장애 유아가 있다면 접근하기 어려운 점은 무엇인지, 독립적으로 이동할 수 있도록 지지대가 설치된 공간인지 확인해야 한다.
ⓒ 바깥놀이에서 유아들이 '개미 찾기' 놀이를 시작했을 때 시각장애 유아를 위해 바람소리 흉내 내기 놀이를 제안했다.
ⓓ 언어 영역에 시각장애 유아를 위한 양각책을 비치하여 스스로 놀이할 수 있도록 했다.

- ㉠ : _____
- ㉡ : _____
- ㉢ : _____

**45** [A]는 통합학급에서 일반교사와 특수교사가 '수시로 협의하면서 문제를 해결한다.'에 근거하여 유의해야 할 사항이다. 이에 근거하여 [B]에서 부적절하게 운영된 사례를 1가지 찾아 기호를 쓰고, 그 이유를 쓰시오.

─────── [A] ───────

통합학급의 일반교사와 특수교사는 각자의 교수접근 및 전문성에 대해 인정하면서 교수실천 과정에서 협력하는 태도를 가져야 한다.

─────── [B] ───────

㉠ 통합학급교사가 미리 작성한 계획안에 특수교사가 장애 유아를 위한 수정 전략을 추가하고 계획된 활동안에서 교사의 역할을 명시한 후 그대로 실행했다.
㉡ 일반교사와 특수교사는 각자가 관찰한 유아에 대한 정보를 서로 교환하고, 이를 바탕으로 교육계획에 대해 협의했다.
㉢ 교사들은 정규회의 외에 짧은 시간 동안 수시로 의견을 주고받으며 특수교사가 보지 못한 놀이관찰 내용을 공유하거나 유아의 장애 특성에 대한 정보를 추가로 제공하여 지원 방안을 찾는 데 서로 도움을 주었다.
㉣ 유아의 놀이는 조금씩 달라지지만 일과에 따른 지원 방안을 큰 틀에서 협의한 후 놀이 진행 양상에 따라 수시로 협의하며 수정했다.

- 기호 : _____
- 이유 : _____
  _____

## 3. 평가

**01** 다음은 2019 개정 누리과정의 '평가' 지침과 관련 내용이다. ㉠~㉣에 해당하는 말을 쓰시오.

─〈평가〉─
( ㉠ )을/를 진단하고 ( ㉡ )하기 위해 평가를 계획하고 실시한다.

유치원과 어린이집에서는 지역 특성, 각 기관 및 학급(반)의 상황과 요구를 고려하여, 누리과정 운영을 개선할 수 있도록 자율적으로 평가 계획을 수립한다. 평가의 ( ㉢ ), 평가 주기 및 시기, 평가 ( ㉣ ) 등에 대한 계획은 각 기관 구성원들 간의 민주적인 협의를 통해 정한다.

- ㉠ : _____
- ㉡ : _____
- ㉢ : _____
- ㉣ : _____

**02** 다음은 2019 개정 누리과정의 '평가' 지침이다. 물음에 답하시오.

─〈평가〉─
유아의 ( ㉠ )와/과 ( ㉡ )을/를 평가한다.

1) ㉠과 ㉡에 해당하는 말을 쓰시오.
- ㉠ : _____
- ㉡ : _____

2) ㉠의 평가 내용과 관련하여 <u>부적절한</u> 것 1가지를 찾아 기호를 쓰시오.

ⓐ 유아 평가의 궁극적 목적은 유아의 행복과 전인적 발달을 지원하는 것이다.
ⓑ 일상생활보다는 유아의 놀이와 활동 시의 관찰을 근거로 평가를 하도록 한다.
ⓒ 유아 놀이를 관찰하고 이를 통해 유아의 특성과 변화를 이해해야 한다.
ⓓ 평가 시 관찰해야 할 것은 유아가 가장 즐기고 잘하는 것, 놀이의 특성, 흥미와 관심, 친구 관계, 놀이를 이어가기 위한 자료의 활용 등이다.

- 기호 : _____

3) ㉡의 평가 내용과 관련하여 <u>부적절한</u> 것 1가지를 찾아 기호를 쓰시오.

ⓐ 누리과정 운영 평가는 유치원의 교육과정이 유아·놀이 중심으로 적절하게 운영되고 있는지 평가하는 것이다.
ⓑ 놀이시간을 충분히 운영하였는지 평가한다.
ⓒ 매일 바깥놀이를 운영했는지 평가한다.
ⓓ 유아 주도적인 놀이와 배움이 이루어지고 있는지 평가한다.
ⓔ 놀이지원이 적절한지 평가한다.
ⓕ 부모와의 협력이나 행정적·재정적 지원이 적절하게 이루어지고 있는지 등도 평가할 수 있다.

- 기호 : _____

## 2 총론 해설

**03** 다음은 2019 개정 누리과정의 '평가' 지침과 관련된 해설이다. 물음에 답하시오.

―〈평가〉―
평가의 목적에 따라 적합한 ( ㉠ )을/를 사용하여 평가한다.

평가 ( ㉠ )은/는 평가의 목적과 대상에 따라 달라질 수 있다. 유치원과 어린이집은 평가 목적에 가장 적합한 평가 ( ㉠ )을/를 자율적으로 정하여 활용할 수 있다.

1) ㉠에 공통으로 해당하는 말을 쓰시오.
• ㉠ : _____

2) ○○유치원 박 교사는 다음 ⓐ~ⓖ와 같은 방법으로 '유아 평가'와 '운영 평가'를 했다. <u>부적절한</u> 내용을 3가지 찾아 기호를 쓰시오.

ⓐ 유아들의 실제 놀이 모습을 계획안에 기록했다.
ⓑ 놀이 결과물과 작품 등은 학기 초보다는 학기 말에 수집하여 가정으로 보냈다.
ⓒ 유아의 놀이를 관찰하면서 유아의 말, 몸짓, 표정 등에서 드러나는 놀이의 의미와 특성을 메모나 사진 등 용이한 방법으로 기록했다.
ⓓ 59개 내용은 성취 기준이므로 59개 내용이 나타나는지에 주목하여 평가했다.
ⓔ 자유선택활동 시간에 4명씩의 유아들을 매일 정기적으로 관찰했다.
ⓕ 평가 시의 관찰기록 자료를 미리 계획한 계획안에 포함시켰다.
ⓖ 운영에 대한 평가는 개선이 필요한 사항에 따라 자율적으로 실시했다.

• 기호 : _____

3) 다음 2019 개정 누리과정 내용의 이유를 쓰시오.

개정 누리과정에서는 교사가 유아의 놀이 관찰기록, 유아 평가와 누리과정 운영 평가 등 평가 자료를 만들고 수집하는 데 과도한 노력을 기울이는 것을 요구하지 않는다.

• : _____

**04** 2019 개정 누리과정의 '평가' 실시와 관련하여 다음 중 <u>부적절한</u> 것 1가지를 찾아 기호를 쓰시오.

ⓐ 교사는 관찰과 기록, 수집, 부모 설문지 등의 다양한 방법을 이용하여 유아와 누리과정에 대한 평가를 실시한다.
ⓑ 일과 중 관찰한 내용을 메모지에 핵심 단어 위주로 짧게 기록을 남기고 추후 상세히 보완하거나 짧은 메모를 그대로 활용할 수도 있다.
ⓒ 일일계획안의 평가란이나 일지 양식을 변형하여 관찰 및 평가 내용을 기록할 수 있다.
ⓓ 유아 놀이관찰을 토대로 누리과정 운영 평가를 실시하고 추후 교육과정 운영 지원에 반영할 수 있다.
ⓔ 5개 영역의 내용을 유아가 달성해야 할 성취의 기준으로 삼아 매일 일과를 5개 영역에 따라 연계시킨다.

• 기호 : _____

## 05
2019 개정 누리과정의 '다양한 기록과 평가 방법'과 관련하여 다음 중 부적절한 것 1가지를 찾아 기호를 쓰시오.

---
ⓐ 관찰 내용을 간략하게 메모지에 기록했다.
ⓑ 간략히 기록한 메모 내용을 바탕으로 추후에 내용을 자세히 기록했다.
ⓒ 유아의 작품과 구성물 사진을 찍어 두었다가 사후에 기록했다.
ⓓ 놀이를 관찰하며 수집한 유아의 활동 결과물은 누리과정 운영 평가보다는 유아 평가에 사용했다.
ⓔ 주간교육 계획안과 누리과정 운영 평가를 통합했다.
ⓕ 교사 저널 형식으로 누리과정 운영을 평가했다.
ⓖ 놀이가 마무리된 후 5개 영역의 경험이 어떻게 나타났는지 기록하고 지원을 계획했다.

---

• 기호 : _____

## 06
다음은 2019 개정 누리과정의 '평가' 지침이다. 물음에 답하시오.

---
〈평가〉

평가의 결과는 ( ㉠ )와/과 ( ㉡ )(으)로 활용할 수 있다.

---

1) ㉠과 ㉡에 해당하는 말을 쓰시오.
   • ㉠ : _____
   • ㉡ : _____

2) 다음 중 2019 개정 누리과정에 근거하여 '평가 결과의 활용' 측면에 있어서 잘못 운영한 유치원의 기호를 쓰시오.

---
ⓐ 유아가 행복감을 느끼고 전인적으로 발달하도록 도움을 주는 데 활용했다.
ⓑ 누리과정이 추구하는 인간상과 목적 및 목표 등에 비추어 유아의 특성과 변화 정도를 이해하고 유아의 배움과 성장에 도움이 되도록 지원하는 데 활용했다.
ⓒ 부모면담 자료로 활용했다.
ⓓ 생활지도 등에 활용했다.
ⓔ 운영 평가 결과는 유아·놀이 중심 교육과정의 운영을 개선하는 데 활용했다.
ⓕ 운영 평가 결과를 공개하여 원아모집 안내에 사용했다.

---

• 기호 : _____

# 3

## 영역별 목표 및 내용 해설

Ⅰ. 신체운동·건강

Ⅱ. 의사소통

Ⅲ. 사회관계

Ⅳ. 예술경험

Ⅴ. 자연탐구

# 3 영역별 목표 및 내용 해설

**01** 다음은 「2019 개정 누리과정 5개 영역 이해하기」와 관련된 내용이다. 올바른 것 1가지를 찾아 기호를 쓰시오.

> ⓐ 59개 내용은 연령별로 구성되었다.
> ⓑ 5개 영역의 체계는 '영역별 목표-내용 범주-내용-세부 내용'이다.
> ⓒ 59개 내용은 유아가 경험해야 할 내용으로, 교사가 가르쳐야 할 내용이다.
> ⓓ 교사는 유아의 놀이를 통합적이기보다는 59개의 내용별로 이해해야 한다.
> ⓔ 교사는 유아가 5개 영역의 내용을 통합적으로 경험하며 추구하는 인간상을 향해 성장해 간다는 점을 이해할 필요가 있다.
> ⓕ 59개의 내용을 유아의 발달 및 성취기준으로 삼고 개별 유아의 놀이를 관찰하고 평가하는 기준으로 활용해야 한다.

• 기호 : _____

**02** 2019 개정 누리과정 5개 영역 운영과 관련된 다음의 총론 지침 중 해당되지 <u>않는</u> 것의 기호를 1가지 쓰시오.

> ㉠ 3~5세 유아가 경험해야 할 내용으로 구성한다. (구성의 중점 '라'항)
> ㉡ 하루 일과에서 바깥놀이를 포함하여 유아의 놀이가 충분히 이루어지도록 편성하여 운영한다. (편성·운영 '라'항)
> ㉢ 교사 연수를 통해 누리과정의 운영이 개선되도록 한다. (편성·운영 '아'항)
> ㉣ 유아가 흥미와 관심에 따라 놀이에 자유롭게 참여하고 즐기도록 한다. (교수·학습 '가'항)
> ㉤ 유아가 놀이를 통해 배우도록 한다. (교수·학습 '나'항)
> ㉥ 5개 영역의 내용이 통합적으로 유아의 경험과 연계되도록 한다. (교수·학습 '마'항)

• 기호 : _____

# 2019 개정 누리과정

## I 신체운동 · 건강

**01** 다음은 2015 개정 누리과정과 2019 개정 누리과정의 신체운동 · 건강 영역의 비교표이다. ㉠에 해당하는 '내용 범주'를 쓰시오.

| 2015 개정 누리과정 | 2019 개정 누리과정 |
|---|---|
| 내용 범주 | 내용 범주 |
| 신체 인식하기 | ( ㉠ ) |
| 신체 조절과 기본 운동하기 | |
| 신체 활동에 참여하기 | |
| 건강하게 생활하기 | 건강하게 생활하기 |
| 안전하게 생활하기 | 안전하게 생활하기 |

• ㉠ : _____

**02** 다음은 2019 개정 누리과정 총론 '교수 · 학습'의 '바'항이다. ① ㉠과 ㉡에 들어갈 말을 순서대로 쓰고, ② 이와 관련 있는 2019 개정 누리과정 신체운동 · 건강 영역의 '내용 범주'를 쓰시오.

─〈교수 · 학습〉─
개별 유아의 요구에 따라 ( ㉠ )와/과 ( ㉡ )이/가 원활히 이루어지도록 한다.

• ① : _____
• ② : _____

**03** 다음 ㉠~㉥에 해당하는 말을 쓰시오.

| 내용 범주 | ( ㉠ ) 즐기기 |
|---|---|
| 목표 | ( ㉠ )에 즐겁게 참여한다. |
| 내용 | 내용 이해 |
| 신체를 ( ㉡ ) 하고 움직인다. | 유아가 자신의 신체에 관심을 가지며 신체 각 부분의 특성을 알고 다양하게 움직이는 내용이다. |
| 신체 ( ㉢ )을/를 조절한다. | 유아가 몸을 움직이며 균형을 잡고, 몸이나 도구의 움직임을 다양하게 조절하는 내용이다. 또한 눈과 손을 협응하며 소근육 움직임을 조절하는 내용이다. |
| 기초적인 ( ㉣ )운동, ( ㉤ ) 운동, 도구를 이용한 운동을 한다. | 유아가 한 곳에서 다른 곳으로 몸을 움직이는 걷기 · 달리기 · 뛰어넘기 등의 이동운동, 구부리기 · 뻗기 · 돌기 등의 제자리 운동, 공 · 줄 · 후프 등의 도구를 이용한 운동을 하는 내용이다. |
| 실내외 신체활동에 ( ㉥ )(으)로 참여한다. | 유아가 하루 일과에서 실내외의 다양한 신체 활동에 자발적으로 즐겁게 참여하는 내용이다. |

• ㉠ : _____
• ㉡ : _____
• ㉢ : _____
• ㉣ : _____
• ㉤ : _____
• ㉥ : _____

# 3 영역별 목표 및 내용 해설

**04** 다음 ㉠~㉣의 활동과 ⓐ~ⓓ의 기초체력의 요소를 연결하시오.

〈교사의 발문〉

오늘은 우리 반 미니 체육대회를 열 거예요.
㉠ 먼저 허리를 뒤로 젖혀 통과하는 림보 게임을 하고
㉡ 왕복달리기를 할 거예요.
㉢ 그 다음에는 박수를 10번 치면서 걷기를 한 후
㉣ 맨 마지막으로는 편 게임으로 줄다리기를 할 거예요.

〈기초체력의 요소〉

유아기 기초체력은 신체 조절 능력과 이동운동, 비이동 운동을 통해 형성하는 근력, ⓐ 근지구력, ⓑ 민첩성, ⓒ 유연성, ⓓ 협응성 등을 포함하는 개념으로 이후 아동기나 청소년기 체력과 운동능력에 영향을 미친다.

- ㉠ : _____
- ㉡ : _____
- ㉢ : _____
- ㉣ : _____

**05** 다음 교사의 발문과 공통적으로 관련 있는 2019 개정 누리과정의 '내용 범주'와 '내용'을 쓰시오.

"(허리를 움직이며) 지금 움직인 부분이 어디일까?"
"우리 몸 중에 구부릴 수 있는 부분을 찾아보자."
"친구와 함께 귀와 귀, 어깨와 어깨가 닿도록 몸을 움직여 보자."
"친구와 함께 몸으로 글자를 만들어 보자."

- 내용 범주 : _____
- 내용 : _____

**06** 다음 밑줄 그은 '오감각'을 이용하여 만 4세반에서 '사과 탐색하기'를 할 때, 오감각의 종류와 각 감각마다 할 수 있는 탐색 활동을 쓰시오.

유아기는 <u>오감각</u>을 통해 사물을 직접적으로 탐색함으로써 감각 능력을 기르고, 자신의 신체를 움직여 보는 다양한 경험을 통해 자신의 신체 능력을 긍정적으로 인식할 수 있는 시기이다.

| 오감각 | 각 감각을 활용한 탐색 활동 |
|---|---|
| 예) 시각 | 사과는 무슨 색깔이니? |
|  |  |
|  |  |
|  |  |
|  |  |

**07** 다음 교사의 발문과 공통적으로 관련 있는 2019 개정 누리과정의 '내용 범주'와 '내용'을 쓰고, 관련된 기초체력 1가지를 쓰시오.

○ 평형판 위에서 앞뒤, 좌우로 기울이면서 넘어지지 않고 균형을 잡아 보자.
○ 콩 주머니와 같은 물체를 머리 위나 신체 부위에 올려 놓고 걸어 보자.

- 내용 범주 : _____
- 내용 : _____
- 기초체력 : _____

## 2019 개정 누리과정

**08** 다음 만 5세 활동과 관련 있는 2019 개정 누리과정 신체운동·건강 영역의 '내용'을 쓰시오.

> 긴 막대형 블록을 볼트, 너트로 연결하여 자동차 혹은 동물 모양의 구조물을 구성해 본다.

• 내용 : _____

**09** 혼합연령반 황 교사는 연령에 따라 다음의 활동을 구성했다. 이 활동과 관련 있는 2019 개정 누리과정 신체운동·건강 영역의 내용 범주 '신체활동 즐기기'의 '내용'을 쓰고, 관련된 기초체력 1가지를 쓰시오.

| 만 3세 | 뜰채를 사용하여 색깔 카드와 같은 색의 물고기를 잡아 본다. |
|---|---|
| 만 4세 | 집게를 사용하여 카드에 제시된 물고기를 잡아 본다. |
| 만 5세 | 물고기의 색, 모양 등 특징이 쓰여 있는 카드를 보고, 자석 낚싯대를 사용하여 물고기를 잡아 본다. |

• 내용 : _____
• 기초체력 : _____

**10** 다음 ( ㉠ )에 들어갈 기초체력의 요소를 쓰시오.

> 만 3세는 조절 능력이 능숙하지는 못하므로 악기나 특정 동작을 정해 놓고 멈춤 신호에 맞춰 멈추도록 하여 ( ㉠ )와/과 균형감각을 익히도록 한다.

• ㉠ : _____

**11** 윤 교사는 2019 개정 누리과정에 근거하여 다음과 같은 활동을 하려고 한다. 관련 있는 신체운동·건강 영역의 '내용 범주'와 '내용'을 쓰시오.

> 유아가 한 곳에서 다른 곳으로 몸을 움직이는 걷기·달리기·뛰어넘기 등의 이동운동, 구부리기·뻗기·돌기 등의 제자리 운동, 공·줄·후프 등의 도구를 이용한 운동을 하는 내용이다.

• 내용 범주 : _____
• 내용 : _____

**12** 다음 ㉠~㉢에 해당하는 기본 동작의 유형을 쓰시오.

> ㉠ 달리기, 미끄러지기, 점프하기
> ㉡ 구부리기, 뻗기, 구르기, 흔들기
> ㉢ 던지기, 받기, 차기, 치기

• ㉠ : _____
• ㉡ : _____
• ㉢ : _____

## 3 영역별 목표 및 내용 해설

**13** 다음 만 5세 활동에서 나타나는 ① 비이동 운동과 ② 이동운동의 기본 동작을 각각 모두 쓰시오.

> 코끼리의 특징을 생각해 보며 팔을 꼬아 몸을 구부리고 코끼리를 흉내 내면서 네 발로 걷기도 하고 일어서서 빙그르르 돌기도 한다.

- ① : _____
- ② : _____

**14** 라반(Laban)의 동작의 구성요소(공간, 시간, 무게, 흐름)에 근거하여, 다음 ㉠~㉣에 해당하는 동작의 구성요소(움직임 요소)를 쓰시오.

> 기본 동작을 익힌 후 동작의 구성요소를 활용하여 다양하게 변형할 수 있다. 예를 들어, 유아가 걷기에 익숙해지면 ㉠ 앞으로 걷기와 옆으로 걷기, ㉡ 천천히 걷기와 빨리 걷기, ㉢ 무겁게 걷기와 가볍게 걷기, ㉣ 부드럽게 걷기와 딱딱하게 걷기 등과 같이 다양하게 응용하여 활동할 수 있다.

- ㉠ : _____
- ㉡ : _____
- ㉢ : _____
- ㉣ : _____

**15** 공간의 하위 요소에는 방향, 범위, 경로, 수준 등이 있다. 다음 ㉠~㉢에 해당하는 공간의 하위 요소를 쓰시오.

| 만 3세 | 음악을 들으며 속도를 조절하면서 ㉠ 고무줄 선을 따라서 걷고 뛰어 보자. |
|---|---|
| 만 4세 | 거미줄처럼 방사형으로 준비된 고무줄 공간에서 ㉡ 앞으로 가다가 옆으로 뛰기, 뒤로 뛰기를 하자. |
| 만 5세 | 고무줄 ㉢ 위로 뛰어 넘어가고 아래로 통과해서 돌아오자. |

- ㉠ : _____
- ㉡ : _____
- ㉢ : _____

**16** 다음 ( )에 들어갈 말을 쓰시오.

> 유아가 기구를 이용한 신체 활동을 진행할 때 먼저 유아가 기구를 충분히 ( )해 보도록 하여 쉽게 실패하지 않고 즐기면서 기구에 익숙해지도록 한다. 또한 유아의 신체운동 능력을 고려하여 안전에 유의하도록 한다.

- : _____

**17** 다음 교사의 대화를 읽고 ( )에 들어갈 바깥놀이 운영 방법을 쓰시오.

> ─〈편성·운영〉─
> 하루 일과에서 바깥놀이를 포함하여 유아의 놀이가 충분히 이루어지도록 편성하여 운영한다.

| |
|---|
| 황 교사 : 미세먼지가 나쁨 이상인 날에 바깥놀이를 어떻게 해야 할지 모르겠어요. 바깥놀이가 중요할 것 같은데⋯.<br>윤 교사 : 그런 날은 일단 실내 놀이로 대체해서 운영하고 다른 날 ( ). |

• : ______

## 18 다음 연령별 신체활동을 보고 물음에 답하시오.

| | |
|---|---|
| 만 3세 | 친구들과 함께 기차놀이, 대문놀이를 하며 다른 사람과 함께 신체 활동에 참여하는 경험을 한다. |
| 만 4세 | ㉠ 친구와 마주보고 친구 모습을 거울처럼 흉내 내기 활동을 하며 함께 놀이하는 즐거움을 느껴 본다. |
| 만 5세 | '무궁화 꽃이 피었습니다', '꼬리잡기', '얼음 땡' 등 게임을 통해 여러 사람과 함께 하는 신체 활동의 즐거움을 느껴 본다. |

1) 제시된 신체활동과 관련 있는 2019 개정 누리과정 신체운동 · 건강 영역의 '내용 범주'와 '내용'을 쓰시오.

• 내용 범주 : ______

• 내용 : ______

2) ㉠과 '박수치며 걷기'에 공통으로 관련 있는 기초체력의 요소 1가지를 쓰시오.

• : ______

## 19 다음 ㉠~㉦에 해당하는 말을 쓰시오.

| 내용 범주 | 건강하게 생활하기 |
|---|---|
| 목표 | 건강한 ( ㉠ )을/를 기른다. |
| 내용 | 내용 이해 |
| 자신의 ( ㉡ )을/를 깨끗이 한다. | 유아가 손을 씻고 이를 닦는 등 몸을 깨끗이 하는 적절한 방법을 알고 실천하며, 자기 주변을 깨끗하게 정리정돈하는 내용이다. |
| ( ㉢ )에 관심을 가지고 바른 태도로 ( ㉣ ) 먹는다. | 유아가 몸을 건강하게 하는 음식에 관심을 가지고, 음식을 소중히 여기며, 제자리에 앉아서 골고루 즐겁게 먹는 내용이다. |
| 하루 일과에서 적당한 ( ㉤ )을/를 취한다. | 유아가 피곤하거나, 몸이 아프거나, 몸을 많이 움직여서 쉬고 싶을 때, 적절한 휴식을 취하는 내용이다. |
| 질병을 ( ㉥ ) 하는 방법을 알고 ( ㉦ )다. | 유아가 질병의 위험으로부터 건강을 유지할 수 있는 다양한 생활 방식(몸을 청결히 하기, 날씨와 상황에 알맞은 옷 입기, 찬 음식 적당히 먹기, 정해진 시간에 자고 일어나기, 따뜻한 물 마시기 등)을 경험하는 내용이다. |

• ㉠ : ______

• ㉡ : ______

• ㉢ : ______

• ㉣ : ______

• ㉤ : ______

• ㉥ : ______

• ㉦ : ______

# 3 영역별 목표 및 내용 해설

**20** 다음 활동과 관련 있는 2019 개정 누리과정 신체운동·건강 영역의 '내용 범주'와 '내용'을 쓰시오.

> ○ 유아 자신이 놀이한 놀잇감을 교사와 함께 제자리에 정리한다.
> ○ 자신이 사용한 놀잇감과 주변의 놀잇감도 함께 정리한다.
> ○ 당번을 정하여 친구들에게 정리시간을 알려주고, 교실 여러 곳의 놀잇감을 서로 도와 정리해 보는 활동으로 확장한다.

- 내용 범주 : _____
- 내용 : _____

**21** 자신의 주변을 정리하는 습관을 키우기 위해 교사가 준비해야 할 교실 환경 2가지를 쓰시오.

- ① : 놀잇감을 스스로 정리할 수 있도록 _____
- ② : 청소도구 등을 _____

**22** 다음 지도 내용과 관련 있는 2019 개정 누리과정 신체운동·건강 영역의 '내용 범주'와 '내용'을 쓰시오

> ○ 올바른 수저 사용법
> ○ 식사 도중에 돌아다니지 않기
> ○ 음식을 꼭꼭 씹고 입에 넣은 상태로 말하지 않기
> ○ 입술을 붙이고 소리 나지 않게 씹기 등

- 내용 범주 : _____
- 내용 : _____

**23** 다섯 가지 영양소 중 ㉠~㉤에 해당하는 것을 각각 쓰시오.

| | |
|---|---|
| ㉠ | ○ 활동하는 데 필요한 에너지를 공급하며 두뇌의 유일한 에너지원이다.<br>○ 부족 시 쉽게 지치고, 장기간 섭취하지 않으면 혼수상태에 빠진다. |
| ㉡ | ○ 체내 대사조절에 관여하고 생리기능 조절 및 유지에 필요하다.<br>○ 시력 보호와 면역력을 증진하고 다른 영양소를 보조한다.<br>○ 부족 시 피부가 거칠어지고, 몸의 기능이 저하되며, 감기에 잘 걸린다. |
| ㉢ | ○ 체조직의 성장과 유지(뼈, 피부, 근육, 혈액, 손톱, 머리카락) 및 효소와 호르몬 합성, 항체와 면역세포 형성 등의 기능을 한다.<br>○ 부족 시 성장 장애, 면역력 저하가 일어난다. |
| ㉣ | ○ 골격 형성 및 치아 구성, 신경 자극 전달, 근육 수축 및 이완 등의 기능을 한다.<br>○ 부족 시 키가 잘 크지 않으며, 뼈가 약해지고, 쉽게 부러진다. |
| ㉤ | ○ 에너지 공급, 체온 유지, 외부 충격으로부터 장기 보호 등의 기능을 한다.<br>○ 과다 섭취 시 비만, 당뇨, 고혈압, 고지혈증 등 성인병이 발생한다. |

- ㉠ : _____
- ㉡ : _____
- ㉢ : _____
- ㉣ : _____
- ㉤ : _____

## 2019 개정 누리과정

**24** 다음 지도 내용과 관련 있는 2019 개정 누리과정 신체운동·건강 영역의 '내용 범주'와 '내용'을 쓰시오.

- 바깥놀이를 한 후 그늘에 모여 쉬면서 휴식의 중요성에 대해 안다.
- 놀이가 재미있어도 몸이 아픈 경우 교사에게 이야기하고 나을 때까지 쉰다.
- 낮잠의 중요성에 대해 알고 충분한 낮잠을 취하도록 한다.

• 내용 범주 : _____
• 내용 : _____

**25** 다음 지도 내용과 관련 있는 2019 개정 누리과정 신체운동·건강 영역의 '내용 범주'와 '내용'을 쓰시오.

- 날씨에 맞게 옷을 입고 벗기, 찬 음식 많이 먹지 않기, 손가락 빨지 않기, 기침 예절 지키기, 손 깨끗이 씻기, 일찍 자고 일찍 일어나기 등을 알려주어 질병에 걸리지 않게 주의하도록 한다.
- 일상생활 중 질병이 발생했을 때 유아들과 질병의 예방 방법에 대해 알아보고 실천하도록 한다.
- 지역사회 의사 선생님이나 학부모 자원인사의 도움을 얻어 여러 가지 질병의 발생 원인과 예방 방법을 직접 알아보고 실천하는 활동으로 확장한다.

• 내용 범주 : _____
• 내용 : _____

**26** 다음 ㉠~㉥에 해당하는 말을 쓰시오.

| 내용 범주 | 안전하게 생활하기 |
|---|---|
| 목표 | 안전한 ( ㉠ )을/를 기른다. |
| 내용 | 내용 이해 |
| ( ㉡ )에서 안전하게 놀이하고 생활한다. | 유아가 일상에서 위험한 장소, 상황, 도구 등을 알고, 안전한 놀이 방법과 놀이 규칙을 지키며 놀이하고 생활하는 내용이다. |
| TV, 컴퓨터, 스마트폰 등을 ( ㉢ ) 사용한다. | 유아가 일상에서 자주 접하는 TV, 컴퓨터, 스마트폰 등을 필요한 상황에서 적절하게 사용하며, 바른 자세로 이용하는 내용이다. |
| ( ㉣ )안전 규칙을 지킨다. | 유아가 안전한 보행 및 도로 횡단, 교통기관의 안전한 이용 등 교통안전 규칙을 알고 실천하는 내용이다. |
| 안전사고, 화재, 재난, ( ㉤ ), 유괴 등에 ( ㉥ ) 하는 방법을 경험한다. | 유아가 안전사고, 화재, 재난, 학대, 유괴 등의 위험에 처한 상황을 알고, 주변에 도움을 요청하는 방법을 배우며, 평소 훈련에 따라 대피하는 연습을 하는 등의 안전 교육과 관련된 내용이다. |

• ㉠ : _____
• ㉡ : _____
• ㉢ : _____
• ㉣ : _____
• ㉤ : _____
• ㉥ : _____

# 3 영역별 목표 및 내용 해설

**27** 다음 ㉠~㉣의 교사 발문과 관련 있는 2019 개정 누리과정 신체운동·건강 영역의 '내용'을 쓰시오.

> ㉠ 부모님과 함께 버스를 탈 때 우리는 무엇을 주의해야 할까?
> ㉡ 스마트폰은 편리하고 우리에게 즐거움을 주지만 오랫동안 사용하면 어떤 나쁜 점이 있을까?
> ㉢ 지진이 나서 대피할 때 제일 먼저 해야 할 일은 무엇이라고 했었지?
> ㉣ 계단 아래 공간에서 놀아도 좋지만, 무엇을 주의하면서 놀아야 할지 생각해 보자.

- ㉠ : _____
- ㉡ : _____
- ㉢ : _____
- ㉣ : _____

## II 의사소통

**01** 다음은 2015 개정 누리과정과 2019 개정 누리과정의 의사소통 영역의 비교표이다. ㉠~㉢에 해당하는 '내용 범주'를 쓰시오.

| 2015 개정 누리과정 | 2019 개정 누리과정 |
|---|---|
| 내용 범주 | 내용 범주 |
| 듣기 | ( ㉠ ) |
| 말하기 | |
| 읽기 | ( ㉡ ) |
| 쓰기 | |
| – | ( ㉢ ) |

- ㉠ : _____
- ㉡ : _____
- ㉢ : _____

**02** 다음은 2019 개정 누리과정 의사소통 영역의 '개정의 중점'과 관련된 내용이다. ① ㉠과 ㉡의 이유를 쓰고, ② ㉢의 (    )에 해당하는 '내용 범주'를 쓰시오.

> ㉠ 기존 누리과정의 '듣기'와 '말하기'를 '듣기와 말하기'로 제시하였다.
> ㉡ 기존 누리과정의 '읽기'와 '쓰기'를 '읽기와 쓰기에 관심 가지기'로 제시하였다.
> ㉢ 유아가 동화와 동시, 말놀이와 이야기 짓기 등 일상에서 자연스럽게 문학을 즐기는 경험에 중점을 두어 '(      )' 내용 범주를 새롭게 제시하였다.

- ① • ㉠의 이유 : _____
  • ㉡의 이유 : _____
- ② : _____

## 03
'듣기와 읽기'는 수용언어, '말하기와 쓰기'는 표현 언어라고 한다. 다음 ㉠, ㉡은 각각 무엇이라고 하는지 쓰시오.

의사소통 영역은 '㉠ 듣고 말하며, ㉡ 읽고 쓰기'라는 방법을 통해서 유아가 전달하고자 하는 의미를 구성하고, 상황에 맞게 표현하며, 타인이 보낸 의미를 잘 해석하여 이해하는 능력을 기르는 내용이 포함되어 있다.

- ㉠ : _____
- ㉡ : _____

## 04
다음 ①, ②에 해당하는 말을 ㉠과 ㉡ 중에 골라 쓰시오.

유아는 ㉠ 이해 어휘력과 ㉡ 표현 어휘력이 모두 급증하지만, 아직도 ( ① ) 어휘는 ( ② ) 어휘보다 몇 배 정도 적다.

- ① : _____
- ② : _____

## 05
다음 ㉠~㉆에 해당하는 말을 쓰시오.

| 내용 범주 | 듣기와 말하기 |
|---|---|
| 목표 | 일상생활에서 ( ㉠ )을/를 즐긴다. |
| 내용 | 내용 이해 |
| ( ㉡ )을/를 관심있게 듣는다. | 유아가 다른 사람이 하는 말과 흥미로운 주제, 익숙한 경험이 담긴 이야기에 관심을 가지며 듣는 내용이다. |
| 자신의 경험, ( ㉢ ), 생각을 말한다. | 유아가 상대방에게 자신의 경험, 느낌, 생각을 자유롭게 말하는 내용이다. |
| ( ㉣ ) 단어를 사용하여 말한다. | 유아가 때와 장소, 대상과 상황을 고려하여 적절한 단어와 문장을 선택하여 말하는 내용이다. |
| 상대방이 하는 이야기를 듣고 ( ㉤ )해서 말한다. | 유아가 다른 사람이 이야기하는 내용을 듣고 말하는 사람의 생각, 의도, 감정을 고려하여 말하는 내용이다. |
| ( ㉥ )(으)로 듣고 말한다. | 유아가 말하는 사람에게 주의를 기울이며 듣는 내용이다. 말을 끝까지 듣고, 자신의 의견을 말하는 내용이다. |
| ( ㉆ )을/를 사용한다. | 유아가 일상생활에서 자주 쓰는 유행어, 속어, 신조어, 상대방을 비난하는 말을 사용하지 않고, 우리말을 바르게 사용하는 내용이다. |

- ㉠ : _____
- ㉡ : _____
- ㉢ : _____
- ㉣ : _____
- ㉤ : _____
- ㉥ : _____
- ㉆ : _____

# 3 영역별 목표 및 내용 해설

## 06 다음 활동과 관련된 물음에 답하시오.

> ㉠ 유아들의 돌 사진이나 생일잔치 사진 등을 화면에 띄워 누구의 모습인지 알아맞히거나, 전날 실외 놀이에서 인형 옷을 빨았던 사진을 보여 주고, 사진에 대해 이야기하는 친구들의 말을 주의 깊게 듣는다.
> ㉡ 쌓기놀이 영역에서 구성물이 완성되면 무엇을 만들었는지, 이것을 만들고 나서 무엇이 가장 기뻤는지, 왜 만들었는지 등을 서로 묻고 대답하며 다른 사람의 이야기를 듣고 이해한다.
> ㉢ 협력하여 우리 동네를 만든 후에 모두 모여서 그것을 만든 유아들이 누가, 무엇을, 어떻게, 왜 만들었는지에 대해 다른 친구들에게 이야기를 하고 궁금한 점이 있으면 질문하고 대답을 듣는 기회를 갖는다.

1) ㉠~㉢의 활동과 관련 있는 2019 개정 누리과정 의사소통 영역의 '내용'을 쓰시오.
   • 내용 : _____

2) ㉠~㉢의 활동 시 교사의 <u>부적절한</u> 지도 내용을 ⓐ~ⓕ에서 찾아 기호를 쓰시오.

> ⓐ 만 3세에게 이야기를 들려줄 때에는 적당한 제스처와 음향을 내어 유아들이 주의 집중하여 이야기를 듣도록 한다.
> ⓑ 교사는 이야기를 들려주면서 그 이야기의 주제, 이야기 사건의 전개 과정, 사건의 인과 관계, 결과, 그 사건이 일어났을 때 상대방의 기분 등을 이해하도록 질문을 하여 이야기의 내용을 이해하도록 한다.
> ⓒ 이야기를 들으며 생각나는 궁금한 점에 대해 자유롭게 질문할 수 있는 기회를 제공한다.
> ⓓ 되도록 개별이나 소집단보다는 대집단으로 다른 사람의 이야기를 듣는 기회를 많이 제공한다.
> ⓔ 사전경험을 공유한 이야기를 주제로 말하고 들을 수 있도록 유아들의 사전경험을 사전에 알아 둔다.
> ⓕ 유아의 질문이 맥락을 다소 벗어나더라도 교사는 수용적이고 개방적인 듣기 모델을 보인다.

• 기호 : _____

## 07 다음 내용과 관련 있는 2019 개정 누리과정 의사소통 영역의 '내용'을 쓰시오.

> ㉠ 하루 일과 중에 일어난 특별한 일을 소개하거나 현장 체험 후 또는 주말 지낸 이야기 그림 그리기 후 자신이 겪은 일을 소개한다.
> ㉡ 생일파티를 준비하면서 현재의 감정들을 이야기 나눈다.
> ㉢ 친구와 다투었을 때 어떤 느낌이 들었는지 이야기해 본다.
> ㉣ 즐거웠던 일이나 속상한 일 등을 이야기하는 기회를 자주 갖는다.

• 내용 : _____

## 08 다음 내용과 관련 있는 2019 개정 누리과정 의사소통 영역의 '내용'을 쓰시오.

> 유아가 시장, 병원, 박물관 등 공공장소에 나갔을 때, 다른 친구의 부모나 동생을 만났을 때 상대방에게 알맞게 말할 수 있어야 함을 알고 다양한 기회를 자주 갖도록 한다.

• 내용 : _____

## 09
다음 내용과 관련 있는 2019 개정 누리과정 의사소통 영역의 '내용'을 쓰시오.

㉠ 울고 있는 친구에게 "괜찮아? 울지 마", "내가 해 줄까?" 등의 말로 위로한다.
㉡ 놀이 중 불편함을 호소하는 친구의 감정을 읽어 주며 "잘 안 돼? 이걸로 해 볼래?", "선생님께 도와달라고 해 보자."라고 적절한 대안을 제안한다.
㉢ 상대방의 느낌과 생각을 고려하여 말하도록 하기 위해서 유아가 자신의 느낌과 생각이 존중받고 있다는 것을 스스로 느끼도록 해 준다.
㉣ 일상생활 속에서의 다양한 경험과 활동을 통해 단순히 자신의 생각과 느낌을 일방적으로 말하는 것이 아니라 상대방의 기분과 감정을 배려하여 말하는 능력과 태도를 기르도록 한다.

• 내용 : _____

## 10
다음 내용과 관련 있는 2019 개정 누리과정 의사소통 영역의 '내용'을 쓰시오.

유아는 듣는 사람을 바라보며 말하기보다는 종종 다른 곳을 쳐다보거나 시선을 여러 장소로 이동시키면서 말한다. 따라서 우선 다른 사람이 말할 때 끼어들지 않기, 여러 사람이 함께 이야기를 나눌 때는 손을 들어서 말하는 순서를 정하고, 자기 순서를 지켜 차례대로 말하기 등과 같은 이야기 나누기 규칙을 서로 지켜야 함을 알고 이러한 태도를 기르도록 지원한다.

• 내용 : _____

## 11
다음 내용과 관련 있는 2019 개정 누리과정 의사소통 영역의 '내용'을 쓰시오.

㉠ 교사는 "기다려 바보야!"라는 말을 하는 유아에게 친구의 이름을 부르도록 했다.
㉡ 교사는 "헐~ 짱이다!"라고 말을 하는 유아에게 "우와, 정말 멋지다라고 이야기하고 싶었구나."라고 바르고 고운 말을 알려주었다.

• 내용 : _____

## 12
다음 ㉠~㉣에 해당하는 말을 쓰시오.

| 내용 범주 | ( ㉠ )에 관심 가지기 |
|---|---|
| 목표 | ( ㉠ )에 관심을 가진다. |
| 내용 | 내용 이해 |
| ( ㉡ )의 관계에 관심을 가진다. | 유아가 일상에서 말이 글로, 글이 말로 옮겨지는 것에 관심을 갖는 내용이다. |
| 주변의 ( ㉢ ) 등의 읽기에 관심을 가진다. | 유아가 일상에서 자주 보는 상징(표지판, 그림문자 등)이나 글자 읽기에 관심을 가지는 내용이다. 유아가 상징이나 글자에는 사람들의 생각과 감정, 정보가 담겨 있다는 것을 이해하는 내용이다. |
| 자신의 생각을 ( ㉣ )(으)로 표현한다. | 유아가 자신의 생각이나 말을 끼적거리거나 글자와 비슷한 선이나 모양, 글자와 비슷한 형태로 표현하는 내용이다. |

• ㉠ : _____
• ㉡ : _____
• ㉢ : _____
• ㉣ : _____

## 3 영역별 목표 및 내용 해설

**13** 다음 지도 방법이 <u>부적절한</u> 이유를 총체적 언어 접근법에 근거하여 서술하시오.

> 글자를 상황이나 맥락 없이 학습지나 카드로 분절하여 가르쳤다.

• 부적절한 이유 : _____

**14** 다음 내용과 관련 있는 2019 개정 누리과정 의사소통 영역의 '내용'을 쓰시오.

> ○ 유아로 하여금 끼적인 내용을 다시 읽어 달라고 하고 교사가 그 내용을 받아 써 주었다.
> ○ 교사는 유아들이 말한 내용을 화이트보드에 천천히 써 주며 다시 읽어 주었다.
> ○ 교사는 잡지나 신문 등에서 마음에 드는 그림이나 사진을 오려 붙인 후 유아가 그 그림에 대하여 하는 이야기를 교사가 받아 적어 주었다.

• 내용 : _____

**15** 다음 내용을 읽고 물음에 답하시오.

> 자신과 가족의 이름에 관심을 보이고, 친구 이름, ㉠ <u>길거리 간판, 우리반 이름, 화장실, 비상구 등 자주 접하는 사물과 사건, 주변 상황을 나타내는 글자</u>에 많은 관심을 보인다.
> 친구들의 사진 위에 붙여진 ㉡ <u>이름표나 놀잇감에 쓰인 이름</u>을 보면서 글자를 추측하여 읽기도 하고, 일상생활에서 자주 접한 ㉢ <u>우유, 치약 등의 상표</u>를 찾아 읽을 수 있다.

1) 윗글과 관련 있는 2019 개정 누리과정 의사소통 영역의 '내용'을 쓰시오.

• 내용 : _____

2) ㉠~㉢의 읽기 자료를 지칭하는 말을 쓰시오.

• : _____

**16** 다음 지도 시의 유의점과 관련 있는 2019 개정 누리과정 의사소통 영역의 '내용'을 쓰시오.

> ○ 글자 쓰기 과정은 자연스럽게 발달하며 익혀지는 것이므로, 교사가 의도적으로 연필 잡는 법, 획 긋는 법 등을 가르치고 유아가 쓴 글자를 수정하려고 해서는 안 된다. 유아가 가장 좋아하고 친숙한 자기 이름 글자를 써 보는 반복적인 과정을 통해 글자 쓰기에 대한 관심을 확장해 갈 수 있도록 격려한다.
> ○ 교사는 유아가 자신의 생각과 느낌, 경험을 글자와 비슷한 형태로 표현하면서 점차 쓰기의 과정을 알아 갈 수 있는 활동을 준비하여 쓰기의 즐거움을 알 수 있도록 하고 자발적인 동기에 의해 할 수 있는 환경을 제공한다.
> ○ 글자를 정자법으로 쓰기, 줄쳐진 노트에 그대로 베껴 쓰기, 자모음 이름 알고 순서대로 쓰기처럼 글자 자체에 대한 공부를 강요하면 유아는 자신의 생각을 글로 나타내려 하지 않고 오히려 글쓰기에 대한 거부감을 느끼게 되므로 반드시 지양해야 한다.

• 내용 : _____

## 2019 개정 누리과정

**17** 다음 ㉠~㉣에 해당하는 말을 쓰시오.

| 내용 범주 | 책과 이야기 즐기기 |
|---|---|
| 목표 | 책이나 이야기를 통해 ( ㉠ )을/를 즐긴다. |
| 내용 | 내용 이해 |
| ( ㉡ )에 관심을 가지고 상상하기를 즐긴다. | 유아가 책에 흥미를 가지며 책 보는 것을 즐기고 상상하는 즐거움을 경험하는 내용이다. |
| ( ㉢ )에서 말의 재미를 느낀다. | 유아가 동화와 동시를 자주 들으며 우리말의 재미와 아름다움을 느끼는 내용이다. |
| ( ㉣ )을/를 즐긴다. | 유아가 끝말잇기, 수수께끼, 스무고개 등 다양한 말놀이를 즐기는 내용이다. 자신의 경험, 생각, 상상을 기초로 새로운 이야기를 만드는 과정을 즐기는 내용이다. |

- ㉠ : _____
- ㉡ : _____
- ㉢ : _____
- ㉣ : _____

**18** 다음 내용과 관련 있는 2019 개정 누리과정 의사소통 영역의 '내용'을 쓰시오.

○ 유아는 교사가 읽어 주는 글이나 이야기에 관심을 가지고 주의 깊게 듣는다.
○ 유아는 교사가 읽어 주는 이야기의 내용을 주의 깊게 들으며 이야기 줄거리에 관련된 사건이나 사물에 대해서 궁금한 것을 묻고 이야기에 대한 이해를 높여 간다.

- 내용 : _____

**19** 다음 내용과 관련 있는 2019 개정 누리과정 의사소통 영역의 '내용'을 쓰시오.

㉠ 교사는 주제와 계절에 맞게 정기적으로 책을 교체해 주고 창작동화, 전래동화, 과학동화 등 여러 장르의 책을 제공해 준다.
㉡ 가정과 기관, 지역사회가 연계하여 도서대여 프로그램이나 부모 독서 교육, 지역 도서관 방문 등을 실시하고 유아 주변이 읽기 모델을 보여 주어 유아가 책 보는 것을 즐길 수 있도록 돕는다.
㉢ 책을 본 후 제 위치에 가져다 두기, 찢어진 책 보수하기, 책 빌려 가고 제 날짜에 돌려주기 등을 통해 여러 사람이 함께 보는 책을 소중히 하는 태도를 길러 준다.

- 내용 : _____

**20** 다음의 특징을 갖는 유아 문학의 종류를 각각 1가지씩 쓰시오.

㉠ 오랜 세월 민중들에 의해 구전된 것으로, 동심을 바탕으로 하여 꾸며진, 일정한 구조를 가진 이야기이다. 민담과 우화·신화와 전설 등이 여기에 포함된다.
㉡ 실제로 현실세계에서 일어날 수 없는 일이나 사건, 존재하지 않는 사람이나 초자연적인 소재나 대상에 관한 일로 꾸며진 이야기이다. 영국의 루이스캐럴의 『이상한 나라의 앨리스』는 이 장르의 효시가 된다.
㉢ 현실에서 일어날 수 있는 것을 다룬다고 하여 '현실동화', 또는 '생활동화'라고도 부른다. 유아들의 일상생활에서 발생할 수 있는 사건·상황 등을 주인공을 통해 묘사하고 있으며, 사건들이 발생하거나 발생할 수 있다는 가능성의 범위 안에서 유아들의 경험 세계를 다룬 동화이다.

# 3 영역별 목표 및 내용 해설

ⓔ 문학의 장르를 픽션과 논픽션으로 구분할 때, 논픽션의 대표적인 장르로서, 유아들이 흥미와 관심을 갖는 대상에 대한 정보와 지식을 제공하는 책이다. 내용 구조는 시간 순서대로, 단순한 것에서 복잡한 것으로, 일반적인 것에서 특수한 것으로 제시된다.

- ㉠ : _____
- ㉡ : _____
- ㉢ : _____
- ㉣ : _____

2) 다음 내용을 참고하여 ㉡과 ㉢의 ( )에 들어갈 매체를 순서대로 쓰시오.

> ㉡ 두루마리로 된 그림을 한쪽에서 옆쪽으로 감아 가면서 이야기해 나가는 그림동화의 한 매체이다.
> ㉢ 막 뒤에서 빛을 비추고 인형을 움직이면서 진행하는 형태이다. 인형의 그림자를 통해 동화를 듣게 되므로 다른 매체보다 감정적인 호소력으로, 유아들의 상상력을 자극할 수 있는 것이 특징이다.

- : _____

## 21 다음 ㉠~㉢의 활동을 보고 물음에 답하시오.

> ㉠ 동화, 동시를 반복적으로 듣는 경험을 즐긴다. 동화 등은 정해진 시간에 대집단으로 듣기보다 개별, 소집단으로 일상생활 시간과 장소에 구애됨이 없이 자유롭게 듣도록 한다.
> ㉡ 동화를 즐겁게 반복적으로 듣고 그 내용을 즐기도록 문학 작품의 특성을 잘 나타낼 수 있는 매체로 전환한다. 즉 연속적으로 앞의 사건과 연결되는 이야기는 서서히 다음 장면이 나타나는 ( )(으)로, 반복적 구절이 계속 나오는 동화는 손인형 동화로 전환하여 유아가 직접 그 구절을 말하도록 한다.
> ㉢ 흥미롭게 들었던 동화를 ( )(이)나 막대동화 등으로 바꾸어서 친구들과 자유롭게 이야기 꾸미기에 참여해 본다.

1) ㉠~㉢의 활동과 관련 있는 2019 개정 누리과정 의사소통 영역의 '내용'을 쓰시오.
   - 내용 : _____

## 22 다음 ㉠~㉢과 관련 있는 2019 개정 누리과정 의사소통 영역의 '내용'을 쓰시오.

> ㉠ 전이 시간에 교사와 친구들과 함께 끝말잇기를 즐긴다.
> ㉡ 동화를 읽고 또래들과 뒷이야기를 상상하여 새로운 이야기를 지어 보는 활동을 한다.
> ㉢ 바깥놀이 활동에 나가 쉬는 시간에 수수께끼나 스무고개 등을 즐긴다.

- 내용 : _____

# Ⅲ 사회관계

**01** 다음은 2015 개정 누리과정과 2019 개정 누리과정의 사회관계 영역의 비교표이다. ㉠~㉢에 해당하는 '내용 범주'를 쓰시오.

| 2015 개정 누리과정 | 2019 개정 누리과정 |
|---|---|
| 내용 범주 | 내용 범주 |
| 나를 알고 존중하기 | ( ㉠ ) |
| 나와 다른 사람의 감정 알고 조절하기 | |
| 가족을 소중히 여기기 | ( ㉡ ) |
| 다른 사람과 더불어 생활하기 | |
| 사회에 관심 갖기 | ( ㉢ ) |

- ㉠ : _____
- ㉡ : _____
- ㉢ : _____

**02** 다음은 2019 개정 누리과정 사회관계 영역의 '개정의 중점' 내용이다. ㉠~㉢의 ( )에 해당하는 말을 쓰시오.

> ㉠ 내용 범주 '( )'은/는 기존 누리과정의 '나'와 관련된 세부 내용을 통합하여 새롭게 제시하였다.
> ㉡ 유아가 자신과 가장 가까운 가족 및 친구를 중심으로 다른 사람과의 관계에서 경험하는 사회적 가치나 태도를 내용 범주 '( )'(으)로 통합하여 제시하였으며, 또한 예(禮), 존중, 배려, 협력 등의 인성 덕목을 반영하였다.
> ㉢ 내용 범주 '( )'에서는 문화의 다양성을 이해하고 존중하는 내용이 포함되어 있다.

- ㉠ : _____
- ㉡ : _____
- ㉢ : _____

**03** 다음 ㉠~㉣에 해당하는 말을 쓰시오.

| 내용 범주 | 나를 알고 존중하기 |
|---|---|
| 목표 | 자신을 ( ㉠ )하고 존중한다. |
| 내용 | 내용 이해 |
| 나를 알고 ( ㉡ )여긴다. | 유아가 자신을 나타내는 나이, 성별, 모습 등에 대해 알고, 자신을 소중히 여기며 가치 있는 존재로 느끼는 내용이다. |
| 나의 감정을 알고 ( ㉢ ) 표현한다. | 유아가 자신의 감정에 대해 알고 다양한 상황에서 자신의 감정을 적절하게 표현하는 내용이다. |
| 내가 할 수 있는 것을 ( ㉣ ) 한다. | 유아가 자신이 할 수 있는 일을 알고 자신감을 가지며 자율적으로 실천해 가는 내용이다. |

- ㉠ : _____
- ㉡ : _____
- ㉢ : _____
- ㉣ : _____

## 3 영역별 목표 및 내용 해설

**04** 다음 ㉠~㉤의 활동과 관련하여 물음에 답하시오.

㉠ 유아 자신이 한 일이나 활동 결과물을 친구 또는 다른 사람들에게 소개하고 지원받을 수 있는 기회를 제공했다.
㉡ 자신이 가장 잘 할 수 있는 일에 대해 친구들에게 소개하고 친구들의 질문을 듣고 답을 하도록 했다.
㉢ 다양한 친구 관계의 체험을 통해 자신을 둘러싼 사람들에게 사랑받고 소중하게 여겨지고 있다는 것을 확인할 수 있도록 했다.
㉣ 자신의 신체적 특성 중 자랑할 만한 것을 소개하고 그 이유에 대해 말하도록 했다.
㉤ 자신의 연령이나 성을 위주로 자기소개를 하게 했다.

1) ㉠~㉣의 활동에 공통으로 나타나는 교사의 교육적 의도를 쓰시오.
 • 교육적 의도 : _____의 향상

2) ㉤에서 나타나는 유아기 자아개념의 명칭을 쓰시오.
 • : _____

3) 윌리엄 제임스(William James, 1890)가 제시한 자아개념 중 ㉡, ㉢, ㉣에 해당하는 자아개념을 각각 쓰시오.
 • ㉡ : _____
 • ㉢ : _____
 • ㉣ : _____

4) 자아 존중감에 대한 위계적 구조에 근거하여 ㉠, ㉢, ㉣에 해당하는 자아 존중감의 명칭을 각각 쓰시오.
 • ㉠ : _____
 • ㉢ : _____
 • ㉣ : _____

**05** 다음 대화를 읽고 콜버그(Kohlberg)의 '성역할 개념 발달 이론'에 근거하여 각 유아의 단계를 쓰시오.

도민 : 난 커서 엄마가 될 거야.
민지 : 넌 남자인데 어떻게 엄마가 돼? 넌 남자니까 아빠가 되고, 난 여자니까 엄마가 되는 거야.
동수 : 맞아. 나도 남자니까 아빠가 될 거야.
민지 : 도민아, 여기 여자 가발하고 치마 있어. 이거 입으면 여자 될 수 있어.
동수 : 아냐, 가발하고 치마 입어도 여자는 안 되지.

• 도민 : _____
• 민지 : _____
• 동수 : _____

**06** 다음 ㉠과 ㉡에 적절한 말을 각각 쓰시오.

( ㉠ )능력이란 유아가 주위 세상에서 요구하는 바를 알고 자신의 내적 욕구나 충동을 적절히 통제하고 행동을 조절하는 능력이다. 유혹에 대한 저항을 할 수 있는 유아는 누가 보지 않아도 금지된 행동을 억제하는 것을 배우게 된다. 또한 유아에게 작지만 즉각 보상을 받을 수 있는 경우와, 보상은 크지만 기다려야 하는 경우의 두 개의 선택 가능성을 제시하는 것은 ( ㉡ )능력을 연구하는 접근방법으로 알려져 있다.

• ㉠ : _____
• ㉡ : _____

## 07 다음 ( ㉠ )에 들어갈 말을 쓰시오.

정신분석이론에서 도덕성의 내면화와 사회화는 부모와의 ( ㉠ ) 과정의 결과로서 설명된다. ( ㉠ ) 과정에 영향을 주는 요인으로는 모방, 지각된 유사성, 의존성, 애착, 인정의 추구, 부모로부터의 도덕적 확인 등이 중요하게 다루어지고 있다.

• ㉠ : _____

## 08 프로이트(Freud)의 '심리성적 단계' 중 다음의 특징을 갖는 단계를 쓰시오.

만 3세경 리비도가 성기로 옮겨 가는 시기로, 이 단계에서 남아는 어머니에 대한 근친상간의 욕망을 가지고 아버지를 적수로 여기는데 이를 오이디푸스 콤플렉스라고 한다. 남아는 어머니의 애정을 추구하는 데 있어서 아버지와 경쟁자가 될 수 없음을 알게 되면서 아버지와 동일시를 하게 된다.

• 단계 : _____

## 09 다음은 에릭슨(Erikson)이 제시한 발달 시기별 '심리사회적 단계'이다. ㉠~㉢에 해당하는 말을 쓰시오.

| 발달 시기 | 심리사회적 단계 |
| --- | --- |
| 영아기 | 기본 신뢰감과 기본 불신감 |
| 유아 초기 | ㉠ |
| 놀이기 | ㉡ |
| 학령기 | ㉢ |
| 청소년기 | 자아정체감 대 정체성 혼미 |
| 청년기 | 친밀감과 고립감 |
| 중년기 | 생산력과 침체 |
| 노년기 | 자아통합감과 절망 |

• ㉠ : _____
• ㉡ : _____
• ㉢ : _____

## 10 다음 ㉠~㉣에 해당하는 말을 쓰시오.

| 내용 범주 | 더불어 생활하기 |
| --- | --- |
| 목표 | 다른 사람과 ( ㉠ ) 지낸다. |
| 내용 | 내용 이해 |
| 가족의 의미를 알고 ( ㉡ ) 하게 지낸다. | 유아가 자신의 가족 구성원을 알고, 가족과 함께 생활하며, 가족은 서로 돕고 살아간다는 것을 경험하는 내용이다. 가족의 구성원이 다양함을 이해하고 존중하는 내용이다. |
| 친구와 ( ㉢ ) 사이좋게 지낸다. | 유아가 친구들과 함께 놀이하는 즐거움을 느끼고 친구와 서로 도우며 배려하고 협력하며 더불어 살아가는 내용이다. |
| 친구와의 갈등을 ( ㉣ )(으)로 해결한다. | 유아가 친구와 갈등이 생겼을 때 자신의 감정과 생각을 제대로 표현하고, 배려, 양보, 타협 등을 통해 해결하는 내용이다. |
| 서로 다른 감정, ( ㉤ ), 행동을 존중한다. | 유아가 다른 사람들의 감정, 생각, 행동에 관심을 갖고 감정, 생각, 행동이 서로 다를 수 있음을 이해하고 존중하는 내용이다. |

# 3 영역별 목표 및 내용 해설

| 친구와 어른께 ( ㅂ ) 행동한다. | 유아가 친구와 어른께 배려, 존중, 공경하는 마음을 담아 예절을 실천하는 내용이다. |
|---|---|
| 약속과 규칙의 ( ㅅ )을/를 알고 지킨다. | 유아가 다른 사람과 더불어 살아가기 위해 필요한 약속과 규칙이 있음을 이해하는 내용이다. 상황에 따라 필요한 약속과 규칙을 의논하여 정하고 지키는 내용이다. |

- ㉠ : _____
- ㉡ : _____
- ㉢ : _____
- ㉣ : _____
- ㉤ : _____
- ㉥ : _____
- ㉦ : _____

**11** 교사는 가족 구성원의 가정 내 역할에 대해 알아보는 활동을 통해 가족 구성원의 역할에 대해 성고정관념을 갖지 않고 ( ① ) 의식을 가지도록 기회를 제공해야 한다. ①에 들어갈 말을 1가지 쓰고, ② 다음 ㉠~㉢에 해당하는 가족구조의 명칭을 순서대로 쓰시오. 그리고 ③ 다음 활동과 관련된 2019 개정 누리과정의 편성·운영 지침을 1가지 쓰시오.

> 가족은 부모-자녀로 이루어지는 것이 아니라 한부모 가족, 조손 가족, 입양 가족, 다문화 가족 등 다양한 가족이 있음을 알고 자기의 가족과 다른 가족에 대한 편견을 갖지 않도록 해야 한다. 이를 위해 다음과 같은 다양한 가족 구조를 소개한다.
> 
> ㉠ 어머니와 둘이서 살고 있는 친구는 어머니가 아버지 역할도 함께 하고 있다는 것에 대해 이야기하는 기회를 제공한다.
> ㉡ 할머니와 함께 살고 있는 친구인 경우에는 할머니가 어머니의 역할을 대신해 주고 있을 뿐 서로 사랑하고 격려하는 것은 다른 가족과 차이가 없다는 것을 이해하도록 하는 내용을 포함한다.
> ㉢ 어머니와 아버지의 국적이 다른 가정도 있다는 것도 이해하도록 한다.

- ① : _____
- ② : _____
- ③ : _____

**12** 또래와 상호작용을 잘하는 유아는 다음의 세 가지 측면에서 높은 사회적 기술을 지닌다. ㉠과 ㉡에 해당하는 기술을 쓰시오.

| ㉠ | 또래와의 상호작용을 쉽게 시작하고, 이미 형성된 놀이집단에도 어려움 없이 참여할 수 있다. |
|---|---|
| ㉡ | 또래의 말 경청하기, 뛰어난 의사소통 능력, 협동, 자신의 욕구 조절, 나누기 행동 등이 나타난다. |
| 또래 간 갈등해결기술 | 갈등을 효과적으로 해결하기 위해서 자기주장을 줄이고 또래의 의견을 수용하며, 놀잇감을 함께 나누어 가질 줄 안다. |

- ㉠ : _____
- ㉡ : _____

## 2019 개정 누리과정

**13** 다음 ㉠, ㉡과 관련 있는 인성요소를 각각 1가지씩 쓰시오.

> ㉠ 유아는 다른 사람과 다름에 대해 이해하고 인정하며 수용하는 것을 배우기도 하지만 편견이나 고정관념을 갖게 될 수도 있으므로 다른 사람의 의견에 대해서도 경청하는 경험을 갖도록 하여 민주 시민으로서의 역량과 자질을 키울 수 있도록 한다.
> ㉡ 유아가 다른 사람을 돕거나 보살필 때는 자신의 생각과 감정만이 아니라 상대방의 의견이나 감정, 그리고 상황을 고려해야 함을 알게 한다.

- ㉠ : _____
- ㉡ : _____

**14** 다음과 관련 있는 2019 개정 누리과정 사회관계 영역의 '내용'을 쓰시오.

> 이름이 불리거나 질문을 받았을 때 친절히 응대하고, 누군가를 만났을 때 인사를 하며, 상황에 맞게 고마움과 미안함을 표현하는 등 말과 행동의 중요성을 알고 예의 바른 언어와 행동을 실천하도록 한다.
>
> ○ 집으로 돌아갈 때 친구에게 "안녕. 내일 또 보자." 하고 바른 말을 사용하며 웃는 얼굴로 인사해 본다.
> ○ 선생님을 만나면 바른 자세로 고개 숙여 인사하고, 다른 사람이 이름을 부르면 "안녕하세요?" 하고 친절히 응대하며 예의 바르게 먼저 인사한다.

- 내용 : _____

**15** 2019 개정 누리과정 사회관계 영역의 내용 '약속과 규칙의 필요성을 알고 지킨다.'와 관련된 다음의 활동 중 가장 <u>부적절한</u> 것의 기호를 1가지 쓰고 그 이유를 쓰시오.

> ㉠ 약속과 규칙에 관련된 책을 보며 약속과 규칙을 지켜야 하는 필요성에 대해 알아본다.
> ㉡ 우리가 지켜야 할 약속을 만들며 약속과 규칙을 잘 지키면 어떤 점이 좋은지에 대해 이야기를 나누어 본다.
> ㉢ 교사가 정해 영역별로 붙여 놓은 자유놀이시간의 규칙을 지키면서 논다.
> ㉣ 장소 및 상황에 맞는 공공규칙을 알아보고 놀이터에서 차례 지키기 등의 체험활동을 해 본다.

- 기호 : _____
- 이유 : _____

**16** 다음 ㉠~㉣에 해당하는 말을 쓰시오.

| 내용 범주 | 사회에 관심 가지기 |
|---|---|
| 목표 | 우리가 사는 사회와 ( ㉠ )에 관심을 가진다. |
| 내용 | 내용 이해 |
| 내가 ( ㉡ )에 대해 궁금한 것을 알아본다. | 유아가 자주 접하는 가까운 주변 지역과 이웃에 대해 관심을 가지고, 궁금한 것을 알아보며, 지역 구성원으로서 유대감과 소속감을 느끼는 내용이다. |

## 3 영역별 목표 및 내용 해설

| 우리나라에 대해 ( ⓒ )을/를 가진다. | 유아가 우리나라의 전통에 친숙해지고, 우리나라의 상징, 언어, 문화 등을 경험하면서, 우리나라에 대해 자랑스러운 마음을 가지는 내용이다. |
|---|---|
| 다양한 문화에 관심을 가진다. | 유아가 다른 나라의 다양한 문화와 생활양식에 대해 관심을 가지고, 문화의 ( ② )을/를 이해하며 존중하는 내용이다. |

- ㉠ : _____
- ㉡ : _____
- ㉢ : _____
- ㉣ : _____

**17** 다음 중 2019 개정 누리과정 사회관계 영역의 내용 '내가 살고 있는 곳에 대해 궁금한 것을 알아본다.'에 근거하여 <u>부적절한</u> 내용을 1가지 찾아 기호를 쓰시오.

㉠ 우리 동네 이름 알기
㉡ 동네에 있는 가게, 길에서 본 사람들에게 관심 갖기
㉢ 우리 지역의 자연적 특성에 대해 알아보기
㉣ 공공기관이나 생활 관련 공간의 다양한 서비스에 대해 알아보기
㉤ 우리 동네의 지금의 모습이 있기까지의 이야기, 최근 우리 동네에 생긴 변화, 앞으로 더욱 발전할 우리 동네의 모습을 상상해 보기
㉥ 맷돌의 생김새와 기능에 대해 알아보기

- 기호 : _____

**18** 다음 중 2019 개정 누리과정 사회관계 영역의 내용 '우리나라에 대해 자부심을 가진다.'에 근거하여 <u>부적절한</u> 내용을 1가지 찾아 기호를 쓰시오.

㉠ 우리나라를 대표하는 국기, 꽃, 노래, 한글, 옷차림, 문양 등 다양한 상징에 관심을 가지고 알아보기
㉡ 우리나라의 역사적 사실과 예절 등에 대해 알아보기
㉢ 우리나라의 전통놀이와 옛이야기, 춤과 노래, 그림 등과 같은 전통문화, 생활풍습 등에 친숙함 갖기
㉣ 다른 나라와 비교하여 우월한 우리나라의 문화나 전통에 대해 알아보기
㉤ 남북통일에 관심 갖기

- 기호 : _____

**19** 다음의 활동과 관련 있는 2019 개정 누리과정 사회관계 영역의 '내용'을 쓰시오.

○ 세계 여러 나라 사람들의 생김새, 언어, 옷, 음식, 노래와 춤, 풍습, 민속 공예품 등을 실물이나 동영상자료, 사진자료 등을 통해 찾아보고 직접 경험해 본다.
○ 여러 나라의 다양한 소식 중에서 어려움에 처한 사람들을 위해 우리가 할 수 있는 일들을 생각해 보고 우리가 도울 수 있는 방법을 선택하여 실천해 보는 경험을 한다.
○ 유아가 세계 여러 나라의 다양한 생김새, 의식주 생활, 풍습에 대해 관심을 갖고 그들의 문화에 대해 알아보면서 차이를 인정할 뿐 아니라 존중하는 마음을 갖는다.

- 내용 : _____

# Ⅳ. 예술경험

**01** 다음은 2015 개정 누리과정과 2019 개정 누리과정의 예술경험 영역의 비교표이다. ㉠~㉢에 해당하는 '내용 범주'를 쓰시오.

| 2015 개정 누리과정 | 2019 개정 누리과정 |
|---|---|
| 내용 범주 | 내용 범주 |
| 아름다움 찾아보기 | ( ㉠ ) |
| 예술적 표현하기 | ( ㉡ ) |
| 예술 감상하기 | ( ㉢ ) |

- ㉠ : _____
- ㉡ : _____
- ㉢ : _____

**02** 다음은 2019 개정 누리과정 예술경험 영역의 '개정의 중점' 내용이다. ㉠~㉢의 ( )에 해당하는 말을 쓰시오.

㉠ 유아가 자연과 생활, 예술에서 아름다움을 느끼고 즐기는 경험을 반영하여 '( )'을/를 새롭게 편성하였다.
㉡ '창의적으로 표현하기'에서는 유아가 자신의 느낌과 생각을 ( ) 등을 통해 자유롭게 표현하는 과정을 즐기는 내용으로 구성하였다.
㉢ '예술 감상하기'에서는 유아가 다양한 예술을 통해 ( )하기를 즐기고, 우리나라 고유의 전통 예술에 친숙해지는 경험을 강조하였다.

- ㉠ 내용 범주 : _____
- ㉡ 4가지 예술 영역 : _____
- ㉢ : _____

**03** 다음 ㉠~㉥에 해당하는 말을 쓰시오.

| 내용 범주 | 아름다움 찾아보기 |
|---|---|
| 목표 | 자연과 ( ㉠ )에서 아름다움을 느낀다. |
| 내용 | 내용 이해 |
| ( ㉡ )에서 아름다움을 느끼고 즐긴다. | 유아가 자신의 주변에서 만나는 자연, ( ㉢ ), ( ㉣ ) 등의 아름다움을 풍부하게 느끼며 즐기는 내용이다. |
| 예술적 요소에 관심을 갖고 찾아본다. | 유아가 주변의 자연과 생활에서 다양한 소리나 ( ㉤ ) 등의 음악적 요소, ( ㉥ ) 등과 같은 미술적 요소를 발견하고, 사물이나 동식물의 움직임에서 아름다움을 경험하는 내용이다. |

- ㉠ : _____
- ㉡ : _____
- ㉢ : _____
- ㉣ : _____
- ㉤ : _____
- ㉥ : _____

**04** 다음의 활동과 관련 있는 2019 개정 누리과정 예술경험 영역의 '내용'을 쓰시오.

벚꽃이 만개한 봄날, 김 교사는 바깥놀이에 나가 벚꽃비 맞기 놀이를 제안했다. 바람을 타고 눈처럼 휘날리는 벚꽃을 보며 유아들은 하늘을 향해 고개를 들고 두 팔을 벌리며 흩날리는 벚꽃 잎을 맞기도 하고, 바람결에 날아가는 벚꽃 잎을 쫓아다니기도 한다. 그리고 땅에 떨어진 벚꽃 잎을 조심스럽게 다루며 한 잎 한 잎 줍기도 한다.

- 내용 : _____

# 3 영역별 목표 및 내용 해설

**05** 다음의 활동과 관련 있는 2019 개정 누리과정 예술경험 영역의 '내용'을 쓰시오.

> ○ 빗소리 혹은 쇼팽의 빗방울 전주곡 등을 들어 보고 그 경험을 이야기해 보며 빠르기, 셈여림에 관심을 갖는 활동을 한다.
> ○ 다양한 움직임의 모양 차이를 느끼고 탐색해 본다. 예를 들어 군인들이 열을 맞추어 행진하는 직선의 움직임, 날아다니는 나비 날개의 대칭 모양 등 다양한 움직임을 따라해 보고 그 차이를 느껴 본다.
> ○ 찰흙 또는 유토를 만지며 그 질감을 이야기해 보고, 이것으로 만들 수 있는 모양에 대해 이야기하고, 동그랗게 굴리거나 혹은 다양한 모양을 만드는 활동을 해 본다.

• 내용 : _____

**06** 다음 교사의 발문을 통해 유아가 탐색할 수 있는 음악적 요소를 쓰시오.

> 교사 : (아프리카 음악을 들려주고) 계속 반복되는 부분의 소리를 들을 수 있었니? (반복되는 소리를) 찾았다면 어땠는지 한번 손으로 쳐서 흉내 내 볼까? 못 찾았다면 다시 듣고 찾아볼까?

• 음악적 요소 : _____

**07** 다음 표를 보고 물음에 답하시오.

| 미술적 요소 | 색, 모양(형태), 질감, 명암, 공간감 등 |
|---|---|
| 미술의 원리 | ( ㉠ ), ( ㉡ ), ( ㉢ ), ( ㉣ ) 등 |

1) 다음 교사의 발문에서 알 수 있는 '미술적 요소'를 쓰시오. (중복 가능)

> ⓐ 다양한 꽃과 과일의 그림과 우리나라 색동저고리에서 눈에 띄는 공통점은 무엇일까?
> ⓑ 단풍 나뭇잎은 손 같고, 은행 나뭇잎은 부채 같이 생겼네.
> ⓒ 이 돌멩이를 만져 보렴. 느낌이 어떠니?
> ⓓ 사람하고 집하고 나무가 그려진 이 그림 속에서 어느 것이 제일 멀리 있는 것 같니?
> ⓔ 이 우물 옆과 위에는 무엇이 있니?

• ⓐ : _____
• ⓑ : _____
• ⓒ : _____
• ⓓ : _____
• ⓔ : _____

2) ㉠~㉣에 들어갈 미술의 원리를 각각 1가지씩 쓰시오.
• ㉠ : _____
• ㉡ : _____
• ㉢ : _____
• ㉣ : _____

**08** 그림의 화지에서 '그려진 대상 이외의 비어 있는 부분'을 무엇이라고 하는지 쓰시오.

• : _____

**09** ㉠~㊀에서 알 수 있는 움직임의 하위 요소 중 '모양의 요소'를 보기 에서 골라 각각 쓰시오. (중복 불가)

| ㉠ | 새끼줄의 모양 |
|---|---|
| ㉡ | 한옥의 처마 끝 |
| ㉢ | 군인의 행진 |
| ㉣ | 모빌 |
| ㉤ | 나비의 날갯짓, 숫자 8, ♡ |

보기

직선, 곡선, 꼬임, 대칭, 비대칭, 균형

- ㉠ : _____
- ㉡ : _____
- ㉢ : _____
- ㉣ : _____
- ㉤ : _____

**10** 송 교사는 유아가 움직임과 춤으로 흐름을 표현할 때 음악을 제시하여 그 흐름의 요소를 더 자연스럽게 표현해 보도록 하였다. 송 교사의 이와 같은 교수 행동은 브레드캠프와 로즈그란트(Bredekamp & Rosegrant)의 '인정하기, 모델보이기, 촉진하기, 지원(조성)하기, 지지(비계설정)하기, 공동(함께)구성하기, 시범보이기, 지시하기' 중 무엇에 해당되는 1가지를 쓰시오.

- : _____

**11** 다음 ㉠~㊀에 해당하는 말을 쓰시오.

| 내용 범주 | 창의적으로 표현하기 |
|---|---|
| 목표 | 예술을 통해 ( ㉠ )(으)로 표현하는 과정을 즐긴다. |
| 내용 | 내용 이해 |
| 노래를 즐겨 부른다. | 유아가 흥얼거리거나 친구들과 함께 ( ㉡ ) 등을 느끼고 ( ㉢ )을/를 바꾸어 불러 보며 노래 부르기를 즐기는 내용이다. |
| 신체, 사물, 악기로 간단한 소리와 리듬을 만들어 본다. | 유아가 자신의 신체, 주변의 ( ㉣ ), ( ㉤ ) 등을 사용하여 소리와 리듬을 창의적으로 만들어 보는 내용이다. |
| ( ㉥ )을/를 활용하여 움직임과 춤으로 자유롭게 표현한다. | 유아가 자연과 생활에서 발견한 다양한 움직임을 자유롭게 표현하고 나아가 자신의 생각과 느낌을 자신의 신체나 다양한 도구를 활용하여 움직임과 춤으로 표현하는 내용이다. |
| 다양한 ( ㉦ )(으)로 자신의 생각과 느낌을 표현한다. | 유아가 자연과 생활에서 발견한 다양한 재료와 도구를 활용하여 여러 가지 방법으로 표현하는 내용이다. 자신의 경험, 느낌, 생각 등을 창의적으로 표현하는 과정을 즐기는 내용이다. |
| 극놀이로 ( ㉧ )을/를 표현한다. | 유아가 자신의 경험, 다양한 상황, 이야기를 자유롭게 상상하며 극놀이로 표현하는 과정을 즐기는 내용이다. |

- ㉠ : _____
- ㉡ : _____
- ㉢ : _____
- ㉣ : _____
- ㉤ : _____
- ㉥ : _____
- ㉦ : _____
- ㉧ : _____

## 3 영역별 목표 및 내용 해설

**12** 다음의 활동과 관련 있는 2019 개정 누리과정 예술경험 영역의 '내용'을 쓰시오.

> ○ 여러 종류의 노래를 다양한 방법(예 문답식으로 부르기, 다양한 목소리로 부르기, 좋아하는 리듬을 삽입하여 부르기 등)으로 부르며 자신의 생각과 느낌을 표현해 본다.
> ○ 노랫말에 나타난 감정을 느껴 보고 노래와 어울리는 움직임을 표현하며 곡의 분위기를 느낀 후, 셈여림, 빠르기, 높낮이, 박자 등의 음악적 요소에 변화를 주어 생각과 느낌을 표현해 본다.
> ○ 반복되는 리듬이나 간단한 노랫말로 이루어진 '두꺼비' 전래동요를 놀이와 함께 즐겨 부른다.

- 내용 : _____

**13** 다음의 활동과 관련 있는 2019 개정 누리과정 예술경험 영역의 '내용'을 쓰시오.

> ○ 간단한 리듬악기를 이용하여 시계소리를 만들어 소리를 탐색한다.
> ○ 다양한 악기(예 리듬악기, 폐품으로 만든 악기 등)의 소리 내는 방법을 탐색해 보고 친숙한 노래에 맞춰 즐겁게 연주해 보거나 음악적 요소(예 속도, 리듬, 강약 등)에 변화를 주며 즐겁게 연주해 본다.
> ○ 유아가 등원하면서 간단한 노래 형식으로 인사하기, 다양한 선이나 색의 대비가 뚜렷한 그림을 보고 멜로디로 표현하기, 동물의 움직임이 나타나는 영상자료를 보며 움직임에 따라 리듬 만들기 등의 활동을 한다.

- 내용 : _____

**14** 전래동요가 유아에게 적합한 이유를 1가지 쓰시오.

- : _____

**15** 다음 ㉠~㉤에 해당하는 국악기를 쓰시오.

| | |
|---|---|
| ㉠ | 모래시계 모양의 허리가 가늘고 잘록한 통의 양쪽에 가죽을 붙인 타악기이다. |
| ㉡ | 나무로 짠 통에 가죽을 씌우고 채로 두드려 연주하는 타악기이다. 크기를 비롯하여 다양한 종류가 있다. |
| ㉢ | 국악기 중 타악기에 속하며, 대개 손잡이가 달린 지름 20cm 정도의 작은 북을 말한다. |
| ㉣ | 국악기 중 타악기에 속하며, 방짜 놋쇠로 만든 둥근 쟁반 모양의 악기로 왼손에 들거나 틀에 매달아 놓고 둥근 채로 친다. 악기 연주 시 소리의 여운이 길고 울림이 깊다. |
| ㉤ | 국악기 중 타악기에 속하며, 징보다 작은 크기로 놋쇠로 만들었고, 악기 연주 시 소리가 높고 날카롭다. 농악이나 무속 음악 등에서 변화무쌍한 장단의 전개를 주도한다. |

- ㉠ : _____
- ㉡ : _____
- ㉢ : _____
- ㉣ : _____
- ㉤ : _____

## 2019 개정 누리과정

**16** 다음 ㉠~㉢을 리듬악기 지도 순서에 맞게 나열하시오.

| | |
|---|---|
| ㉠ | 친숙한 노래에 맞추어 박자 치기, 짧은 리듬 패턴을 듣고 따라 치기, 사물의 특징에 따라서 리듬 등에 변화를 주어 소리 만들기 등 다양한 방법으로 리듬악기를 연주할 수 있는 기회를 제공한다. |
| ㉡ | 리듬 감각을 기르고 리듬악기를 연주하는 능력을 발달시키기 위해서 신체 일부분을 사용하여 여러 가지 소리를 만들고 리듬을 경험하도록 한다. "우리 몸의 어떤 부분으로 시계소리를 만들 수 있을까?" |
| ㉢ | 보다 다양한 종류의 리듬악기, 폐품으로 만든 악기, 주변의 사물 등을 활용하여 소리를 탐색하고 구별하며, 리듬을 만들거나 연주하도록 한다. |

• : _____

**17** 다음 ㉠~㉢의 활동과, ㉣의 활동에 관련 있는 2019 개정 누리과정 예술경험 영역의 '내용'을 각각 1가지씩 쓰시오.

㉠ 놀이 중에 자연스럽게 말놀이를 하거나 즉흥적으로 흥얼거리므로 이를 충분히 즐길 수 있도록 한다.
㉡ 이미 잘 알려진 친숙한 곡에 간단한 멜로디와 노랫말을 만들어 보는 경험을 제공한다. "'한 마리, 두 마리' 부분에 친구들 이름을 넣어서 불러 보자."
㉢ 음악 활동시간뿐만 아니라 동화, 동시, 극놀이, 움직임 활동 등의 다양한 활동에서 느낌에 따라 즉흥적으로 배경음악을 만들어 보는 경험을 제공한다. "동시에서 비가 내리는 부분을 노래로 표현해 보자."
㉣ "우리 몸에서 소리를 낼 수 있는 부분을 찾아보고 소리를 내 보자."

• ㉠~㉢ : _____
• ㉣ : _____

**18** 다음의 활동과 관련 있는 2019 개정 누리과정 예술경험 영역의 '내용'을 쓰시오.

○ 오징어의 모습과 움직임을 탐색해 보고 신체부분이나 몸 전체를 이용하여 움직여 보거나, 혼자 또는 짝과 함께 자유롭게 표현해 본다.
○ 낙엽의 모양과 움직임을 탐색하고 느낌에 따라 자유롭게 움직임과 춤으로 표현해 본다.
○ 스카프를 이용하여 유아 스스로 속도, 흐름, 형태 등에 자연스럽게 변화를 주며 비행기의 움직임을 창의적으로 표현해 본다.

• 내용 : _____

**19** 다음은 움직임 공간과 관련된 설명이다. ㉠과 ㉡에 들어갈 말을 쓰시오.

유아가 마음껏 움직이도록 하기 위해서는 충분한 공간이 확보되어야 하며 유아로 하여금 자신만 사용하는 ( ㉠ )와/과 함께 사용하는 ( ㉡ )에 대한 개념을 확실히 이해하도록 한다. 또한 교사의 시야에 들어오는 공간 내에서 움직이는 것을 분명히 이야기해 주고 유아가 사용할 공간의 범위를 알 수 있도록 바닥에 마스킹테이프나 매트를 깔아 주어 경계를 표시한다.
㉠ "제자리에서 두 팔을 벌리고 옆 사람과 닿지 않게 움직여 보자."
㉡ "음악에 맞춰 다른 사람과 부딪치지 않고 교실 안을 걸어 다녀 보자."

• ㉠ : _____
• ㉡ : _____

## 3 영역별 목표 및 내용 해설

**20** 다음 ㉠~㉢의 탐색자료에 해당하는 브루너(Bruner)의 표상단계를 각각 쓰시오.

| | 유아가 표현할 대상에 대해 충분히 탐색하고 창의적인 표현을 돕기 위해서는 다음의 자료를 적극 활용한다. |
|---|---|

| ㉠ | 사진·영상자료·명화 활용하기 등 |
|---|---|
| ㉡ | 동화·동시 읽기 등 |
| ㉢ | 음악연주·악기·주변소리 듣기 등 |
| ㉣ | 개구리·나뭇잎·거북이 탐색하기 등 |

- ㉠ : _____
- ㉡ : _____
- ㉢ : _____
- ㉣ : _____

**21** 다음은 길리옴(Gilliom)이 제시한 기본동작주제들이다. 대조법을 이용하여 교사가 동작어휘를 말할 때 사용할 수 있는 표현을 빈칸에 쓰시오.

| | | |
|---|---|---|
| 공간 | 공간 | 자기공간–(　　　) |
| | 방향 | 앞으로–(　　　)<br>위로–(　　　) |
| | 높이(수준) | 높게–보통으로–(　　　) |
| | 범위 | 크게–보통으로–(　　　) |
| | 바닥 모양 | 똑바로–(　　　)<br>–지그재그로 |

| | | |
|---|---|---|
| 신체인식 | 몸과 몸의 관계 | 가까이–(　　　) |
| | 몸과 사물의 관계 | 벽–바닥–상자/위–아래–너머/멀리–가까이 |
| | 사람과 사람의 관계 | 만나기–(　　　) |
| 힘·무게 | 세기 | 세게–보통으로–(　　　) |
| | 힘의 질 | 갑자기 딱딱하게–(　　　)–계속적으로 |
| | 무게 | 무겁게–(　　　) |
| 시간·흐름 | 빠르기 | 느리게–보통으로–(　　　) |
| | 리듬 | 박자에 맞추기/리듬 패턴 알기 |
| | 흐름 | 유연하게–(　　　) |

**22** 다음의 활동과 관련 있는 2019 개정 누리과정 예술경험 영역의 '내용'을 쓰시오.

| |
|---|
| ○ 단추, 털실, 고무줄, 파스타 등의 다양한 재료를 탐색하고 '나의 얼굴'을 자유롭게 꾸며 본다.<br>○ 물감과 다양한 도구의 특징을 탐색하고 스펀지에 물감을 묻혀 찍거나 롤러로 미는 방법으로 행성의 표면을 표현해 본다.<br>○ 찢기, 오리기, 붙이기, 모자이크, 판화 등의 새로운 표현 방식의 변화를 경험할 수 있도록 한다.<br>○ 찰흙, 점토, 철사, 구슬, 돌, 실, 단추 등의 다양한 입체적 재료를 사용한 입체 미술활동과 직조 짜기, 염색하기, 자연물 공예, 빨대, 철사 등을 활용한 선 공예, 골판지 공예 등 다양한 방법과 재료를 활용한 만들기와 꾸미기를 경험하도록 한다. |

- 내용 : _____

**2019 개정 누리과정**

23  다음은 만 4세반 학기 초의 미술활동 내용이다. ㉠~㉢의 활동이 <u>부적절한</u> 이유를 각각 쓰시오.

> ㉠ 7~8명의 유아가 하나의 모둠을 만든다.
> ㉡ 모둠별로 큰 전지와 여러 가지 재료를 사용하여 각자 역할을 맡아 유치원 바깥놀이터를 만든다.
> ㉢ 모둠별로 완성한 바깥놀이터를 모두 모여 감상하면서 제일 잘 된 바깥놀이터를 선정하고 게시한다.

- ㉠ : _____
- ㉡ : _____
- ㉢ : _____

24  다음 5세의 활동 중 4세 유아에 비해 5세 유아의 발달 특성에 맞는 활동의 키워드를 3가지 찾아 밑줄을 그으시오.

| | |
|---|---|
| 4세 | ○ 다양한 재료를 활용하여 자신이 살고 있는 동네의 건물을 그린 후 '우리 동네 지도'를 협동적으로 꾸며 본다.<br>○ 교사는 "우리 동네 이름을 표현하는데 빨간색으로 하자는 의견과 노란색으로 하자는 의견이 나왔구나. 어떻게 결정하면 좋을까?" 등의 발문을 할 수 있다. |
| 5세 | ○ 이야기 나누기를 통해 '동물 놀이터 꾸미기'를 계획하고 필요한 역할을 분담하여 협동적으로 작품을 완성해 보는 경험을 즐긴다.<br>○ 교사는 "커다란 티라노사우루스 공룡의 팔과 다리, 목, 꼬리, 몸통을 만들어야 하는데, 누구와 어느 부분을 만들고 싶니?" 등의 발문을 할 수 있다. |

25  붓, 가위, 롤러, 스테이플러, 펀치, 점토놀이 도구 등의 미술활동에 필요한 도구를 제시할 때의 지도 시 유의점을 쓰시오.

- : _____

26  미술활동에 어려움을 보이거나 꺼리는 유아에 대한 지도 방법을 1가지 쓰시오.

- : _____

27  유아의 미술작품을 소중하게 다루고 유아의 생각을 존중하기 위해 할 수 있는 것을 각각 1가지씩 쓰시오.

- ① 미술작품을 소중히 다루어 주기 : _____
- ② 유아의 생각을 존중해 주기 : _____

# 3 영역별 목표 및 내용 해설

**28** 다음의 활동과 관련 있는 2019 개정 누리과정 예술경험 영역의 '내용'을 쓰시오.

| |
|---|
| ○ 음식 모형, 요리 도구 등의 소품을 이용하여 '음식 차리기, 손님 초대하기' 등의 극놀이를 한다.<br>○ 동화 '커다란 수박'을 듣고 등장인물의 행동과 대사를 회상하여 자유롭게 극놀이를 한다.<br>○ 서점 현장체험 후 경험에 근거하여 서점에 필요한 역할과 상황을 설정하고 '서점' 극놀이를 한다.<br>○ 결혼식 놀이에 필요한 역할(예 신랑, 신부, 직원, 사진사, 플로리스트, 미용사, 요리사, 사회자, 주례, 음악가)을 정하고 소품(예 카메라, 장식꽃, 음식), 의상(예 넥타이, 드레스)을 만든 후 배경(예 단상, 웨딩로드, 객석 등)을 카펫, 의자 등으로 배치하여 공간을 꾸미는 등 협동적으로 준비하여 극놀이를 한다. |

• 내용 : _____

**29** 다음은 '커다란 무' 동극을 위한 교사의 발문이다. 이와 관련하여 극놀이로 하기 좋은 동화의 특징 중 다음의 ①~④ 항목에 대해 서술하시오.

| |
|---|
| "'커다란 무' 동화에 누가 등장하였니?"<br>"할아버지가 무를 뽑으러 갔는데 어떤 일이 벌어졌니?" |

| ① 동화의 길이 | |
|---|---|
| ② 대화의 반복 | |
| ③ 신체 표현 | |
| ④ 등장인물의 수 | |

**30** 다음 ㉠~㉢의 극놀이 소재를 각각 쓰시오.

| | |
|---|---|
| ㉠ | ○ 생일 축하 놀이, 인형에게 우유 먹이기, 베개와 전화기 등의 사물을 사용하여 극놀이 하기, 교사와 함께 나들이 놀이하기 등<br>○ "전화기가 따르릉 울리고 있구나. 누구인지 통화해 보겠니?"<br>○ "선생님은 엄마 역할을 할게. 맛있는 도시락을 함께 만들어서 동물원으로 소풍을 가 보자."<br>○ "○○가 울고 있네, 배가 고픈가 보다. 우유를 먹여 볼까?"<br>○ "은행 놀이를 할 때 어떤 역할이 필요하니?" |
| ㉡ | ○ "'커다란 무' 동화에 누가 등장하였니?"<br>○ "'아기돼지 삼형제'에는 어떤 집이 있었니?" |
| ㉢ | ○ (현장체험 후) "119구급대는 무엇을 하는 곳이었니?"<br>○ (독립기념관에 다녀와서) "유관순이 만세를 부를 때 어떤 표정과 몸짓을 했을까?" |

• ㉠ : _____
• ㉡ : _____
• ㉢ : _____

**31** 극놀이 지도 시 다음의 각 항목 당 '지도상 유의점'을 설명하시오.

| 놀이 개입 시 | |
|---|---|
| 극놀이 시간 | |
| 역할 배정 | |

## 2019 개정 누리과정

**32** 음악 교육을 기준으로 하여 통합적 음악 교육 영역은 다음 4가지 접근 방법으로 나누어진다. 다음 ㉠과 ㉡에 해당되는 접근방법을 찾아 쓰시오.

| 음악 영역에서의 통합<br>(한 가지 예술 영역 내에서의 통합) | 소리 탐색 및 듣기, 음악 감상하기, 노래 부르기, 악기 연주하기, 신체 표현하기, 음악 만들기 등의 모든 활동은 각각 개별적 활동으로 분리되어 제시되는 것이 아니라 통합적으로 묶여져 동시에 한 활동이 제시되는 것이 바람직하다. |
|---|---|
| 예술 영역에서의 통합<br>(두 가지 이상의 예술 영역 간의 통합) | 음악, 동작, 조형 등을 들 수 있다. 음악을 듣고 표현할 때 가장 쉽게 유아들이 접근할 수 있는 것이 몸의 움직임이며 동작의 요소를 소개하기 위해 필수적인 것이 음악이다. |
| 감상과 표현활동의 통합 | "그림에서 움직임이 나타나는 부분을 찾아보자."<br>"사람들이 어떻게 움직이는 것 같니?"<br>"음악에 맞춰 그림 속 광대처럼 춤을 춰 보자." |
| 음악과 다른 영역과의 통합 | 음악은 움직임, 조형, 극화, 쓰기, 말하기뿐만 아니라 다른 영역과도 통합적으로 이루어질 수 있다.<br>주제 전개 시 다양한 예술 활동들이 음률 영역, 미술 영역, 역할놀이 영역, 쌓기놀이 영역 등의 여러 흥미 영역과 다양한 형태의 대소집단 활동, 개별 활동으로 통합되어 전개될 수 있도록 한다. |

㉠ 유아들이 부르는 자장가, 할머니가 부르는 자장가, 다른 나라의 자장가 등을 비교하여 듣고 차이를 느끼며, 자장가 리듬에 따라 인형을 안고 재우는 신체활동을 통해 느린 리듬을 느끼고, 박동을 경험하며 손으로 리듬을 칠 수 있도록 하는 것이 활동 목표가 될 수 있다.

㉡ 다양한 주제에 따라 동물, 식물, 감각기관, 색깔, 음식, 낮과 밤에 관련된 과학과 수학의 개념은 음악을 주제로 널리 사용되고 이 주제들은 유아의 노래에서도 쉽게 볼 수 있다. 이 외에도 크다–작다, 위–아래, 많다–적다, 뚱뚱하다–홀쭉하다, 좁다–넓다, 동그라미–네모–세모 등도 실험이나 관찰을 통해 비교하고 이해하며 사고를 확장시키고, 노래하고 움직임을 통해 표현하며 그림으로 나타낸다. 또한 사회나 역사와 관련된 명절이나 행사를 기다리며 함께 노래 부르고 춤을 추며 관련 내용의 동화를 듣기도 한다.

- ㉠ : _____
- ㉡ : _____

**33** 다음 ①, ②와 관련된 통합적 예술 활동의 교육적 가치를 각각 1가지씩 쓰시오.

- ① 감상과 표현 : _____
- ② 다중지능이론적 관점 : _____

**34** 다음 ㉠~㉣에 해당하는 말을 쓰시오.

| 내용 범주 | 예술 감상하기 |
|---|---|
| 목표 | 다양한 ( ㉠ )을/를 존중한다. |
| 내용 | 내용 이해 |
| 다양한 예술을 감상하며 ( ㉡ )을/를 즐긴다. | 유아가 자신과 또래의 작품이나 음악, 춤, 미술작품, 극 등 다양한 예술을 감상하고 자유롭게 상상하기를 즐기는 내용이다. |

# 3. 영역별 목표 및 내용 해설

| ( ㉢ ) 예술 표현을 존중한다. | 유아가 자신과 또래의 작품, 음악, 춤, 미술작품, 극 등에 포함된 다양한 표현을 존중하는 내용이다. |
|---|---|
| 우리나라 ( ㉣ )에 관심을 갖고 친숙해진다. | 유아가 우리나라 고유의 전통 음악, 춤, 미술, 건축물, 극 등에 관심을 가지고 전통 예술을 감상하며 우리나라 문화에 친숙해지는 내용이다. |

- ㉠ : _____
- ㉡ : _____
- ㉢ : _____
- ㉣ : _____

## 35
다음은 '감상활동'의 의의이다. ㉠에는 감상과 관련이 깊은 창의성의 요소를, ㉡에는 인성의 요소를 각각 쓰시오.

음악, 춤, 미술, 작품, 극놀이 등을 다양하게 감상하는 경험은 감성, 미적 감각, 표현력 향상에 결정적 역할을 할 뿐만 아니라 유아가 일생에 걸쳐 접하게 될 예술에 대한 이해와 ( ㉠ ) 발달에도 긍정적인 영향을 준다. 감상을 통해 유아는 아름다움을 느끼고 즐기는 과정에서 자신의 느낌과 생각을 다른 사람과 나눌 수 있을 뿐 아니라 서로의 표현방법을 ( ㉡ )하고 더 나아가 다른 문화를 ( ㉡ )하고 이해하며 공유하는 태도를 갖게 된다. 이러한 경험들이 누적되었을 때 유아는 궁극적으로 다양성을 인정하게 되고 풍부한 감성과 심미적 태도를 기를 수 있다.

- ㉠ : _____
- ㉡ : _____

## 36
다음의 활동과 관련 있는 2019 개정 누리과정 예술경험 영역의 '내용'을 쓰시오.

○ 자유선택활동 시간이나 전이활동 시간과 같이 일과 중에 다양하고 친근한 음악들을 주기적으로 들려준다.
○ 미술관을 현장체험 하여 미술작품 속에 보이는 선, 색, 형태, 분위기 등의 아름다움을 찾아보고 느낌에 대해 이야기 나눈다.
○ 세계 여러 나라의 춤을 감상하며 모양, 빠르기, 흐름 등의 움직임과 춤 요소를 탐색해 보고 재미있는 동작, 배경음악, 춤에서 표현하려고 한 것, 연상되는 것 등에 대해 생각과 느낌을 나눈다.

- 내용 : _____

## 37
예술 작품을 직접 가서 보고, 느끼는 경험을 할 수 없을 경우에는 <u>파워포인트나 책자, 동영상, 오디오 등</u> 작품의 특성을 잘 살리고 질 높은 감상이 가능한 매체를 선택해야 한다. 다음 ㉠~㉢의 교사의 발문을 보고, 가장 적합한 감상 매체를 위의 밑줄 그은 매체 중에서 골라 1가지씩 쓰시오. (중복 가능)

| ㉠ | (쇼팽의 '빗방울 전주곡'을 감상한 후) "지금 들은 음악은 어떤 느낌이 들었니? 색깔로 표현하면 어떤 색일까? 무슨 악기로 연주한 것 같니?" |
|---|---|
| ㉡ | (빈센트 반 고흐의 '아를의 반 고흐의 방'을 감상한 후) "그림에서 어떤 것이 보이니? 가장 많이 보이는 모양, 색은 무엇이니? 그림 중에서 어느 부분이 가장 마음에 드니? 이런 방에서 잠을 잔다면 어떤 느낌일까?" |
| ㉢ | ('백조의 호수' 발레공연 영상을 감상한 후) "내가 백조라면 어떻게 춤을 추었을까? 음악에 맞춰 몸을 움직여 보자." |

## 2019 개정 누리과정

| ㉣ | ('아기 돼지 삼형제' 인형극을 감상한 후) "늑대가 짚으로 지은 집에 갔을 때 돼지들은 어떤 기분이 들었을까?" |

- ㉠ : _____
- ㉡ : _____
- ㉢ : _____
- ㉣ : _____

**38** 다음 김홍도의 작품 '씨름'을 감상할 때 교사 발문 중 '움직임과 춤'과의 통합적 활동을 격려하는 발문을 찾아 쓰시오.

"옛날 우리나라에서는 농사를 잘 짓기 위한 힘을 기르기 위해 단옷날에 씨름대회를 열었단다. 이 그림은 김홍도라는 옛날 화가가 씨름하는 모습을 그린 것이란다."

"그림 속에 누가 있니? 어떤 색과 모양의 옷을 입고 있니? 지금 우리가 입고 있는 옷하고는 어떻게 다르니?"

"씨름을 하고 있는 아저씨들은 어떻게 하고 있니? 누가 이길 것 같으니? 우리도 씨름하는 아저씨처럼 몸을 움직여 보자."

"그림 속에서 어린 아이도 찾아보자. 얼굴 표정이 어떠니? 왜 그런 표정을 지었을까? 우리 모두 이 아이의 얼굴 표정처럼 해 볼까?"

- : _____

**39** 다음은 유아의 예술 작품 감상 방법이다. 자연탐구 영역과의 통합적 활동이 될 수 있는 것의 기호를 1가지 쓰시오.

㉠ 다양한 예술 작품을 보고 느낀 점에 대해 토의하기
㉡ 미술관이나 전시회를 관람하기
㉢ 지역사회 내 예술가 초대하기
㉣ 명화 퍼즐을 통해 모양의 특징을 알고 합하여 보기
㉤ 예술적 요소에 따라 작품의 특징을 찾아보고 반응하기
㉥ 실제 작품 관람과 전시를 통해 작품에 대한 소중함 느끼기
㉦ 자신과 또래의 예술 작품 발표회와 전시회 하기
㉧ 그림 동화책에서 미술적 특성을 찾아보기

- 기호 : _____

**40** 다음의 활동과 관련 있는 2019 개정 누리과정 예술경험 영역의 '내용'을 쓰시오.

○ 자신과 또래의 미술작품을 보고 느끼면서 작품에 대해 궁금한 점이나 표현방법의 독특한 점을 찾아보며 소중히 여기는 마음을 느껴 본다.
○ 명화 마티스의 '춤'을 감상하며 그림 속에 보이는(색깔, 형태, 인물, 움직임, 상상한 것 등에 대해) 이야기를 나누고 친구들과 함께 협동하여 움직여 본다.
○ '비보이 춤'을 감상하고 춤에 대해 이야기 나눈 후, 직접 춤을 추어 보고 '비보이의 춤'과 '우리들의 춤'의 같은 점과 다른 점을 벤다이어그램을 이용하여 비교해 본다.

- 내용 : _____

# 3 영역별 목표 및 내용 해설

**41** 다음은 음악 '벌들의 비행'에 맞춰 유아들이 또래들 앞에서 춤 공연을 한 후 교사의 발문이다. '좋은 예'와 '나쁜 예'를 비교하고, '나쁜 예'가 된 이유를 서술하시오.

| 좋은 예 | ('벌들의 비행' 음악에 맞춰 만 5세 유아들이 또래와 만 3~4세 유아들 앞에서 춤 공연을 한 후) "와! 춤을 보니 어떠니? 팔하고 다리가 어떻게 움직였지? 다른 조 친구들의 벌은 어떻게 날아다니는 것 같니? 그렇게 벌처럼 날아 보니 어떤 기분이 드니?" |
|---|---|
| 나쁜 예 | "와! 너무 잘했다. ○○이/가 제일 벌처럼 팔을 잘 흔들었던 것 같아. △△은/는 벌보다는 새 같았지?" |

• _____

**42** 다음의 활동과 관련 있는 2019 개정 누리과정 예술경험 영역의 '내용'을 쓰시오.

- 우리나라의 다양한 전통문양 사진, 영상자료 등을 보며 그와 관련된 흥미 있는 이야기를 듣고, 전통문양을 따라 그리거나 오려서 붙이기를 한 다음 감상하도록 한다.
- 사진, 영상자료, 실물 등을 통해 우리나라의 전통문양과 전통의상이 가지는 아름다움을 미술 요소에 따라 보고 즐기고 난 후, 인형 크기의 한복 저고리와 치마 모양의 종이를 꾸미고 서로 감상하도록 한다.

- 유아가 우리나라의 전통예술에 관심을 가지도록 우리나라의 전통 미술작품(예 김홍도의 '씨름' '춤추는 아이' 등), 악기(예 아쟁, 해금, 피리, 북, 꽹과리 등), 또는 전통 무용 사진(예 강강술래, 학춤 등) 등을 교실에 배치하고 관련된 이야기를 들려준다.
- 전통 미술, 춤, 음악 등을 감상할 수 있도록 계절이나 주제에 따라 지역사회 내 민속 박물관, 고궁, 또는 공연을 방문하고 관람하는 기회를 제공한다.

• 내용 : _____

**43** 다음은 전통 음악의 장르이다. ㉠~㉢의 명칭을 각각 쓰시오.

| 아악 | 궁중음악(넓은 의미) 또는 궁중에서 드리던 제사와 잔치 때 사용한 음악(좁은 의미) |
|---|---|
|  | ㉠ 연주자가 장구나 북 반주에 맞춰 혼자 연주하는 기악 독주곡 |
|  | ㉡ 음악, 춤, 연극의 형태가 어우러져 있는 민속 종합 예술 |
| 가야금 병창 | 창에 가야금 연주가 곁든 창이 주가 되고 연주가 부가 되는 가야금 연주 |
| 잡가 | 긴 사설의 가사를 선율에 맞춰 전문적인 소리꾼이 불렀던 노래 |
| 판소리 | 굿판, 씨름판, 춤판과 같이 어떤 판에서 하는 소리(이야기 형식으로 진행되며, 소리꾼과 북을 치는 고수 두 사람이 공연하는 형태) |
| ㉢ | 입에서 입으로 전해 내려온 우리 민족의 노래 |

• ㉠ : _____
• ㉡ : _____
• ㉢ : _____

## 2019 개정 누리과정

**44** 다음은 전통 무용의 장르이다. ㉠의 명칭을 쓰시오.

| 궁중무용 | 궁중에서 조종(임금의 조상)의 공덕을 칭송하고 군왕의 장수와 국가의 안위를 기원하는 내용으로 구성된 무용(예 처용무, 춘앵무, 포구락) |
|---|---|
| ㉠ | 각 가정이나 마을에서 행해진 제사나 행사 또는 세시 풍속에서 자연발생적으로 발전된 무용(예 승무, 살풀이, 탈춤, 강강술래, 학춤, 농악) |
| 의식무용 | 불교 재의식 작법(예 나비춤, 바라춤, 법고춤)과 문묘나 종묘 같은 제사에서 추는 무용(예 문무, 무무), 굿판에서 추는 무용(예 오구굿, 별신굿) 등 |
| 신무용 | 외국에서 유입된 무용을 뜻하나 화관무, 부채춤, 장구춤과 같은 국내에서 창작된 것도 포함한 무용 |

• ㉠ : _____

**45** 다음은 전통 미술의 장르이다. ㉠의 명칭을 쓰시오.

| 전통회화 | 여러 가지 선과 색채로 평면상에 형상을 그려내는 조형미술이다. 예 김홍도 '씨름' |
|---|---|
| | ㉠ 생활공간의 장식이나 민속적 관습에 따라 제작된 실용화이다. 선봉회화에 비해 세련된 묘사나 격조는 떨어지지만, 익살스럽고 소박한 형태와 대담하고 파격적인 구성, 아름다운 색채 등의 특성은 한국적 미를 강렬하게 드러낸다. 예 작자 미상 '까치와 호랑이' |
| 전통공예 | 기능과 장식의 양면을 조화시켜 직물, 염직, 칠기, 도자기 등 일상생활에서 사용되는 물건이다. |

| 전통 자기 | 질흙으로 빚어서 높은 온도에서 구워낸 제품으로 일반적으로 도기 또는 자기라고도 한다. |
|---|---|
| 전통 조각 | 다양한 재료를 새기거나 깎아서 만든 입체 형상을 뜻한다. |
| 전통건축 | 집이나 궁궐, 다리 등의 구조물을 흙이나 나무, 돌, 벽돌, 쇠를 써서 세우거나 쌓아 만드는 것을 의미한다. |
| 서예 | 글씨를 붓으로 쓰는 예술을 의미한다. |

• ㉠ : _____

**46** 다음 그림과 관련이 있는 전통놀이의 명칭을 쓰시오.

| ㉠ | ㉡ | ㉢ |
|---|---|---|
| ㉣ | ㉤ | ㉥ |

• ㉠ : _____
• ㉡ : _____
• ㉢ : _____
• ㉣ : _____
• ㉤ : _____
• ㉥ : _____

# 3 영역별 목표 및 내용 해설

## Ⅴ 자연탐구

**01** 다음은 2015 개정 누리과정과 2019 개정 누리과정의 자연탐구 영역의 비교표이다. ㉠~㉢에 해당하는 '내용 범주'를 쓰시오.

| 2015 개정 누리과정 | 2019 개정 누리과정 |
|---|---|
| 내용 범주 | 내용 범주 |
| 탐구하는 태도 기르기 | ( ㉠ ) |
| 수학적 탐구하기 | ( ㉡ ) |
| 과학적 탐구하기 | ( ㉢ ) |

- ㉠ : _____
- ㉡ : _____
- ㉢ : _____

**02** 다음은 2019 개정 누리과정 자연탐구 영역의 '개정의 중점' 내용이다. ㉠~㉢의 (    )에 해당하는 말을 쓰시오.

> ㉠ 내용 범주 '(    )'은/는 유아가 주변 세계와 자연에 대해 호기심을 가지고 즐겁게 탐색하는 모습을 반영하여 제시하였다.
> ㉡ 내용 범주 '(    )'은/는 일상의 문제를 수학적, 과학적 방식으로 탐구하는 유아의 경험을 반영한 것이다.
> ㉢ 내용 범주 '(    )'은/는 유아가 생명과 자연환경의 소중함을 경험하는 내용으로 새롭게 편성한 것이다. 기존 누리과정에서 사회관계 영역의 세부 내용인 '자연과 자원을 아끼는 습관을 기른다'와 자연탐구 영역의 내용인 '생명체와 자연환경 알아보기'와 '자연현상 알아보기'의 세부 내용들을 종합하여, 지속 가능한 사회를 위한 삶의 태도를 형성하는 내용으로 구성하였다.

- ㉠ : _____
- ㉡ : _____
- ㉢ : _____

**03** 다음 ㉠~㉣에 해당하는 말을 쓰시오.

| 내용 범주 | 탐구과정 즐기기 |
|---|---|
| 목표 | 일상에서 ( ㉠ )을/를 가지고 탐구하는 과정을 즐긴다. |
| 내용 | 내용 이해 |
| ( ㉡ )와/과 자연에 대해 지속적으로 호기심을 가진다. | 유아가 물질, 물체, 동식물, 자연현상 등에 호기심을 가지고, 놀이에서 지속적으로 궁금한 것을 찾아가거나 표현하는 내용이다. |
| 궁금한 것을 ( ㉢ )하는 과정에 즐겁게 참여한다. | 유아가 궁금한 것을 알아보기 위해 관찰, 비교, 분류, 예측, 실험 등의 다양한 탐구과정을 자발적으로 즐기는 내용이다. |
| 탐구과정에서 서로 ( ㉣ )에 관심을 가진다. | 유아가 탐구하는 과정에서 자신의 생각을 또래나 교사와 함께 공유하고, 서로 다른 생각에 관심을 가지는 내용이다. |

- ㉠ : _____
- ㉡ : _____
- ㉢ : _____
- ㉣ : _____

## 2019 개정 누리과정

**04** 다음은 2019 개정 누리과정 자연탐구 영역의 내용 범주 ( ① )과 관련된 교사의 발문이다. ①에 들어갈 말을 쓰고, ㉠~㉢에 해당하는 각각의 '내용'을 쓰시오.

> ㉠ 밟으니까 젖은 흙은 마른 흙과 어떻게 다른 것 같아? 꾹꾹 밟아 볼까?
> ㉡ (바람개비로 놀고 있는 유아들에게) 바람개비를 잘 돌게 하는 방법은 무엇이 있을까?
> ㉢ (만든 자동차로 경주를 하려는 유아들에게) 누구의 자동차가 제일 잘 나가는지 알아보려면 무엇에 주의해서 경주를 해야 할지 이야기해 보자.

- ① : _____
- ㉠ : _____
- ㉡ : _____
- ㉢ : _____

**05** 다음이 설명하는 과학 과정기술을 쓰시오.

> (가) 주의를 집중하여 오감각을 활용하여 사물 또는 현상에 관한 모든 정보를 모으는 수집활동이다. 이것은 모든 과정기술 중 가장 기본적인 것이며, 유아들이 정보를 얻는 가장 주된 방법이다.
> (나) 사물을 공통적인 특성과 관계에 따라 그룹 짓는 것을 뜻하는 것으로 물체 사이의 관계 인식, 물체의 확인, 물체에 대한 예상의 기초가 된다. 세부 내용으로는 사물의 주요 특징 뽑아내기, 사물들의 유사점 알아내기, 준거에 의해 두 집단으로 정확히 나누기 등이 있다.
> (다) 관찰을 통해 수집한 정보들을 바탕으로 이루어지며 말, 행동, 그리고 행동 또는 상황을 묘사하는 표상하기를 포함하여 여러 형태로 이루어질 수 있다.
> (라) 사물 또는 상황의 치수를 묘사하기 위해 표준화된 또는 비표준화된 단위를 사용하는 것을 의미한다. 길이, 넓이, 부피, 무게, 온도, 시간 등을 포함하며 처음에는 측정의 단위를 발명하여 임의의 단위를 사용하다가 점차 표준화된 단위를 사용하게 된다.
> (마) 현재 알고 있는 지식이나 관찰을 토대로 최선의 추측을 요하는 사고로서 미래에 일어날 사건이나 그 조건에 대한 예언을 의미한다. 이것의 정확도를 높이는 방법에는 주의 깊은 관찰을 통해 자료를 수집하기, 사건의 패턴 조사하기, 원인과 결과의 관계 조사하기 등이 있다.
> (바) 우리가 어떤 일이 발생하는 원인을 이해하기 위해 사용하는 과정으로 관찰한 것을 근거로 상황에 대한 설명을 목적으로 증거들을 활용하는 것이다. 이것은 사전 경험과 관찰한 자료를 가지고 '사물과 상황 간의 관계성을 설명하는 과정'으로 유아 자신의 이론 정립을 위한 가설을 세우고 실험하는 데 필요한 요소이다.

- (가) : _____
- (나) : _____
- (다) : _____
- (라) : _____
- (마) : _____
- (바) : _____

## 3 영역별 목표 및 내용 해설

**06** 과학 교육에서 유아의 학습은 과학 교육 활동에 대한 인식, 탐색, 탐구, 적용의 과정으로 순환된다. 다음 '과학 교육의 학습주기'에 따른 '과학놀이주기'의 표를 보고, ㉠~㉢에 해당하는 과학놀이주기의 유형을 쓰시오.

| 과학 교육의 학습주기 | 과학놀이 주기 | 설명 |
|---|---|---|
| 도입 (인식 및 탐색) | ㉠ | 유아의 흥미와 호기심이 증대되고 주변의 과학적 원리나 지식 등을 인식하고 탐색하게 된다. 예 거울에 흥미를 가지고 탐색 |
| 전개 (탐구) | ㉡ | 탐구적 구성놀이를 하면서 자신의 다양한 아이디어를 탐구하고 문제를 해결하면서 과학적 지식을 구성하게 된다. 예 거울에 빛이 닿을 때 어떤 일이 일어나는지(반사), 거울에 반쪽 그림을 비췄을 때 어떻게 보이는지(대칭)에 대해 알아본다. |
| 마무리 (적용) | ㉢ | 원리나 과학적 지식을 적용하여 극화놀이나 조형놀이, 게임 등의 확장적 통합놀이를 하게 된다. 예 거울 대칭 놀이를 하다가 미술 데칼코마니 활동을 함 |

- ㉠ : _____
- ㉡ : _____
- ㉢ : _____

**07** 다음 ㉠~㉢에 해당하는 말을 쓰시오.

| 내용 범주 | 생활 속에서 ( ㉠ )하기 |
|---|---|
| 목표 | ( ㉡ )을/를 수학적, 과학적으로 탐구한다. |
| 내용 | 내용 이해 |
| 물체의 특성과 ( ㉢ )을/를 여러 가지 방법으로 ( ㉣ ) 한다. | 유아가 주변에서 쉽게 발견할 수 있는 친숙한 물체나 물질의 크기, 모양, 색, 냄새, 소리, 질감과 같은 기본적 특성에 관심을 갖는 내용이다. 나아가 그 물체나 물질을 자르고 섞는 등 다양한 방법으로 변화시켜 보며, 변화되는 특성과 변화되지 않는 특성이 무엇인지 탐색해 보는 내용이다. |
| 물체를 세어 ( ㉤ )을/를 알아본다. | 유아가 일상에서 수에 관심을 가지고, 수량을 세어 많고 적음 및 수량의 변화를 알아보는 내용이다. |
| 물체의 위치와 ( ㉥ ), ( ㉦ )을/를 알고 구별한다. | 유아가 자신과 물체를 기준으로 앞, 뒤, 옆, 위, 아래 등 공간 안에서 위치와 방향을 알아가는 내용이다. 유아가 주변 환경에서 네모나 세모, 둥근 기둥, 상자 모양 등을 찾고 다양한 모양에서 공통점과 차이점을 알아가는 내용이다. |
| 일상에서 길이, ( ㉧ ) 등의 ( ㉨ )을/를 비교한다. | 유아가 일상에서 길이나 무게 등 측정 가능한 속성을 알고, 이 속성을 기준으로 물체를 비교하여 순서 지어 보는 내용이다. 이 과정에서 유아는 자신의 신체를 비롯하여 다양한 물체를 활용하고, 다양한 비교 어휘를 사용하면서 순서를 지어 보는 내용이다. |

| 주변에서 ( ㅊ )을/를 찾는다. | 유아가 생활 주변에서 사물이나 사건의 양상이 일정한 순서로 반복 배열되는 것에 관심을 갖고 즐기며, 반복되는 배열에 숨어 있는 질서와 규칙을 발견하여 다음에 올 것이 무엇인지를 예측하는 내용이다. |
|---|---|
| 일상에서 모은 자료를 ( ㅋ )에 따라 분류한다. | 유아가 일상생활에서 흥미와 관심에 따라 필요한 자료를 다양한 방법으로 모으고, 수집한 자료의 공통점과 차이점을 탐색하며, 이를 하나 또는 그 이상의 다양한 기준(예 모양, 크기, 색깔 등)에 따라 정리하고 조직해 보는 내용이다. |
| ( ㅌ )에 대해 관심을 가진다. | 유아가 일상생활에서 사용하는 다양한 ( ㅌ )에 관심을 가지고 직접 사용해 보면서, ( ㅌ )이/가 우리의 생활에 어떠한 도움을 주는지에 대해 관심을 가지는 내용이다. |

- ㉠ : _____
- ㉡ : _____
- ㉢ : _____
- ㉣ : _____
- ㉤ : _____
- ㉥ : _____
- ㉦ : _____
- ㉧ : _____
- ㉨ : _____
- ㉩ : _____
- ㉪ : _____
- ㉫ : _____

**08** 다음 활동에서 공통적으로 나타나는 자연탐구 영역의 '내용'을 쓰시오.

○ 크기와 색, 질감이 다른 다양한 공을 제공해 주어 공을 탐색하고, 공의 특성에 관심을 갖게 한다.
○ 밀가루 반죽을 만들 때 밀가루의 기본적인 특성을 아는 것과 더불어 물을 넣어 밀가루 반죽으로 변화되는 과정에서 밀가루 반죽의 끈적거리는 것과 같은 세부적인 특성도 알아보도록 한다.
○ 유아에게 화장지나 신문지를 물에 넣으면 어떻게 변화될지 예측해 보도록 한 후 실제로 물에 넣어 관찰해 보도록 한다.

- 내용 : _____

**09** 2019 개정 누리과정 자연탐구 영역의 내용 범주 '생활 속에서 탐구하기'에 근거하여 ㉠과 ㉡의 실험이 유아에게 적절하지 <u>않은</u> 이유를 1가지씩 쓰시오.

㉠ 실 전화기로 음파의 전달에 대해 실험해 본다.
㉡ 쌀가루, 밀가루, 좁쌀가루에 얼음물과 미지근한 물을 넣고 반죽을 해서 어떤 곡물이 가장 잘 뭉치는지 실험해 본다.

- ㉠ : _____
_____
- ㉡ : _____
_____

# 3 영역별 목표 및 내용 해설

**10** 다음 글을 읽고 물음에 답하시오.

> 만 3세 유아는 자신의 나이를 말하거나 주변에서 수를 세는 것을 보면서 수에 흥미를 보이게 된다. 이 시기에는 주로 ㉠ '몇 개가 있는가?'라는 수량을 알기 위해 수를 세는 것에 가장 많이 접하게 된다. 수를 세는 것을 보거나 따라 하면서 ㉡ '일, 이, 삼, 사, 오'와 같이 수의 이름을 순서대로 말할 수 있는 것이 중요하므로 말로 수 세기나 물체의 수를 세어 보는 기회를 많이 갖는 것이 필요하다.
> 만 4, 5세 유아는 수가 물체의 ㉢ 개수가 몇 개인지 수량을 알아보기 위해 사용될 뿐만 아니라 첫 번째, 두 번째 등과 같이 ㉣ 순서를 나타낼 때도 사용되는 것을 안다. 또한 수가 전화번호나 버스번호와 같이 이름처럼 사용되는 것도 알게 된다.

1) 다음 ⓐ와 ⓑ의 정의를 쓰시오.

| ⓐ 기계적 수 세기    ⓑ 합리적 수 세기 |
|---|

- ⓐ : _____
- ⓑ : _____

2) 겔만(Gelman)과 갈리스텔(Gallistel)의 ① '합리적 수 세기의 5가지 원리'를 모두 쓰고, ② ㉠과 ㉡에 해당하는 원리를 순서대로 쓰시오.
- ① : _____
- ② : _____

3) ㉢과 ㉣은 수사의 종류 중 무엇에 해당하는지 쓰시오.
- ㉢ : _____
- ㉣ : _____

**11** 다음 ㉠에 해당하는 기수법을 쓰시오.

> 만 5세 유아는 1에서 10까지의 수 세기를 하면서 수 이름과 해당되는 수량을 대응하는 것에 익숙해질 뿐만 아니라 10까지의 숫자 읽기와 쓰기도 가능하다. 또한 유아는 ㉠ 1에서 9까지의 수 세기에서 사용된 수 이름의 순서가 10 이상의 수에도 '십일, 십이, 십삼…'과 같이 반복하여 사용되는 규칙이 있음을 점차 알게 된다.

- ㉠ : _____

**12** 다음 ㉠과 ㉡의 수량 비교하기 활동의 명칭을 각각 쓰시오.

> ㉠ 누구의 카드가 더 많은지 각자 세어 보자. 하나, 둘, 셋… 우와, 난 9개 있다. 넌 몇 개야?
> ㉡ 누구의 카드가 더 많은지 우리 하나씩 꺼내 보자. (두 유아가 각자 가지고 있는 카드를 동시에 한 장씩 바닥에 놓아 본다) 하나, 하나, 하나… 어, 난 이제 없는데 넌 2개가 더 있네. 네가 이겼다.

- ㉠ : _____
- ㉡ : _____

**13** ㉠~㉢의 더하기 전략과 ㉣, ㉤의 빼기 전략의 명칭을 각각 쓰시오.

> ㉠ 두 접시의 과자를 셀 때 두 접시의 과자를 모두 합한 다음 센다.
> ㉡ 구체적인 물체가 없을 경우 자신의 손가락을 이용하여 덧셈을 한다.
> ㉢ 밤이 여러 개 있을 때 2개씩 모아서 센다.
> ㉣ 밤 5개에서 2개를 따로 뺀 뒤, 남은 밤의 개수를 센다.
> ㉤ 밤 5개에서 2개를 뺀 후, 셋부터 계속 세어서 다섯까지 남은 밤을 센다.

- ㉠ : _____
- ㉡ : _____
- ㉢ : _____
- ㉣ : _____
- ㉤ : _____

**14** 다음 내용을 읽고 물음에 답하시오.

> ㉠ 공간 내에서 위치와 방향에 대한 이해는 자신을 기준으로 물체의 위치를 파악하는 것에서 시작한다. 따라서 만 3세 유아는 ㉡ 나의 '앞/뒤/옆/위/아래'와 같이 자기 자신을 기준으로 물체의 위치를 말하고 인식하도록 격려한다. (예 "너의 앞/뒤/옆/위/아래에는 무엇이 있니?")
> 유아는 ㉢ 물체의 위치와 방향을 '책상 위', '책꽂이 뒤', '창문 앞쪽으로', '현관 쪽으로'와 같이 공간적 어휘로 나타낼 수 있다.
> 또한 ㉣ 교실이나 놀이터같이 친숙한 장소의 공간 구성을 블록과 같은 구체물로 나타내거나 그림으로 그려서 표현할 수 있다.
> 만 4, 5세경에는 점차적으로 친숙한 장소까지의 ㉤ 경로를 인식하여 간단한 지도를 만들면서 옆, 앞, 뒤, 멀리, 가까이 등과 같은 공간관계를 알게 된다. (예 "언어 영역과 역할놀이 영역 사이에 의자를 놓아 주렴.")

1) ㉠은 공간의 ( ① )적 개념이라고 한다. ( ① )에 해당하는 말을 쓰시오.
   - ① : _____

2) 스페리 스미스(Sperry Smith)는 유아기에 다루어야 할 ( ① )적 개념을 다음과 같이 나누었다. ⓐ~ⓓ에 해당하는 말을 쓰시오.

| ⓐ | '가깝다/멀다'와 같은 위상적 공간관계로서 물체들이 얼마나 가까이 있느냐 하는 것이다. |
| ⓑ | 한 물체에 다른 물체가 붙어 있는지 떨어져 있는지의 개념이다. |
| ⓒ | 물체의 배열 위치로, 사물이나 사건의 서열을 의미하는데 '처음에서 마지막' 혹은 '맨 뒤에서 앞'이라는 의미이다. |
| ⓓ | 주변 사물에 의해 둘러싸인 것을 의미하는데, '안과 밖' 개념을 알기 전에 먼저 '열려 있다/닫혀 있다'의 개념이다. |

- ⓐ : _____
- ⓑ : _____
- ⓒ : _____
- ⓓ : _____

3) 유아기에 다루어야 할 스페리 스미스의 기하학적 내용 중 ㉣과 ㉤에 공통으로 관련 있는 것의 명칭을 쓰시오.
   - : _____

4) 시글러(R. S. Siegler)는 3차원 공간에서 위치의 관계에 대한 이해와 관련하여 ㉡과 ㉢에 해당하는 용어를 각각 1가지씩 순서대로 쓰시오.
   - : _____

## 3 영역별 목표 및 내용 해설

**15** 유아기의 목표가 되는 2가지의 공간능력 중 (가)와 (나)에 해당하는 것을 각각 1가지씩 쓰시오.

> (가)
> 만 5세 유아는 물체를 정면에서 봤을 때, 옆에서 봤을 때, 그리고 위에서 내려다 봤을 때 보여지는 모습이 서로 다르다는 것을 알게 된다. 이는 위치의 변화에 따른 결과에 대해 유아가 공간적 추론을 하도록 한다.
> [활동 예] 유아가 블록으로 만든 구성물을 여러 각도에서 살펴보며 사진을 찍는다. 사진을 보며 여러 방향에서 본 구성물의 모양에 대해 비교하며 이야기해 본다.
>
> (나)
> 유아는 여러 개의 다른 도형들이 모여서 하나의 도형을 만들 수 있고, 반대로 하나의 도형이 여러 개의 다른 도형으로 나누어질 수 있음을 알게 된다. 여러 가지 모양으로 구성하는 과정은 도형을 옮기고, 뒤집고, 돌리는 경험을 수반하므로 도형의 이동과 대칭도 경험할 수 있고, 기본 도형을 구체적으로 조작하고 변화시켜 보는 경험을 반복함으로써 머릿속에서 변화할 형태에 대한 이미지를 생성한다.

- (가) : _____
- (나) : _____

**16** 다음 (   )에 공통으로 들어갈 말을 쓰시오.

> 유아는 측정을 위해 자신의 신체나 연필, 블록 같은 생활 주변의 측정 단위를 사용한다.
> 만 5세 유아는 처음에는 손 뼘이나 발 크기 등 자신의 신체를 이용하여 측정하다가 점차 신체 단위가 사람마다 다름을 느끼게 되면서 보다 더 객관적인 (   ) 단위가 필요함을 인식하고 다양한 방법으로 측정 경험을 해 본다.
> 유아는 연필이나 끈을 이용하여 길이를, 색종이를 이용하여 면적을, 컵을 이용하여 들이를 측정할 수 있음을 이해하면서 측정할 대상에 따라 적절한 (   ) 단위를 선택할 수 있게 된다.

- : _____

**17** 다음 ㉠과 ㉡에 나타나는 '비교하기'의 명칭을 쓰고, ㉢에 들어갈 '간접적 비교'에 의한 키재기의 예를 쓰시오.

> ㉠ 교사의 키와 유아의 키를 비교했다.
> ㉡ 두 유아가 뒤돌아 몸을 대보며 키를 비교했다.
> ㉢ (                    )

- ㉠ : _____
- ㉡ : _____
- ㉢ : _____

**18** 다음 ㉠~㉢에 해당하는 순서짓기의 명칭을 쓰시오.

> ㉠ 색종이를 크고 진한 색종이 순서대로 놓았다.
> ㉡ 동물 그림을 크기에 따라 코끼리, 사슴, 원숭이 순으로 놓았다.
> ㉢ 큰 단풍잎은 큰 돌 위에 놓고, 중간 단풍잎은 중간 돌 위에, 그리고 작은 단풍잎은 작은 돌 위에 놓았다.

- ㉠ : _____
- ㉡ : _____
- ㉢ : _____

# 2019 개정 누리과정

**19** 다음 내용을 읽고 물음에 답하시오.

> 예림이는 포장지에 빨간색과 노란색이 반복되는 것을 보고 색종이를 빨간색, 노란색으로 반복하여 놓았다. 태운이는 음률 영역에서 리듬 막대로 틱, 톡 소리를 반복해서 냈다. 현수는 태윤이가 틱 할 때는 손을 쥐고, 톡 할 때는 손을 폈다.

1) 세 유아의 규칙성 유형(패턴 유형)을 각각 쓰시오.
- 예림 : _____
- 태윤 : _____
- 현수 : _____

2) 세 유아의 규칙성 활동 유형을 각각 쓰시오.
- 예림 : 규칙성 모방하기
- 태윤 : _____
- 현수 : _____

**20** 다양한 색깔과 모양의 패턴블록을 가지고 놀이할 때 단순분류와 복합분류의 방법을 각각 1가지씩 쓰시오.

- 단순분류 : _____
- 복합분류 : _____

**21** 다음 활동들과 관련 있는 2019 개정 누리과정 자연탐구 영역의 '내용'을 쓰시오.

> ○ 우리 생활에 편리함을 주는 다양한 도구(예 국자, 숟가락과 젓가락 등)를 사용한 경험에 대해 이야기를 나누고, 실제 자료를 가지고 도구의 어떤 점이 편리함을 주는지 알아본다.
> ○ 유아가 카메라와 같은 기계를 직접 다루어 보도록 하며, 기계가 주는 편리함을 알아보도록 한다.
> ○ 컴퓨터, 텔레비전, 스마트폰 등 다양한 종류의 미디어에 대해 알아보고, 미디어가 우리 생활에 주는 장점과 단점에 대해 이야기를 나눈다. 가까운 곳에 미디어 센터가 있을 경우 직접 방문하여 경험해 본다.

- 내용 : _____

**22** 다음 ㉠~㉥에 해당하는 말을 쓰시오.

| 내용 범주 | ( ㉠ )와/과 더불어 살기 |
|---|---|
| 목표 | ( ㉡ )와/과 자연을 존중한다. |
| 내용 | 내용 이해 |
| 주변의 ( ㉢ )에 관심을 가진다. | 유아가 등·하원, 산책, 바깥놀이터, 교실에서 접할 수 있는 동식물을 관찰하거나 직접 길러 보면서, 동식물의 특성에 관심을 가지고 탐구하는 내용이다. |
| 생명과 ( ㉣ )을/를 소중히 여긴다. | 유아가 동식물뿐만 아니라 동식물이 살아가기에 좋은 환경에 대해 관심을 가지고, 이들을 생명체로서 소중히 여기는 내용이다. |
| 날씨와 ( ㉤ )의 변화를 ( ㉥ )와/과 관련짓는다. | 유아가 낮과 밤, 날씨, 계절의 변화를 느끼고, 자연의 변화가 자신의 옷차림, 놀이 등 일상생활에 영향을 준다는 것을 이해하고 적절하게 대처하는 내용이다. |

## 3 영역별 목표 및 내용 해설

- ㉠ : _____
- ㉡ : _____
- ㉢ : _____
- ㉣ : _____
- ㉤ : _____
- ㉥ : _____

**23** 2019 개정 누리과정 자연탐구 영역의 내용 범주 '자연과 더불어 살기'에 근거하여 다음 교사들의 대화 내용 중 <u>부적절한</u> 내용의 교사 1명과 그 근거가 되는 2019 개정 누리과정의 '내용'을 쓰시오.

> 김 교사 : 이번에 키우게 된 달팽이에 대해 유아들이 관심이 많아요. 달팽이에게 직접 먹이 주기, 자세히 관찰하기를 하면서 열심히 돌봐주고 있어요.
> 한 교사 : 비가 갠 날 산책을 나가서 보게 된 지렁이에 관심이 생긴 것 같아 유치원에 돌아와서 지렁이 관련 책을 준비해 주었더니 지렁이가 흙을 깨끗하게 한다면서 앞으로 지렁이를 지켜주겠다고 해요.
> 정 교사 : 저는 이번에 유아들이 관심을 가질 것 같은 달팽이의 종류와 먹이 활동 방법, 그리고 성장과정을 OHP로 만들어서 알려주었어요.

- 교사 : _____
- 내용 : _____

**24** 2019 개정 누리과정 자연탐구 영역의 내용 범주 '자연과 더불어 살기'의 다음 '내용'과 관련이 <u>없는</u> 활동을 <보기>에서 1가지 찾아 기호를 쓰시오.

> 생명과 자연환경을 소중히 여긴다.

**보기**

> ⓐ 주변의 가까운 숲으로 가서 곤충과 벌레, 식물을 관찰하면서 생명체가 살고 있는 환경에 관심을 가진다.
> ⓑ 꿀벌이 주인공인 동화를 읽고 동극활동을 통해 꿀벌의 관점을 이해했다.
> ⓒ 북극곰의 서식지가 줄어든다는 동영상을 보면서 온실가스 배출로 인해 생긴 지구 온난화 문제에 대해 인식했다.
> ⓓ 여름철 건강을 주제로 한 이야기 나누기 시간에 모기에 물리지 않기 위해 어떻게 해야 하는지 이야기 나누고, 살충제의 사용방법과 유의할 점에 대해 알아보았다.
> ⓔ 부채 사용하기, 일회용품 사용하지 않기, 쓰레기 분리수거하기, 나무 심기 등 노력할 수 있는 일들에 대해 이야기 나눴다.

- 기호 : _____

**25** 다음의 활동들과 관련 있는 2019 개정 누리과정 자연탐구 영역의 '내용'을 쓰시오.

> ○ 낮과 밤에 사람들이 하는 일에 대해 알아본다.
> ○ 날씨에 맞는 옷과 용품을 선택한 후 바깥으로 나가서 날씨를 직접 경험해 본다.
> ○ 황사, 태풍과 장마, 폭염 및 폭설에 대비하여 사람들이 하는 일에 대해 알아본다.

- 내용 : _____

# 4

## 「2019 개정 누리과정」 놀이 실행자료

Ⅰ. 개정 누리과정과 교사의 역할

1. 교육과정의 변화와 교사의 역할

2. 교육과정의 변화 준비하기

# 4 「2019 개정 누리과정」 놀이 실행자료

## I 개정 누리과정과 교사의 역할

### 1. 교육과정의 변화와 교사의 역할

**01** 다음 ⊙과 ⓒ에 해당하는 말을 각각 쓰시오.

> 진정한 유아·놀이 중심 교육과정은 교사의 ( ⊙ )이/가 자율성을 뒷받침할 때 완성된다. '( ⊙ )'(이)란 유아·놀이 중심 교육과정에서 놀이, 일상생활, 활동이 잘 이루어질 수 있도록 고민하고 ( ⓒ )하는 교사의 역할 인식 및 실천을 의미한다. 특히, 교사의 ( ⊙ )은/는 놀이 속에 녹아 있는 배움과 누리과정 5개 영역의 내용을 읽어 내고 ( ⓒ )하는 것이 핵심이다. 이는 교사가 수시로 일과 가운데 유아·놀이 중심의 철학을 벗어나지는 않았는지 자신을 돌아보면서 교수를 실천할 때 지켜진다. 기존에 혹시라도 '미리 계획한 계획안에 기반한 실행과 평가'에 주력하였다면 이제는 '지속적인 놀이 ( ⓒ ) 계획을 수립하는 것'에 힘을 쏟을 필요가 있다. 즉, 유아·놀이 중심 교육과정이라고 하여 교사의 역할이 축소되는 것이 아니라 학급 수준 교육과정의 개발자로서 더 높은 전문성이 요구되는 것이다.

• : _____

**02** 놀이 중심 개정 누리과정 운영을 위해 교사가 수행해야 할 역할 4가지를 쓰시오.

• ① : _____
• ② : _____
• ③ : _____
• ④ : _____

**03** 다음은 교사가 수행해야 할 역할 중 '유아·놀이 중심 교육과정을 이해하고 실천하는 역할'에 대한 설명이다. <u>부적절한 것</u> 1가지를 찾아 기호를 쓰시오.

> ⊙ 교사는 누리과정 총론 및 5개 영역의 내용을 숙지하고 유아의 놀이, 일상생활, 활동과 연계하여 교육과정을 운영하는데, 특별히 놀이하며 배우는 유능한 유아에 대한 이해가 우선되어야 한다.
> ⓒ 누리과정 개정의 중점 중 하나는 놀이 중심 교육과정 운영이다. 따라서 누리과정을 잘 이해하고 실행한다는 것은 일과에서 놀이시간을 충분히 제공하고 유아들의 흥미와 무관한 활동을 교사가 계획해서 실시하지 않는다는 것을 의미한다.
> ⓒ 유아 및 놀이 중심이 강조되는 교육과정 운영을 위해 안전 교육과 관련해서는 교육청에서 만들어진 지도 자료를 사용하되 유아의 흥미를 고려하여 가장 최소한으로 실시함으로써 유아의 주도성을 높인다.

• 기호 : _____

**04** 다음은 교사가 수행해야 할 역할 중 '놀이를 통한 유아의 배움을 지원하는 역할'에 대한 설명이다. 물음에 답하시오.

> ○ 유아 중심 교육과정을 성공적으로 실행하기 위해서 교사는 유아를 교육과정 운영의 ( ⊙ )(으)로서 교사와 함께 교육과정을 구성해 가는 공동 구성자로 인정해야 한다.
> ○ 어떤 유아라도 자유롭게 놀이하고 그 안에서 배움을 구성할 수 있는 ( ⓒ )을/를 지닌 존재임을 신뢰하고 유아의 놀이를 잘 관찰해야 한다.

106

## 2019 개정 누리과정

○ 유아의 놀이를 잘 관찰하고 지원하기 위해서 교사는 교육과정 구성의 파트너로서 유아의 놀이를 주의 깊게 바라보고 유아가 경험하는 기쁨과 슬픔, 좌절과 감동을 함께 느끼고 공유할 수 있어야 한다.

○ 유아의 놀이를 잘 관찰하기 위해서 교사는 유아를 이해하려는 ( ㉢ )을/를 갖추려고 노력하는 동시에 유아가 놀이를 통해 경험하는 것, 스스로 배우는 것이 무엇인지 이해하려고 노력할 필요가 있다. 이때 유아들이 구성하고 만들어 내는 총체적 의미를 충분히 읽어 내기 위해 노력해야 한다.

1) ㉠에 들어갈 말을 쓰고, ㉡과 ㉢에 들어갈 말은 제시된 조건을 참고하여 쓰시오.
 - ㉠ : _____
 - ㉡ 능력의 다른 말 : _____
 - ㉢ 창의성 구성 요소 : _____

2) 다음 제시된 ⓐ~ⓒ의 놀이 지원 유형을 각각 1가지씩 쓰시오.

> ⓐ 교사는 놀이에 직접 참여하지 않고도 격려, 미소, 공감의 표정을 보이거나 칭찬과 격려의 말을 건넬 수 있다.
> ⓑ 놀이를 관찰하다가 배움이 일어나도록 질문이나 제안을 건네 보는 등의 상호작용을 할 수 있다.
> ⓒ 공간 구성을 바꾸어 주거나 새로운 자료를 제공하는 등의 지원을 할 수 있다. 이때 심미적·창의적 감수성을 키워 줄 수 있도록 공간과 자료를 제공해 주는 것이 중요하다.

 - ⓐ : _____
 - ⓑ : _____
 - ⓒ : _____

**05** 다음은 교사가 수행해야 할 역할 중 '놀이와 배움을 기록하고 평가하는 역할'에 대한 설명이다. <u>부적절한</u> 것 2가지를 찾아 기호를 쓰시오.

> ㉠ 개정 누리과정은 교사가 선계획하여 '계획-실행-평가-계획'으로 이어지던 기존의 '선형적' 과정을 거치도록 한다.
> ㉡ 교사는 유아의 놀이, 일상생활, 활동을 잘 관찰하고 기록하다가 유아의 배움을 지원하기 위한 계획을 수립하는 것이 좋다.
> ㉢ 개정 누리과정은 5가지 추구하는 인간상을 제시하고 있으므로 누리과정 목적과 목표 및 5개 영역별 목표와 내용을 유아의 성장 변화 및 교육과정 운영에 대한 판단의 근거로 삼을 수 있다.
> ㉣ 유아의 배움을 잘 기록하고 평가하기 위해서 교사는 결과가 아닌 과정에 주목해야 한다.
> ㉤ 개정 누리과정은 과도한 부담이 되는 평가의 형식을 탈피하고자 하였으므로 기록 및 평가에 있어서 틀에 맞춘 과도한 문서화를 요구하지 않으며 형식과 분량에 있어 기관별·학급별로 자율성을 부여한다.
> ㉥ 진행된 주제 및 놀이나 활동에 따라 누리과정 5개 영역 중 일부 영역이나 인간상이 두드러질 수 있으므로 평가를 함에 있어서 단편적인 놀이 에피소드나 활동을 구체적으로 평가한다.

 - 기호 : _____

# 4 「2019 개정 누리과정」 놀이 실행자료

## 06
다음은 2019 개정 누리과정을 운영함에 있어 교사가 수행해야 할 역할 중 '함께 배우며 ( ① )하는 역할에 대한 설명이다. ①에 들어갈 말을 1가지 쓰고, ② 다음 글에서 ( ㉠ )에 들어갈 말 1가지를 쓰시오.

> 정답이 없는 자율적인 교육과정을 운영하면서 교사는 한편으로 자신의 전문성을 인정받는 것 같아 보람도 느끼지만, 다른 한편으로 자신이 잘 하고 있는지에 대한 불안감을 느낄 수도 있다. 그러나 이러한 고민과 불안감은 교사가 지속적으로 배움을 추구하게 만드는 원동력이 될 수도 있다.
>
> 개정 누리과정에서 강조하는 교육과정 운영의 자율성은 교사 개개인이 알아서 모든 것을 하라는 의미가 아니다. 오히려 교사들이 서로의 전문성을 인정하고 고민과 의견을 나누며 함께 배우고 성장하는 ( ㉠ )을/를 자율적으로 구성하여 정서적이고 실천적인 지원이 이루어질 것을 기대한다. 교사의 계속적 성장과 배움이 일어나기 위해서는 유치원과 어린이집 기관 차원에서, 그리고 나아가 시·도 및 국가 차원의 전폭적인 지원이 필요하다.

- ① : _____
- ② : _____

## 2. 교육과정의 변화 준비하기

## 01
다음을 읽고 ㉠~㉤의 ( )에 알맞은 말을 쓰시오.

> 교사가 질 높은 유아·놀이 중심 교육과정을 실행하려면 어디서부터 어떻게 준비를 해야 하는지 막막하기도 하다. 변화의 시작점은 바로 관계이다. 개정 누리과정은 유아, 교사, 학부모, 원장(감), 지역지원체계 간의 새로운 관계를 요구한다.
> ㉠ 유아와 교사의 관계 : ( ) 관계 정립
> ㉡ 교사와 원장(감)과의 관계 : 협력적·( ) 관계
> ㉢ 기관과 학부모와의 관계 : ( )에 대한 공유 및 협력적 관계
> ㉣ 동료 교사와의 관계 : ( )·지원적 관계
> ㉤ 기관과 지역지원체계와의 관계 : 유아·놀이 중심 교육과정 운영을 위한 ( ) 지원 및 ( ) 체계

- ㉠ : _____
- ㉡ : _____
- ㉢ : _____
- ㉣ : _____
- ㉤ : _____

# 2019 개정 누리과정

**02** 다음 중 유치원 및 어린이집의 '지역지원체계'에 해당하지 않는 것 1가지를 찾아 기호를 쓰시오.

> ㉠ 개별 유치원이 소속되어 있는 시·도 교육청 및 지역 교육지원청
> ㉡ 유아교육 진흥원
> ㉢ 개별 어린이집이 소속되어 있는 시·도청, 시·군·구청
> ㉣ 육아종합지원센터
> ㉤ 다문화가족지원센터

• 기호 : _____

**03** 개정 누리과정의 변화의 방향을 찾아보고 실천하기 위한 '순환적 과정'에 맞게 ㉠~㉣을 순서대로 나열하시오.

| | | |
|---|---|---|
| ㉠ | 실천 계획 세우기 | ○ 변화의 방법을 찾아본다.<br>○ 어떤 모습으로 어떻게 바꿀 것인가? |
| ㉡ | 우선순위 정하기 | ○ 우선순위를 정한다.<br>○ 무엇부터 변화할 것인가? |
| ㉢ | 변화할 점 살펴보기 | ○ 기관과 교사 차원에서 변화할 점은 무엇인가? |
| ㉣ | 실천하며 돌아보기 | ○ 실천하며 돌아보고 변화가 더 필요한 부분이 있는지 살펴본다.<br>○ 계획대로 실천하고 있는가? 계획대로 변화가 되었는가? |

• : _____

**04** 다음은 개정 누리과정의 변화의 방향을 찾아보고 실천하기 위한 다음의 '순환적 과정' 중 '실천 계획 세우기(변화의 방법 찾기)'의 내용이다. 계획의 책무성 확보를 위해 (        )에 들어갈 교사들이 해야 할 일 1가지를 쓰시오.

> 윤 교사의 유치원에서는 유치원 구성원 모두가 준비가 미흡한 부분을 파악하고 변화의 우선순위를 정한 후 이를 실천하기 위한 구체적인 방법과 기한을 포함하여 계획을 수립했다. 그 다음 (                    ).

• : _____

**05** 다음은 개정 누리과정의 변화의 방향을 찾아보고 실천하기 위한 '순환적 과정' 중 '변화할 점 찾아보기'의 내용이다. 다음 항목 중 변화의 순서가 기관이나 교사마다 같지 않은 이유 1가지를 쓰시오.

| | |
|---|---|
| 기관 차원 | ○ 교육철학(놀이 중심)<br>○ 조직문화(자율성, 협력)<br>○ 학부모 지원(놀이 중심 교육과정 이해)<br>○ 운영 및 실제(문서, 주제, 시간, 공간, 자료의 기관 차원에서의 지원) |
| 교사 차원 | ○ 교육철학(놀이 중심)<br>○ 교육과정 지식 및 이해<br>○ 일과 구성 및 실행 역량<br>○ 관찰, 기록 및 평가 역량<br>○ 운영 및 실제(문서, 주제, 시간, 공간, 자료의 자율적 운영과 허용적 지원) |

• : _____

# 5

「2019 개정 누리과정」
놀이 이해자료

# 「2019 개정 누리과정」 놀이 이해자료

**01** 유능한 유아의 특성은 각 인간상과 연계하여 통합성을 가지고 순환된다. 다음 표를 보고 물음에 답하시오.

1) 유아의 특성과 관련된 추구하는 인간상 ㉠~㉤을 각각 쓰시오.

| 유아의 특성 | 개정 누리과정이 추구하는 인간상 |
|---|---|
| 몸을 움직인다. | ㉠ |
| 하고 싶은 것을 스스로 선택한다. | ㉡ |
| 상상한다. | ㉢ |
| 재미와 기쁨을 느낀다. | ㉣ |
| 주변과 관계를 맺는다. | ㉤ |

- ㉠ : _____
- ㉡ : _____
- ㉢ : _____
- ㉣ : _____
- ㉤ : _____

2) 다음 ①~⑮와 관련있는 1)의 추구하는 인간상 ㉠~㉤의 기호를 각각 쓰시오.

| | 구체적 특성 | 추구하는 인간상 ㉠~㉤ |
|---|---|---|
| ① | 놀이에서 유아는 감각을 사용한다. | |
| ② | 놀이에서 유아는 도움을 주고받는다. | |
| ③ | 놀이에서 유아는 감정을 표현한다. | |
| ④ | 놀이에서 유아는 마음껏 움직인다. | |
| ⑤ | 놀이에서 유아는 호기심이 많다. | |
| ⑥ | 놀이에서 유아는 창의적으로 탐구한다. | |
| ⑦ | 놀이에서 유아는 안전하게 몸을 움직이며 보호한다. | |
| ⑧ | 놀이에서 유아는 세상에 대해 다양한 방식으로 표현한다. | |
| ⑨ | 놀이에서 유아는 적극적으로 탐색한다. | |
| ⑩ | 놀이에서 유아는 아름다움을 느낀다. | |
| ⑪ | 놀이에서 유아는 사람과 소통한다. | |
| ⑫ | 놀이에서 유아는 자긍심을 가진다. | |
| ⑬ | 놀이에서 유아는 세상을 살피고 돌본다. | |
| ⑭ | 놀이에서 유아는 다양하게 시도한다. | |
| ⑮ | 놀이에서 유아는 감정을 해소한다. | |

## 2019 개정 누리과정

3) 다음 ⓐ~ⓓ에 해당하는 유아의 구체적 특성을 2)의 ①~⑮에서 찾아 숫자를 쓰시오.

> ⓐ 유아는 자신이 상상하고 탐구한 것을 자기만의 방식으로 자유롭게 표현한다. 호기심이 많고 상상력이 풍부한 유아는 자연과 일상에서 만나는 다양한 사물과 문제에 대해 스스로 탐구하고 자신만의 방식으로 표현한다. 놀이하는 유아는 호기심을 갖고 상상하고 탐구하고 자신만의 방식으로 자유롭게 표현하는 유능함을 가지고 있다.
>
> ⓑ 유아는 놀이에서 다른 사람과 생각이 다를 때, 친구와 함께 놀고 싶을 때, 자신이 원하는 역할을 맡고 싶을 때 등의 여러 상황에서 발생하는 갈등을 풀어갈 수 있다. 상황을 지켜보기도 하고, 순서를 정하기도 하면서 더 나은 방법을 찾기 위해 협력한다.
>
> ⓒ 유아는 몸을 움직이며 감각으로 세상과 만난다. 보고, 듣고, 냄새 맡고, 맛보고, 만지고, 온몸을 움직이면서 세상과 교류한다. 파란 하늘, 향기 나는 꽃, 달콤한 딸기, 시원한 바람, 말랑한 찰흙, 가벼운 종이, 동그란 구슬 등을 온몸으로 온 감각으로 느낀다.
>
> ⓓ 유아는 하고 싶은 것을 스스로 결정하고 적극적으로 실행한다. 놀이하는 유아는 "해 볼래요.", "할 수 있어요."라고 말한다. 유아가 스스로 선택하였지만 생각만큼 되지 않을 때도 있다. 그래도 포기하지 않는다. 가끔은 어려운 것도 선택한다. 놀이에는 유아가 하고 싶은 것을 스스로 선택하고자 하는 욕구가 나타난다. 유아는 자신이 원하는 것이 무엇인지, 그것을 어떻게 해 나갈 것인지에 대한 답을 찾기 위해 적극적으로 탐색한다.

- ⓐ : _____
- ⓑ : _____
- ⓒ : _____
- ⓓ : _____

## 02 놀이의 특성인 '자유로움'과 관련하여, 아래 ㉠~㉢의 내용을 쓰시오.

> ㉠ 계획된 목적으로부터의 자유
> ㉡ 규칙으로부터의 자유
> ㉢ 사실(현실)로부터의 자유
> ㉣ 시간과 공간의 제약으로부터의 자유

- ㉠ : _____
- ㉡ : _____
- ㉢ : _____
- ㉣ : _____

## 03 다음은 놀이의 특성인 '주도성'과 관련한 구체적 특성들이다. ㉠~㉣의 특성과 관련하여 보기 의 ⓐ~ⓓ를 연결하시오.

> ㉠ 자신의 신체, 정신, 행위를 스스로 통제하고 주의를 기울이고 끈기 있게 집중하게 한다.
> ㉡ 유아는 놀이하면서 신체적, 사회적, 인지적으로 능동적이며 자발적인 참여를 끊임없이 이어간다.
> ㉢ 유아는 놀이하는 가운데 주도적으로 놀이 맥락을 생성하고 목표를 만들면서 세상을 새롭게 창조해 나간다.
> ㉣ 놀이 주제, 놀이자료, 놀이 상대, 이야기 줄거리는 개인 또는 집단의 흥미와 관심에 따라 즉흥적으로 생성되고 소멸되고 연결되고 변형된다.

# 5 「2019 개정 누리과정」 놀이 이해자료

**보기**

ⓐ 자발성, 능동성  ⓑ 내재적 동기
ⓒ 즉흥적 전개  ⓓ 놀이 속 창의성

- ㉠ : _____
- ㉡ : _____
- ㉢ : _____
- ㉣ : _____

## 04 다음은 놀이의 특성인 '즐거움'과 관련한 구체적 특성들이다. ㉠~㉣의 특성과 관련하여 **보기** 의 ⓐ~ⓓ를 연결하시오.

㉠ 비언어적 또는 언어적 유머는 놀이의 즐거움을 이루는 주요 특성이다. 놀이에서 유머가 사용되어 유희성이 증폭되면 즐거움이 강화되고 공유된다.
㉡ 유아는 놀이에서 정서적 긴장, 두려움, 갈등을 해소하고, 따뜻함, 배려, 아름다움과 같은 심미성을 통합함으로써 즐거움을 경험한다.
㉢ 호기심을 가지고 세상의 다양한 물질과 만나서 자유롭게 탐색하는 과정에는 유아 고유의 가설을 생성하고 실험하고 관찰하고 도전하며 문제해결을 하는 성취감과 즐거움이 있다.
㉣ 유아는 또래, 교사와 함께 협력하고, 놀이를 반복하고 변화를 발견하는 재미를 느끼며 기쁨을 표현한다.

**보기**

ⓐ 재미와 기쁨, 몰입  ⓑ 마주침, 실험
ⓒ 해소, 심미성  ⓓ 유머

- ㉠ : _____
- ㉡ : _____
- ㉢ : _____
- ㉣ : _____

## 05 다음은 교사가 유아의 놀이에 주목하는 계기에 대한 내용이다. 이 중 관련이 없는 것 1가지를 찾아 기호를 쓰시오.

㉠ 유아의 놀이가 짧게 끝나고, 다른 놀이로 옮겨 가서
㉡ 유아가 관심과 흥미를 보여서
㉢ 유아에게 놀이자료를 제공한 후 놀이 과정이 궁금해서
㉣ 유아가 혼자 놀아서
㉤ 5분 이상 같은 놀이를 계속해서
㉥ 유아가 바깥놀이에서 무엇을 배우는지 궁금해서
㉦ 유아가 하는 놀이의 규칙을 이해할 수 없어서
㉧ 유아가 한 가지 놀이만 해도 배울 수 있는지 궁금해서
㉨ 유아가 교사의 생각(계획)과 다르게 놀이해서
㉩ 유아 사이에 갈등이 일어날 것 같아서
㉪ 유아가 주제와 관련되지 않은 놀이를 해서
㉫ 교사가 제안한 놀이를 유아가 어떻게 주도해 가는지 궁금해서

- 기호 : _____

## 06 다음 ㉠과 ㉡에 해당하는 말을 각각 쓰시오.

유아의 놀이를 따라가기 시작하면 교사는 놀이하며 배우는 유아의 ( ㉠ )을/를 발견하게 된다. 유아가 놀이에서 개정 누리과정 5개 영역의 내용과 그 이상을 경험하고 있다는 것을 보게 되는 것이다. 이때 교사는 유아의 놀이 경험에 대하여 짧은 2~3줄의 문장이나 몇 장의 사진 등을 남길 수 있다. 이 ( ㉡ )은/는 유아 배움의 내용, 방식, 과정을 포함한다. ( ㉡ )을/를 통해 교사는 개정 누리과정이 어떻게 실행되었는지를 보여 줄 수 있다. 따라서 ( ㉡ )을/를 교사의 교육적 행위이다.

- ㉠ : _____
- ㉡ : _____

07  다음 유아의 놀이 장면을 보고 물음에 답하시오.

(은지는 코끼리 코 배에 실로폰 채 사람을 태우고 말한다.)
은지 : 이건 배야. 갈라지는 배.
은지 : (배를 멀리까지 움직여 보며) 수연아! 나 좀 도와줘. 나는 떠내려가고 있어!
수연 : (은지에게 가서 도와주는 흉내를 내며) 내가 도와줄게!
은지 : 실로폰 하나 더 가져와서 놀자.
(수연이와 은지는 실로폰 두 개를 가져와서 각각 하나씩 앞에 놓고 실로폰 채가 실로폰의 건반 하나하나를 건너는 놀이를 한다. 수연이와 은지는 15분 동안 음률 공간의 코끼리 코 악기, 실로폰 채, 실로폰을 가지고 놀이하며 그들만의 이야기를 만들며 놀이를 한다.)

1) 다음 2019 개정 누리과정 의사소통 영역의 내용 ⓐ와 관련된 유아의 말을 위에 제시된 놀이 장면에서 찾아 쓰시오.

| 내용 범주 | 내용 |
|---|---|
| 듣기와 말하기 | 말이나 이야기를 관심 있게 듣는다. |
| | 자신의 경험, 느낌, 생각을 말한다. |
| | 상황에 적절한 단어를 사용하여 말한다. |
| | ⓐ |
| | 바른 태도로 듣고 말한다. |
| | 고운 말을 사용한다. |

• : _____

2) 위에 제시된 유아의 놀이와 관련 있는 2019 개정 누리과정 의사소통 영역의 내용 범주 '책과 이야기 즐기기'의 '내용' 1가지를 쓰시오.

• : _____

3) 위에 제시된 유아의 놀이와 관련 있는 2019 개정 누리과정 예술경험 영역의 내용 범주 '창의적으로 표현하기'의 '내용' 1가지를 쓰시오.

• : _____

08  다음 유아의 놀이 상황을 보고 보기 에서 희영이에 대해 올바르게 이해한 교사 1명을 찾아 쓰시오.

(아이들이 구슬치기 놀이를 하고 있다. 구슬치기를 잘 하는 주연이는 큰 소리로 웃으며 또래들과 상호작용한다. 반면 희영이는 구슬치기가 재미없어 보인다.)
주연 : 내가 가르쳐 줄게. 이렇게 한쪽 눈을 감고 맞추면 돼. 발이 선에 안 넘어가게 하고 굴려.
희영 : 에이, 또 잘 안 되네.
(희영이는 놀이자료가 있는 선반으로 가서 작은 공 여러 개를 가져와서 구슬치기 하는 유아들 사이로 들어간다.)
희영 : 얘들아, 여기 봐. 새로운 게임 하자. 내가 새로운 게임 발견했어~

보기
◦ 권 교사 : 희영이는 친구들의 놀이를 방해하는 행동을 자주 합니다.
◦ 한 교사 : 희영이는 주연이에게 관계적 공격성을 내보이고 있습니다.
◦ 최 교사 : 희영이는 구슬보다는 공을 잘 다루는 유아입니다.
◦ 정 교사 : 희영이는 자신에게 놀이의 주도권이 없다는 것을 알고 놀이를 전환하려고 했습니다.

• : _____

## 5 「2019 개정 누리과정」 놀이 이해자료

**09** 다음 중 유아의 놀이 특성에 대한 설명 중 올바르지 <u>않은</u> 것 1가지를 찾아 기호를 쓰시오.

㉠ 놀이는 유아가 무언가에 대해 흥미를 가지는 순간 시작된다.
㉡ 일상 속 아주 작은 관심이나 새로운 놀이자료로 인해 놀이가 시작될 수 있다.
㉢ 놀이하는 동안 놀이가 새로운 놀이를 만들기도 한다.
㉣ 놀이의 시작은 분명하지만 끝은 분명하지 않다.
㉤ 놀이공간과 시간을 정하는 것은 유아의 놀이에 맞지 않다.

• 기호 : _____

**10** 유아가 비슷한 놀이를 반복하는 것을 보았을 때 교사의 지도 방법으로 올바르지 <u>않은</u> 것 1가지를 찾아 기호를 쓰시오.

㉠ 비슷한 놀이를 일단 관찰하여 그 안에서 다양한 놀이가 일어나지는 않는지 살펴본다.
㉡ 유아의 놀이가 변화하도록 놀이자료를 다양하게 제공해 준다.
㉢ 교사의 적극적인 지원이 필요하다는 신호일 경우가 있으므로 놀이를 지원할 수 있는 것이 무엇인지 살펴본다.
㉣ 놀이는 시간이 지나면서 변화되는 특성이 있으므로 적극적으로 개입하기보다는 잠깐 기다려 본다.
㉤ 다른 또래와 함께 놀면 놀이가 변화하는 경우가 있으므로 가능한 한 많은 또래와 함께 놀 수 있도록 한다.

• 기호 : _____

**11** 다음 밑줄 친 교사의 고민에 대해, 학습공동체를 활용한 문제해결 방법 1가지를 제시하시오.

저는 놀이를 관찰하고 기록하는 것이 매우 중요하다고 생각해요. 그래서 적극적으로 유아의 놀이를 기록에 남겨놓으려고 합니다. 그런데 제가 놀이를 바라보는 시각이 정말 맞는 것인지, 혹시 <u>과대평가나 과소평가를 하는 것은 아닌지 걱정이 됩니다.</u> 학습공동체를 통해 어떻게 해결해 나가면 좋을까요?

• : _____
_____

**12** 다음 놀이 규칙과 관련된 교사의 지도 내용 중 <u>부적절한</u> 것 2가지를 찾아 기호를 쓰시오.

㉠ 놀이에서는 즐거움이 중요하기는 하지만 안전과 관련된 규칙은 반드시 지키도록 해야 한다.
㉡ 규칙이 없는 놀이도 허용해야 한다.
㉢ 교사의 시선이 미치지 않는 공간에서 유아들이 노는 것은 절대 허용해서는 안 된다.
㉣ 이야기 맥락을 모른 채 끼어드는 유아가 있다면 갈등이 유발될 수 있으므로 교사는 신속하게 개입하여 중재해야 한다.

• 기호 : _____

memo

## 2019 개정
## 누리과정
### 총정리 문제집

**편저자** 배지윤
**펴낸이** 김장일
**펴낸곳** 우리교과서

**초판 2쇄 발행** 2022년 1월 10일

**편  집** 이효정
**디자인** 스노우페퍼

우리교과서  서울시 금천구 벚꽃로 254, 1204호
문의 02-2113-7535
팩스 02-2113-7536
신고번호 제396-2014-000186호

**정가** 35,000원

**ISBN** 979-11-87642-33-6 (13370)

이 책에 실린 모든 내용의 무단 전재와 복제를 금합니다.
잘못된 책은 구입하신 곳에서 교환해 드립니다.

# 2019 개정 누리과정
## 총정리 문제집

### 정답과 해설

### 이 책의 기호 표시

| 2019해 | 2019 개정 누리과정 해설서 |
| 2019실 | 2019 개정 누리과정 놀이 실행자료 |
| 2019이 | 2019 개정 누리과정 놀이 이해자료 |
| 누리해 | 배지윤의 누리해설 해설서 |
| 누리실 | 배지윤의 누리해설 놀이 실행자료 |
| 누리이 | 배지윤의 누리해설 놀이 이해자료 |
| 2015해 | 2015 개정 누리과정 해설서 |
| 2015지 | 2015 개정 누리과정 지침서 |
| 2007개정 | 2007 개정 유치원 교육과정 |

# 차 례

## 1 누리과정의 이해 … 4
- Ⅰ. 누리과정의 제정과 개정 … 4
- Ⅱ. 국가 수준 교육과정으로서 누리과정 … 4
- Ⅲ. 누리과정 개정의 취지 … 4
- Ⅳ. 누리과정의 주요 개정 내용 … 5
- Ⅴ. 개정 누리과정의 구성 … 5

## 2 총론 해설 … 15
- Ⅰ. 누리과정의 성격 … 5
- Ⅱ. 누리과정의 구성 방향 … 5
  1. 추구하는 인간상 … 5
  2. 목적과 목표 … 6
  3. 구성의 중점 … 6
- Ⅲ. 누리과정의 운영 … 7
  1. 편성·운영 … 7
  2. 교수·학습 … 10
  3. 평가 … 16

## 3 영역별 목표 및 내용 해설 … 17
- Ⅰ. 신체운동·건강 … 17
- Ⅱ. 의사소통 … 20
- Ⅲ. 사회관계 … 21
- Ⅳ. 예술경험 … 22
- Ⅴ. 자연탐구 … 26

## 4 「2019 개정 누리과정」 놀이 실행자료 … 29
- Ⅰ. 개정 누리과정과 교사의 역할
  1. 교육과정의 변화와 교사의 역할 … 29
  2. 교육과정의 변화 준비하기 … 29

## 5 「2019 개정 누리과정」 놀이 이해자료 … 30

# 정답과 해설

## 1 누리과정의 이해

### Ⅰ. 누리과정의 제정과 개정    본책 p.6

**01** 2019해 p.8 / 누리해 p.8
1)
- ㉠ : 1969

2)
- ㉡ : 표준보육과정
- ㉢ : 유치원교육과정

**02** 2019해 pp.8~9 / 누리해 p.8
1)
- ㉠ : 공통

2)
- ㉢ : 2013
- ㉣ : 4-5

3)
- : 교육활동과 돌봄활동

**03** 2019해 pp.8~9 / 누리해 p.8
1)
- ㉠ : 유아교육혁신방안

2)
- ㉡ : 교육

### Ⅱ. 국가 수준 교육과정으로서 누리과정    본책 p.7

**01** 2019해 p.10 / 누리해 p.9
1)
- ㉠ : 조직
- ㉡ : 교육내용
- ㉣ : 유아

2)
- : 잠재적 교육과정

**02** 2019해 p.11/p.25 / 누리해 p.9/pp.20~21
1)
- ㉠ : 공통성
- ㉡ : 지역
- ㉢ : 기관
- ㉣ : 학급(반) 및 개인

2)
- ⓐ : 만들어가는 교육과정
- ⓑ : 개인차

3)
- : 유아

### Ⅲ. 누리과정 개정의 취지    본책 p.9

**01** 2019해 p.12 / 누리해 p.11
- : ㉠ 역량, ㉡ 활용, ㉢ 바른 인성

**02** 2019해 p.12 / 누리해 p.11
- ㉠ : 연령별 교육내용이 과다
- ㉡ : 간략화

**03** 2019해 p.13 / 누리해 p.12
1)
- ① : 지도서에 의존하여 누리과정을 획일적으로 운영하고자 한 점이다.
- ② : 유아의 흥미를 반영하기보다 교사가 흥미 영역을 준비하여 제공하고자 한 점이다.

2)
- ㉠ : 스스로
- ㉡ : 주도
- ㉢ : 의미
- ㉣ : 지원

**04** 2019해 pp.13~14 / 누리해 p.12
- ㉠ : 유아의 놀이는 예측하여 계획하기 어렵기 때문이다. (따라서 교사는 유아의 놀이 흐름에 따라 가장 적합한 교육적 지원이 무엇인지를 상황에 따라 판단하고 실천해야 한다.)
- ㉡ : 교사의 자율성과 다양성을 존중하기 위해서이다.

## Ⅳ. 누리과정의 주요 개정 내용    본책 p.11

**01**  2019해 pp.15~16   누리해 pp.13~14
- ㉠ : 성격
- ㉡ : 교육과정
- ㉢ : 추구하는 인간상
- ㉣ : 초등학교 교육과정
- ㉤ : 상회
- ㉥ : 접합성

**02**  2019해 p.17   누리해 p.15
- ㉠ : 교사
- ㉡ : 유아
- ㉢ : 놀이
- ㉣ : 배움

**03**  2019해 pp.18~19   누리해 pp.15~16
- ① : ㉠ 대강, ㉡ 연령, ㉢ 간략화
- ② : ⓐ 적정화, ⓑ 59

**04**  2019해 pp.19~20   누리해 pp.16~17
- ㉠ : 자율성
- ㉡ : 계획안
- ㉢ : 흥미 영역
- ㉣ : 통합
- ㉤ : 평가
- ⓐ : 간략화
- ⓑ : 교육적 판단
- ⓒ : 사전 계획
- ⓓ : 생활주제
- ⓔ : 대상
- ⓕ : 방법
- ⓖ : 결과 활용

## Ⅴ. 개정 누리과정의 구성    본책 p.13

**01**
- ㉠ : 성격
- ㉡ : 추구하는 인간상
- ㉢ : 59

## 2 총론 해설
### Ⅰ. 누리과정의 성격    본책 p.16

**01**  2019해 pp.24~25   누리해 p.20
- ① : 최 교사
- ② : 여기서 '공통'이란 유치원과 어린이집 모두를 지칭한다.

**02**  2019해 p.25   누리해 pp.20~21
- ① : ㉠ 공통성, ㉡ 개인, ㉢ 다양성
- ② : 2019 개정 누리과정 5개 영역의 내용에 근거하여 교육계획을 세운 것이다.
- ③ : 유아의 흥미에 따라 해변 홍보 그림 그리기, 물놀이 시 주의 사항에 대해 동시 짓기, 미아 예방 노래 만들기를 하도록 한 것이다.

**03**  2019해 p.25   누리해 pp.20~21
- ㉠ : 국가
- ㉡ : 지역
- ㉢ : 기관
- ㉣ : 개인

**04**  2019해 pp.26~27   누리해 pp.21~22
- ㉠ : ⓓ
- ㉡ : ⓐ, ⓒ
- ㉢ : ⓑ, ⓔ, ⓕ

**05**  2019해 p.27   누리해 p22
- ㉠ : 교사와 원장(감)
- ㉡ : 학부모
- ㉢ : 유치원

### Ⅱ. 누리과정의 구성 방향
### 1. 추구하는 인간상    본책 p.18

**01**
1)  2019해 pp.28~30   누리해 pp.23~24
- ㉠ : 건강한 사람
- ㉡ : 자주적인 사람
- ㉢ : 창의적인 사람
- ㉣ : 감성이 풍부한 사람
- ㉤ : 더불어 사는 사람

# 정답과 해설

2)
- ⓐ : 건강한 사람
- ⓑ : 감성이 풍부한 사람

## 2. 목적과 목표 　　　　본책 p.20

**01** 2019해 pp.30~31　누리해 p.25
- ㉠ : 추구하는 인간상
- ㉡ : 목적
- ㉢ : 목표

**02** 2019해 p.31　누리해 p.25
- ㉠ : 놀이
- ㉡ : 건강
- ㉢ : 바른 인성
- ㉣ : 민주 시민

**03** 2019해 pp.31~34　누리해 pp.25~27
1)
- ㉠ 건강한 사람, ㉡ 자주적인 사람, ㉢ 창의적인 사람, ㉣ 감성이 풍부한 사람, ㉤ 더불어 사는 사람
2)
- ⓐ : ㉢
- ⓑ : ㉤
- ⓒ : ㉠
- ⓓ : ㉣
- ⓔ : ㉡

**04**
- : 정 교사, 누리과정의 목표는 5개 영역의 목표와 일대일 대응 관계가 아니다.

> **참고**
> 2019해 p.34　누리해 p.27
> 누리과정의 목표는 5개 영역의 목표와 일대일 대응 관계가 아니며, 59개의 내용에 고르게 분포되어 있다.

## 3. 구성의 중점 　　　　본책 p.21

**01**
- : 백 교사

> **참고**
> 2019해 p.35　누리해 p.28
> 모든 유아란 연령, 발달, 장애, 종교나 가족구성, 지역 등의 사회·경제적 배경과 문화적 배경에 의해 배제되거나 차별받지 않는다는 것을 의미한다. 아울러 유아의 관심사, 능력, 발달적 요구 등의 차이를 존중하여 구성한다.

**02** 2019해 pp.35~36　누리해 p.28
1)
- ㉠ : 태도 및 가치
2)
- ⓐ : 인성
- ⓑ : 정의적
3)
- : 절충적 방식

**03**
- : 송 교사

> **참고**
> 2019해 p.36　누리해 pp.28~29
> 교사는 개정 누리과정의 5개 영역을 분절하여 이해하거나 특정 교과 또는 연령별로 가르쳐야 하는 세부 내용으로 이해하지 않도록 유의할 필요가 있다.

**04** 2019해 p.37　누리해 p.29
1)
- ㉠ : 경험
- ㉡ : 초등학교
2)
- 교사는 유아를 정해진 기준에 따라 예단하여 이해하지 않고, 유아가 자신의 연령과 발달에 따라 자연스럽게 놀이하며 배우는 경험을 있는 그대로 이해하게 된다. 또한 연령에 따라 많은 세부 내용을 가르쳐야 한다는 부담을 내려놓고 유아가 스스로 놀이하며 배우는 경험을 중심으로 누리과정을 운영해 갈 수 있다.
3)
- ⓐ : 접합성

## Ⅲ. 누리과정의 운영
### 1. 편성 · 운영    본책 p.23

**01** 2019해 pp.38~39    누리해 p.30
- ㉠ : 4~5
- ㉡ : 교육과정
- ㉢ : 국가

**02** 2019해 p.39    누리해 p.30
1)
- ㉠ : 확장

2) 2019해 p.39
- 기호 : ⓑ
- 수정 : 1일 1개 1시간 이내

**03** 2019해 pp.39~40    누리해 p.31
1)
- ㉠ : 계획
- ㉡ : 자율성
- ㉢ : 보육
- ㉣ : 지원

2)
- ㉤ : 유아가 실제 놀이한 내용 및 놀이를 지원하는
- ㉥ : 최소화
- ㉦ : 안전

**04** 2019실 pp.24~31    누리실 pp.150~160
1)
- ㉠ : 시간
- ㉡ : 바깥놀이

2)
- ㉢ : 융통성

**05** 2019실 p.25    누리실 p.151
- 교육 예산

**06** 2019실 p.25    누리실 p.151
- 기호 : ㉣

**07** 2019실 p.26    누리실 p.152
- 기호 : ㉤

**참고**
2019해 pp.39~40    누리해 p.31
교사는 자율적인 계획 수립의 의미를 계획안을 작성하지 않아도 된다거나 단순히 업무를 줄이는 방식으로 이해하지 않도록 유의해야 한다.

**08** 2019해 p.40    2019실 p.26    누리해 p.31    누리실 p.152
- 기호 : ㉣

**참고**
2019실 p.26    누리실 p.152
기관에 따라서 계획안이라는 문서에 실행과 평가를 동시에 기록하고 있으므로 계획, 기록, 평가를 통합한 양식을 놀이기록과 평가, ○○반 놀이 이야기 등 다양한 명칭으로 부를 수도 있다.

**09** 2019실 p.96    누리실 p.157
- ㉠ : 바깥놀이
- ㉡ : 이야기 나누기, 동화

| 누리과정 운영 평가 | ○ 나뭇가지를 탐색하고, 스카프를 활용하여 놀이하는 시간이 길어져서 바깥놀이 시간을 연장함.<br>○ 계획해 둔 이야기 나누기와 동화 활동은 반드시 진행하지 않아도 되는 활동이라고 판단함.<br>○ 점심식사 시간을 여유 있게 계획해 두었기 때문에 식사 시작 시간을 늦추어도 무리가 없다고 판단함. |
|---|---|

**10** 2019해 pp.40~41    누리해 p.32
2019실 pp.26~27    누리실 p.157
1)
- ㉠ : 바깥놀이
- ㉡ : 놀이
- ㉢ : 활동

2)
- ⓐ : 점심

3)
- : 융통성

## 정답과 해설

### 11
- 기호 : ⓒ
- 이유 : 놀이시간을 짧게 여러 번 제공하여 유아가 충분히 놀이하기에 시간이 짧아 몰입을 어렵게 했기 때문이다. 놀이시간은 긴 시간으로 편성하여 흐름이 끊기지 않도록 해야 한다.

**참고**

1. 2019해 p.32  누리해 p.41
놀이시간은 짧게 여러 번 제공하기보다 긴 시간으로 편성하여 놀이의 흐름이 끊기지 않고 유아가 충분히 놀이하고 몰입할 수 있도록 한다.

2. 2019실 p.27  누리실 p.158
바깥놀이를 포함한 놀이시간이 분절되지 않고 지속적으로 운영될 때, 유아는 놀이에 몰입하면서 의미 있는 배움의 기회를 가질 수 있다. 그러므로 유아들이 놀이의 흐름이 끊어지지 않고 충분히 놀았다고 느낄 수 있도록 놀이시간을 편성하는 것이 중요하다.

### 12  2019실 pp.27~29  누리실 pp.157~158
- 기호 : ⓒ

**참고**

2019실 pp.28~29  누리실 p.158
놀이의 흐름을 지속하기 위하여 유아의 기본적인 요구를 방해하지 않는 범위 내에서 일상생활 운영방법, 일과 중 시간 배치 등의 변화를 시도해 볼 수 있다. 예를 들어, 간식이나 화장실 다녀오기 등의 일상생활은 놀이시간과 분리되어 일어나기도 하지만 놀이를 하는 과정에도 허용될 수 있도록 한다.

### 13  2019실 pp.29~30  누리실 pp.158~159
- 기호 : ⓒ

**참고**

2019실 p.29  누리실 p.159
활동에 참여하는 유아는 학급 전체가 될 수도 있고 관심 있는 소집단의 유아가 될 수도 있다.

### 14  2019실 pp.30~31  누리실 p.159
- 기호 : ㉠, ㉤

**참고**

2019실 pp.30~31  누리실 p.159
㉠ 일과의 순서는 일관성이 있어야 하지만 융통성 있게 운영되어야 한다.
㉤ 유아들과 함께 하루 일과를 평가하고 다음 날의 일과 중 일부를 유아 스스로 정해 보게 할 수 있다.

### 15  2019실 p.107, pp.143~144  누리실 p.160, 174, 212
- ㉠ : ⓒ
- ㉡ : ⓐ
- ㉢ : ⓑ

### 16  2019해 p.41~42  누리해 p.32
- ㉠ : 신체적 특성
- ㉡ : 문화적 배경
- ㉢ : 존중

### 17  2019해 p.42  누리해 p.33
1)
- ㉠ : 조정
- ㉡ : 개별화의 원리

2)
- ㉢ : 보편
- ㉣ : 내용
- ㉤ : 통합
- ㉥ : 개별화

### 18  2019해 p.43  누리해 p.33
- ㉠ : 가정
- ㉡ : 지역사회
- ㉢ : 놀 권리

### 19  2019실 pp.73~77  누리실 p.195
1)
- 기호 : ⓑ

**참고**

2019실 p.74  누리실 p.195
중요한 것은 기관의 교육적 관점을 일방적으로 전달하는 것이 아니라 학부모가 자신의 자녀를 포함한 유아의 놀이를 이해하고 가정에서의 지원을 위해 놀이참여자로서 어떤 역할을 해야 하는지를 이해할 수 있도록 지원하는 것이다. 또한, 학부모들이 가지고 있는 놀이에 대한 관점을 일시에 바꾸려는 시도보다는 놀이의 교육적 가치를 공유하고 점진적 변화를 모색하는 것이 바람직하다.

2)
- 기호 : ⓒ

**참고**

2019실 p.76  누리실 p.196
보여 주기 위한 사진을 전시하거나 반복되는 일과를 보고하는 것보다는 놀이에 대한 구체적 내용을 공유함으로써 놀이를 통한 경험과 배움에 대해 소통하는 것이 바람직하다.

3)
- 기호 : ⓓ

> **참고**
> 2019실 p.77　누리실 p.197
> 지역사회 어르신들이 놀이 선생님으로 기관을 방문하여 교실에서 유아들과 함께 놀이함으로써 세대 간 놀이문화와 정서를 교류하였다.

**20** 2019실 p.78　누리실 p.198
- : 청소년 수련원

**21** 2019실 pp.78~82　누리실 pp.198~200
- 기호 : ㉢

**22** 2019실 p.82　누리실 p.200
- : 누리과정 포털(i-누리)

**23** 2019해 p.43　누리해 pp.33~34
- ① : 유아의 경험을 확장할 수 있는 기회를 마련할 수 있다.
- ② : 유치원을 지원하는 공공기관과의 상호 협의를 통해 누리과정 운영을 지원받고 원활하게 운영할 수 있다.

**24** 2019해 p.43　누리해 p.34
- ㉠ : 연수

**25**
- ㉠ : ⓒ
- ㉡ : ⓑ
- ㉢ : ⓐ

> **참고**
> 하그리브스와 풀란(Hargreaves & Fullan, 1992)의 교사 발달에 대한 관점
> 
> | | |
> |---|---|
> | | 교사 발달은 교사의 개인적인 특징이나 조직환경의 다양한 요인 등에 의해 서로 다르게 나타날 수 있음. |
> | 지식과 기술발달로서의 교사 발달 | 교사의 효과적인 교수를 위하여 교사에게 교수 관련 지식과 기술을 학습하고 향상시킬 수 있는 기회를 주어야 한다는 관점. |
> | 자기 이해로서의 교사 발달 | 교사의 연령, 성, 생활방식, 발달단계, 특정한 관심과 욕구, 교직 경력, 생애사 등의 개인적 측면은 교사 자신과 그의 교수 방식 등 교사의 전문성 발달에 중요한 영향을 미친다는 관점. |
> | 생태학적 변화로서의 교사 발달 | 교사의 근무환경, 교수상황 등의 생태학적 상황이 교사 발달에 효과적인 영향을 줄 수 있다는 관점. |

**26** 2019실 p.68　누리실 p.192
1)
- : 학습공동체

2)
- ① : 교사 개인의 전문성 신장을 위해서이다.
- ② : 유치원 공동체가 함께 성장하며 교육 실행력을 제고하기 위해서이다.

**27** 2019실 pp.68~72　누리실 pp.192~194
- 교사 이름 : 유 교사
- 이유 : 유치원은 모든 교사들이 자발적으로 합의된 교육적 비전과 가치를 가져야 하기 때문이다.

**28** 2019실 pp.68~72　누리실 pp.192~194
- 기호 : ㉡

> **참고**
> 2019실 p.69　누리실 p.192
> 수직적 관계 속에서 하향식으로 전달된 교육 비전이 실제 유아의 놀이에서 지속적으로 발현되기란 쉽지 않다.

**29** 2019실 pp.68~72　누리실 pp.192~194
- 기호 : ㉥

> **참고**
> 2019실 p.70　누리실 p.193
> 학습공동체가 형식적 운영에 그치지 않기 위해서는 교사들이 자유롭게 주제를 선정하고 의견을 나눌 수 있는 수용적 분위기와 자율성이 부여되어야 한다.

**30** 2019실 pp.68~72　누리실 pp.192~194
- ㉠ : ⓓ
- ㉡ : ⓒ
- ㉢ : ⓔ
- ㉣ : ⓐ
- ㉤ : ⓑ

# 정답과 해설

**31**  2019실 p.72    누리실 p.194

- 기호 : ㅁ

**참고**
학습공동체가 효과적으로 운영되기 위해서는 사례를 이론과 연결 지을 수 있는 전문적 지식, 관찰과 분석능력, 공감하기, 융통성과 민감성, 실천을 위한 도전정신 그리고 체력 등이 필요하다.

## 2. 교수 · 학습     본책 p.35

**01**  2019해 p.44    누리해 p.34

- ㉠ : 환경
- ㉡ : 상호작용

**02**

- : 놀잇감(교재, 교구)

**03**  2019해 pp.44~45    누리해 pp.34~35

1)
- ㉠ : 흥미
- ㉡ : 자유

2)
- ㉢과 ㉤ : 자연
- ㉣과 ㉥ : 사물

3)
- : 유아가 다양한 놀이환경을 만나면서 자유롭게 놀이를 즐기고 놀이를 주도하도록 지원해 주는 것을 중요하게 생각한다.

**참고**
2019해 pp.44~45    누리해 p.35
유아는 성인의 간섭과 통제가 최소화되고 유아가 다양한 놀이환경과 만날 때 활발하게 나타난다. 따라서 실내의 제한된 흥미 영역에서 교사가 미리 준비한 놀이를 선택하게 하는 방식보다는 유아가 자유롭게 놀이하며 즐기는 방식으로 바꾸어 갈 필요가 있다.

**04**  2019해 pp.44~45    누리해 pp.34~35

1)
- ㉠ : 자유
- ㉡ : 즐기
- ㉢ : 주도

2)
- 기호 : [A]

3)
- ㉣ : 안전

**참고**
2019이 pp.17~25    누리이 p.227
놀이의 요소 : 자유로움, 주도성, 즐거움, 몰입, 상상력

**05**  2019해 pp.45~47    누리해 pp.35~37

1)
- ㉠ : 놀이
- ㉡ : 통합

2)
- : 연속성(계속성)의 원리, 상호작용의 원리

3)
- 기호 : ⓒ

4)
- 기호 : ⓓ

5)
- ⓐ : 안전
- ⓑ : 교통

**06**

- [A] : 소방기구 사용법
- [B] : 교통법규 이해하기
- [C] : 중독사고의 대처법과 예방법
- [D] : 유괴·유인 상황 목격 시 신고 요령

**07**

- 기호 : ㉣ (해당 교육 방법은 없어야 함)

**08**

- 기호 : ㉠, ㉢ (서로 자리가 바뀌었음)

**09**  2019해 pp.45~47    누리해 pp.35~37

- 기호 : ⓒ

**참고**
2019해 p.46    누리해 p.36
만일 교사가 유아의 놀이를 지원하기 위해 다양한 활동을 계획했더라도 이는 유아의 관심과 흥미에 따라 얼마든지 수정할 수 있다. 유아의 흥미나 관심 등을 고려하지 않고 미리 정해진 생활주제에 따라 활동을 진행하기보다는 유아가 주도해 가는 놀이와 연계하여 활동을 진행하는 것이 바람직하다.

## 10
- ㉠ : 13
- ㉡ : 6

## 11  2019해 pp.39~41, 45~47   누리해 p.31, pp.35~37
- 기호 : ⓜ

## 12  2019해 pp.45~47   누리해 p.36
- : 교사의 기분

## 13
- 기호 : ⓒ
- ⓐ : 기록
- ⓑ : 계획안

> **참고**
> 2019해 p.47   누리해 p.37
> 교사가 유아의 놀이를 존중한다는 것은 유아의 놀이를 바라만 보거나 방관하는 것이 아니라, 유아의 배움에 필요한 지원 내용을 생각하고, 준비하고, 지원하는 과정을 모두 포함한다.

## 14
1)
- ㉠ : 활동
- ㉡ : 실내외
- ㉢ : 공간
- ㉣ : 놀이자료

2)
- 기호 : ⓑ

3)
- 기호 : ⓑ

> **참고**
> 2019해 p.48   누리해 p.37
> 교사는 유아가 몸을 충분히 움직여 즐겁게 놀이하고 위험으로부터 자신을 안전하게 보호하는 능력을 기를 수 있도록 지원해야 한다.

4)
- ① : 인도 및 도로
- ② : 안전

5)
- 기호 : ⓓ, ⓔ

> **참고**
> 2019해 pp.48~49   누리해 p.38
> 1. 비구조적인 열린 자료를 풍부하게 제공하여 유아가 자신만의 방식으로 활용할 수 있도록 지원하며 유아가 찾아낸 새로운 놀이자료나 창의적인 놀이 방식을 인정하고 존중해야 한다.
> 2. 놀이자료를 제공할 때는 유아가 자유롭게 탐색할 수 있도록 자료의 사용 방법이나 놀이 방식을 지나치게 제한하지 않도록 유의한다.

## 15  2019실 pp.50~55   누리실 pp.176~178
1)
- : 이 교사

2)
- : 유아는 그 공간뿐 아니라 비슷한 특성을 지닌 다른 공간도 안전하게 사용하는 방법을 스스로 배울 수 있기 때문이다.

> **참고**
> 2019실 pp.51~52   누리실 p.176
> 교사는 위험 요소에 대한 민감성이 있어야 하지만, 한 번 정한 놀이 규칙을 고수하기보다는 허용할 수 있는 방법을 찾아보려는 노력도 필요하다. 위험 요소가 있는 놀이상황에 대해 교사는 무조건 어떤 놀이를 금지하기보다 왜 그 놀이가 위험할 수 있는지 유아들과 의논하는 과정을 통해 위험 요소를 해결하고 놀이할 수 있는 방법을 찾아볼 수 있다.

## 16  2019실 pp.50~55   누리실 pp.176~178
- ① : 기관 내 소통이 우선되어야 학부모에게 유아·놀이 중심 교육과정에서 획일적이고 통제적인 모습이 나타나지 않는 이유를 잘 이해시킬 수 있다.
- ② : 학부모가 놀이와 안전에 대한 기관의 철학을 공유할 수 있으면 교사의 자율적인 학급운영에 대한 지지자가 되어 줄 수 있기 때문이다.
- ③ : 아이들은 놀이하면서 부딪히거나 긁힐 수도 있고 이 과정에서 스스로를 보호할 수 있는 법을 배우게 된다는 것에 학부모님들이 공감해 주면 교사들은 조금 더 편안한 마음으로 놀이 규칙을 허물고 허용해 줄 수 있기 때문이다.

## 17  2019해 pp.47~49   누리해 pp.37~38
1)
- ㉠ : 활동
- ㉡ : 실내외

2)
- 기호 : ⓓ
- 이유 : 유아 스스로 파악하게 하기보다는 교사가 먼저 안전에 문제가 없는지 파악해야 하기 때문이다.

## 18  2019실 p.32   누리실 p.161

- ㉠ : 공간
- ㉡ : 조직

## 19

- 기호 : ㉣

### 참고
2019실 pp.32~33   누리실 p.161

한 번 정한 영역을 한 학기 내내 고정하지 않고 놀이에 따라 즉각적으로 재배치해 주려는 융통성을 발휘해야 한다.

## 20

- 기호 : ㉡

### 참고
2019실 pp.33~34   누리실 p.162

유아의 놀이에 따라 넓은 공간이 필요하기도 하고 분리된 작은 공간이 필요하기도 하므로 영역의 크기는 무조건 넓게 하는 것이 아니라 유아의 흥미와 놀이 흐름에 따라 조정하도록 한다.

## 21

- 놀이를 방해하는 가구와 설비 : 치운다.
- 유아에게 관심이 적은 놀잇감 : 제거한다.
- 교실에서 꺼낸 자료 보관 방법 : 기관 내 여유 공간을 확보하고 동료 교원들과 의논하여 안전이 보장되는 범위에서 놀이공간을 확장한다.
- 교실 밖에 가구를 둘 때 : 교실 밖에 가구를 둘 때에는 소방법에 의거하여 비상대피로에 고정으로 설치되는 물건을 놓지 않도록 유의한다.

### 참고
2019실 pp.34~35   누리실 p.162

1. 교사는 놀이를 방해하는 가구와 설비를 치우거나, 유아에게 관심이 적은 놀잇감을 제거함으로써 놀이할 수 있는 충분한 공간을 만들어 줄 수 있다. 이때 교실에서 꺼낸 자료를 보관할 수 있는 기관 내 여유 공간을 확보하고 동료 교원들과 의논하여 안전이 보장되는 범위에서 놀이공간을 확장한다.
2. 유아들과 의논하여 관심이 적은 일부 놀이자료와 책상을 교실 밖 공간으로 옮겨 교실의 놀이공간을 넓힐 수 있다. 교실을 좀 더 넓히고 각 반이 서로 연결되는 공유 공간은 다른 연령과의 만남과 새로운 놀이가 일어나는 공간으로 만들 수 있다. 교실 밖에 가구를 둘 때는 소방법에 의거하여 비상대피로에 고정으로 설치되는 물건을 놓지 않도록 유의한다.

## 22

- 기호 : ㉣

### 참고
2019실 pp.35~36   누리실 pp.162~163

비상구나 비상계단 등 비상시 대피경로에 놀잇감이나 자료장을 배치하지 않도록 주의한다.

## 23  2019실 pp.36~38   누리실 pp.163~164

- ① : 교사는 각 공간의 위험 요소를 사전에 점검하고, 위험 요소를 치우거나 안전하게 처리한다.
- ② : 유아와 함께 안전에 유의할 수 있는 방법 및 공간을 활용할 수 있는 방법에 대해 함께 의논한다.

## 24

- 기호 : ㉠, ㉢

### 참고
2019실 pp.38~39   누리실 pp.164~165

1. 교사가 준비한 자료에 더하여 유아가 매일 마주치게 되는 일상의 사물들, 자연물이나 자연현상, OHP나 조명기구, 다양한 디지털 매체 등 모든 것이 자료가 될 수 있다.
2. 교사가 의도한 결과를 얻기 위해 계획한 활동으로 이끌기보다 자료가 어떻게 놀이의 매개가 되는지 지켜보고 유아가 스스로 선택한 방법 속에서 배움이 일어나도록 지원한다.

## 25  2019실 p.40   누리실 p.165

- 기호 : ㉣

## 26

- 기호 : ㉤

### 참고
2019실 p.41   누리실 p.166

실내에서도 유아의 신체 움직임을 지나치게 통제하거나 율동 및 대근육 시간에만 허용하지 말고 유아의 몸 움직임에서 놀이성을 찾아 지원한다.

## 27
- 놀이 예 : 다음 '참고'와 관련된 놀이들

> **참고**
> `2019실` p.42　`누리실` p.166
> 1. 실외로 나가면 유아는 놀잇감이 없어도 자신의 몸으로 놀이를 할 수 있고 또 다른 유아와 만나 몸을 이용해 함께 하는 놀이를 하기도 한다.
> 2. 실내에서도 유아의 신체 움직임을 지나치게 통제하거나 율동 및 대근육 시간에만 허용하지 말고 유아의 몸 움직임에서 놀이성을 찾아 지원한다.
> 3. 대문놀이, 달리기, 술래잡기, 꼬리잡기 놀이 등은 자료 없이 몸으로 놀 수 있는 놀이들이다.

## 28
- 기호 : ㉠

> **참고**
> `2019실` p.43　`누리실` p.166
> 놀이 중심 교육과정에서는 주제를 미리 정해 두고 놀이자료도 주제에 맞추어 제시하는 것을 지양한다.

## 29
1)
- ㉠ : 유아
- ㉡ : 교사
- ㉢ : 환경

2)
- : 집단 역동성의 원리

> **참고**
> `2007개정` 지도서 총론
> 교수·학습의 원리 : 놀이 중심의 원리, 생활 중심의 원리, 개별화의 원리, 집단역동성의 원리, 자발성의 원리, 융통성의 원리

3)
- 기호 : ㉢

> **참고**
> `2019해` pp.49~50　`누리해` pp.38~39
> 교사는 답이 정해진 질문을 하거나 일방적으로 지식을 전달하기 위해 개입하는 것이 아니라 유아의 흥미와 관심에 교감하며 놀이를 지원하는 상호작용을 하도록 한다.

4)
- : 물, 모래, 블록, 종이

## 30
1)
- ㉠ : 유아
- ㉡ : 교사
- ㉢ : 환경
- ㉣ : 상호작용

2)
- 기호 : ⓓ

3)
- ㉠ : 아동-발달 모형
- ㉡ : 언어-인지 모형
- ㉢ : 언어-교수 모형
- ㉣ : 감각-인지 모형

## 31
- 기호 : ⓓ

> **참고**
> `2019해` pp.49~50　`누리해` pp.38~39
> ⓐ 유아는 놀이에서 다양한 사물, 자료, 자연물 등을 만지고 움직여 보며 새로운 흥미와 관심을 가지게 되고, 이는 창작적 표현으로 이어지기도 한다.
> ⓑ 유아는 물과 모래, 블록과 종이 등을 가지고 매일 다른 놀이를 하며 즐긴다.
> ⓒ 종이로 접은 새에게 물을 먹여 주기도 한다.
> ⓓ 나뭇잎이 떨어진 나무를 춥다고 감싸 주며 즐거워한다. 유아가 환경과 교감하면서 표현하는 말과 행동은 모두 유아가 환경과 상호작용하며 배우는 과정이다. 교사는 유아와 환경 간의 상호작용에 주의를 기울이고 존중하며 유아들이 환경과 즐겁게 상호작용할 수 있도록 지원해야 한다.

## 32
- 기호 : ㉣

> **참고**
> `2019실` pp.44~50　`누리실` pp.169~170
> 교사는 혼자 놀이하는 유아를 우려하는 경우가 많은데, 혼자놀이도 그 자체로 의미가 있으며 주도성이 높고 배움의 요소가 풍부할 수 있으므로 단순히 혼자 놀고 있다고 해서 다른 놀이에 참여하도록 의도적으로 유도하는 것은 바람직하지 않다. 그러나 만약 놀이에 참여하고 싶지만 그러지 못하고 배회하는 유아가 있다면, 교사는 다른 친구의 놀이를 소개해 주고 관심이 있는지 유아의 의견을 물어본 후 유아와 유아 간의 관계를 지원한다.

# 정답과 해설

## 33
- 기호 : ㉢

> **참고**
> **2019실** pp.45~46  **누리실** p.170
> 자료를 한 가지 방법으로 반복적으로 탐색하는 것도 물체의 특성 및 물리적 법칙에 대한 이해를 넓혀 가고 있는 것으로 그 자체로 의미가 있으므로 교사의 의도대로 놀이자료를 사용하도록 강요하지 않아야 한다.

## 34  **2019실** p.46  **누리실** p.170
- 기호 : ㉠

## 35  **2019실** p.47  **누리실** p.171
- : 함께 놀이하면서 지켜야 하는 약속과 규칙이 있을 때, A교사는 교사가 일방적으로 정하고 알려주었다. 반면 B교사는 유아가 규칙의 필요성을 느끼면서 적절한 규칙을 만들어 보도록 제안했다.

## 36
- 기호 : ㉣

> **참고**
> **2019실** p.48  **누리실** p.171
> 유아의 놀이가 문제 상황에 부딪혔을 때 교사의 놀이 참여는 유아들이 문제를 명확하게 이해하고 문제해결을 도울 방법을 찾는 데 도움이 되며, 놀이 중 배움을 위한 적절한 순간에 즉각적으로 지원을 제공하는 데도 도움이 된다.

## 37  **2019실** p.49  **누리실** p.172
- ① : A교사의 질문은 교사가 기대하는 답을 염두에 둔 질문이며, B교사의 질문은 유아와 능동적으로 생각을 나눌 수 있는 질문이다.
- ② : B교사, 유아로 하여금 보다 높은 수준으로 사고할 수 있도록 유도하며 새로운 상상을 놀이로 구현하게 하고, 다시 문제를 발견하고 해결해 가는 선순환의 구조를 만드는 원동력이 되기 때문이다.

> **참고**
> **2019실** p.49  **누리실** p.172
> "이것은 무엇이니?", "어떻게 할 거니?"와 같이 교사가 기대하는 답을 염두에 둔 질문보다는 "선생님은 이런 생각이 드는데, 너는 어떻게 생각해?", "그것도 좋은 방법인데 무겁진 않을까?"와 같이 유아와 능동적으로 생각을 나눌 수 있는 질문이 바람직하다. 이러한 질문은 유아로 하여금 보다 높은 수준으로 사고할 수 있도록 유도하며 새로운 상상을 놀이로 구현하게 하고, 다시 문제를 발견하고 해결해 가는 선순환의 구조를 만드는 원동력이 된다.

## 38  **2019실** p.12  **누리실** p.140
- ㉠ : 정서적 지원
- ㉡ : 언어적 지원
- ㉢ : 환경적 지원

## 39
- ㉠ : ⓑ
- ㉡ : ⓐ
- ㉢ : ⓒ
- ㉣ : ⓓ

> **참고**
> **2019실** p.50  **누리실** p.172
> 교사는 동시에 유아가 놀이하는 과정에서 느끼는 부정적인 정서에도 관심을 기울여야 한다. 유아는 놀이하면서 좌절감, 걱정, 불안 등의 감정을 느낄 수 있다. 교사는 유아의 정서를 인지하고 위안, 격려 등을 제공하고 놀이를 통해 스스로 원인과 해결방법을 찾을 수 있도록 도와주어야 한다.

## 40
1)
- ㉠ : 통합
- ㉡ : 경험

2)

| 신체운동·건강 | 신체를 움직인다. |
|---|---|
| 의사소통 | 친구와 대화한다. |
| 사회관계 | 친구와 함께 논다. |
| 예술경험 | 그림을 그린다. |
| 자연탐구 | 모래와 물을 섞으며 물질의 변화에 대해 호기심과 탐구심을 가질 수 있다. |

3)
- ⓐ : 생활주제

4)
- 기호 : ⓒ

> **참고**
> **2019해** pp.50~51  **누리해** pp.39~40
> 교사는 자율성을 바탕으로 유아의 놀이상황과 맥락에 따라 5개 영역을 다양한 방식으로 융통성 있게 유아의 경험과 연계하여 지원할 필요가 있다.

## 41  `2019해` p.51   `누리해` p.40

1)
- ㉠ : 요구
- ㉡ : 휴식
- ㉢ : 일상생활

2)
- 기호 : ㉢
- 이유 : 획일적인 하루 일과를 운영하기보다는 배변이나 낮잠, 휴식 등 유아마다 다른 신체 리듬을 반영하여 하루 일과를 운영해야 한다.

> **참고**
> `2019해` p.51   `누리해` p.40
> 유치원과 어린이집에서 유아의 하루 일과는 놀이와 휴식을 적절하게 안배하여 운영하며, 개별 유아의 요구를 반영해야 한다. 유치원과 어린이집에서는 유아의 건강 상태, 날씨나 계절, 기관의 상황 등에 따라 하루 일과를 융통성 있게 운영할 수 있다. 획일적인 하루 일과를 운영하기보다는 배변이나 낮잠, 휴식 등 유아마다 다른 신체 리듬을 반영하여 하루 일과를 운영해야 한다. 교사는 놀이의 상황과 개별 유아의 요구 등을 적절히 반영하여 일과가 원활하게 이루어지도록 운영해야 한다.

## 42  `2019해` p.52   `누리해` p.40

1)
- ㉠ : 연령
- ㉡ : 발달

2)
- ① : 개별화의 원리
- ② : 개인적 적합성

> **참고**
> NAEYC 「발달에 적합한 실제」
> 유아 교육과정의 기본 원리 : 연령 적합성, 개인적 적합성, 사회·문화적 적합성

3)
- ① : 문화
- ② : 존중

> **참고**
> `2007개정` 지도서 총론
> 다문화가족지원센터 : 다문화가족의 한국사회 적응을 위하여 가족 내 관계 증진을 위한 교육(가족, 성평등, 인권 등), 한국어 교육, 방문교육, 상담, 정보 안내, 결혼이민자 통·번역 서비스, 자녀 언어 발달지원 서비스 등을 제공하는 기관이다. (2019년에는 전국에 218개소가 설치·운영되고 있다.)

## 43  `2019실` pp.56~59   `누리실` pp.179~181

- ㉠ : ②
- ㉡ : ②
- ㉢ : ①
- ㉣ : ①
- ㉤ : ③

> **참고**
> `2019실` p.57   `누리실` pp.179~180
> ㉤ 따라서 교사는 장애 유아와 또래 간의 놀이와 상호작용의 기회를 최대한으로 확보해야 한다.

## 44

- ㉠ : ⓑ
- ㉡ : ⓐ, ⓓ
- ㉢ : ⓒ

> **참고**
> `2019실` pp.56~59   `누리실` pp.179~181
> 장애 유아를 위해서는 힘을 키울 수 있는 다양한 감각교구나 적은 힘으로도 활동할 수 있는 다양한 놀이자료를 함께 제공해 주어 불편함을 겪지 않도록 한다.

## 45  `2019실` pp.58~59   `누리실` pp.180~181

- 기호 : ㉠
- 이유 : 유아·놀이 중심으로 일과를 운영하게 되면 즉석에서 전개되는 놀이상황에서 장애 유아에게 예상되는 어려움이나 지원방안에 대해 통합학급교사와 특수교사가 수시로 의견을 나누는 것이 중요하기 때문이다.

# 정답과 해설

## 3. 평가                본책 p.57

**01** 2019해 p.53  누리해 p.41
- ㉠ : 누리과정 운영의 질
- ㉡ : 개선
- ㉢ : 내용
- ㉣ : 방법

**02** 2019해 p.53  누리해 pp.41~42

1)
- ㉠ : 특성 및 변화 정도
- ㉡ : 누리과정의 운영

2)
- 기호 : ⓑ

> **참고**
> 2019해 p.53  누리해 p.41
> 교사는 유아의 놀이, 일상생활, 활동 속에서 유아의 고유한 특성이나 의미 있는 변화를 발견하고, 그것을 바탕으로 유아의 배움과 성장을 돕기 위하여 평가를 할 수 있다.

3)
- 기호 : ⓒ

> **참고**
> 2019해 p.41  누리해 p.32
> 1. 놀이는 바깥놀이를 포함하여 하루 일과 중 가장 길게, 우선적으로 편성·운영하여 유아가 충분히 놀이할 수 있도록 한다.
> 2. 놀이 운영 방법
>    놀이시간은 짧게 여러 번 제공하기보다 긴 시간으로 편성하여 놀이의 흐름이 끊기지 않고 유아가 충분히 놀이하고 몰입할 수 있도록 한다. 교사는 바깥놀이를 포함하여 놀이시간을 2시간 이상 확보하되, 날씨와 계절, 기관의 상황, 유아의 관심사와 놀이 특성 등을 고려하여 융통성 있게 편성·운영한다. 예를 들어, 하루 일과에서 바깥놀이는 미세먼지, 날씨 등을 고려하여 실내놀이로 편성 운영할 수 있고, 다른 날은 바깥놀이를 길게 편성할 수도 있다.

**03** 2019해 p.54  누리해 pp.41~42

1)
- ㉠ : 방법

2)
- 기호 : ⓑ, ⓓ, ⓔ

> **참고**
> 2019해 p.54  누리해 p.42
> ⓑ 교사는 유아의 특성과 변화 정도를 파악하기 위하여 유아들의 실제 놀이 모습을 계획안에 기록할 수 있고, 놀이 결과물과 작품 등을 일상적으로 수집할 수 있다.
> ⓓ 5개 영역 59개 내용을 성취 기준으로 잘못 인식하여 유아의 놀이에서 59개 내용이 나타나는지 여부만을 체크하지 않도록 유의한다.
> ⓔ 교사는 개별 유아를 정기적으로 관찰하기보다는 배움이 나타나는 또래 간의 놀이나 활동 등 유아들이 일상에서 놀이하며 배우는 자연스러운 상황에서 유아의 특성과 변화를 이해하는 평가를 하도록 한다.

3)
- : 2019 개정 누리과정은 교사가 평가나 관찰보다는 유아의 놀이에 더 집중하고 지원하는 것을 중요하게 여기기 때문이다.

**04** 2019실 pp.60~62  누리실 pp.182~183
- 기호 : ⓔ

> **참고**
> 2019실 pp.65~66  누리실 p.190
> 누리과정의 5개 영역은 유아가 놀이를 통하여 경험해야 할 내용이므로 교사는 놀이상황에서 5개 영역과 관련한 경험이 어떻게 이루어졌는지 연계할 수 있다. 이는 5개 영역의 내용을 유아가 달성해야 할 성취의 기준으로 삼는다는 것은 아니다. 매일 일과를 5개 영역에 따라 연계할 필요는 없다. 일과(놀이, 일상생활, 활동) 후 혹은 하나의 놀이 흐름이 마무리되었을 때 5개 영역의 경험이 어떻게 나타났는지 검토하고 지원을 계획해 볼 수 있다.

**05** 2019실 pp.60~62  누리실 pp.182~183
- 기호 : ⓓ

> **참고**
> 2019실 p.64  누리실 p.187
> 놀이를 관찰하며 수집한 유아의 활동 결과물을 평가에 활용하여 추후 교육과정 운영 지원에 반영해야 한다.

**06** 2019실 pp.54~55  누리실 p.43

1)
- ㉠ : 유아에 대한 이해
- ㉡ : 누리과정 운영 개선을 위한 자료

2)
- 기호 : ⓕ

> **참고**
> 2019해 pp.54~55  누리해 p.43
>
> 교사는 유아의 놀이, 일상생활, 활동을 통해 수집된 자료를 평가의 목적에 맞게 종합하여 평가의 결과를 얻을 수 있다. 유아 평가의 결과는 유아가 행복감을 느끼고 전인적으로 발달하도록 도움을 주는 데 활용한다. 또한 수집된 모든 자료를 바탕으로 개별 유아의 특성과 변화 정도를 종합적으로 이해하여, 이를 부모와의 면담자료 및 유아의 생활지도 등에 활용할 수 있다. 한편, 유치원과 어린이집에서 자율적인 방식을 통해 실시한 누리과정 운영 평가의 결과는 각 기관에서 유아·놀이 중심 교육과정의 운영을 보다 나은 방향으로 개선하는 데 활용할 수 있다.

## 3. 영역별 목표 및 내용 해설  본책 p.62

### 01
- 기호 : ⓔ

> **참고**
> 2019해 pp.58~59  누리해 p.46
>
> ⓐ 59개 내용은 연령으로 구분하지 않고 3~5세의 모든 '유아가 경험해야 할 내용'으로 구성하였다. 연령별로 나누어 제시하지 않은 이유는 유아가 늘 자신의 방식에 따라 가장 적합하게 놀이한다는 유아 경험의 실제를 존중하기 위해서이다. 교사는 59개의 내용을 유아의 놀이 특성과 연계하여 융통성 있게 이해하고 유아의 놀이를 중심으로 교육과정을 실천할 수 있다.
> ⓒ 교사는 이를 가르쳐야 할 내용이라고 생각하기보다는 유아가 놀이하며 자연스럽게 배우는 경험으로 이해할 필요가 있다.
> ⓓ 교사가 유아의 놀이를 59개의 내용별로 이해하지 않고, 통합적으로 이해할 수 있도록 하였다.
> ⓕ 59개의 내용을 유아의 발달 및 성취 기준으로 인식하여 개별 유아의 놀이를 관찰하고 평가하는 틀로 활용하지 않도록 유의한다.

### 02  2019해 p.58  누리해 p.46
- 기호 : ⓒ

## Ⅰ. 신체운동·건강  본책 p.63

### 01
- ㉠ : 신체활동 즐기기

### 02  2019해 p.51  누리해 p.40
- ① : ㉠ 휴식, ㉡ 일상생활
- ② : 건강하게 생활하기

> **참고**
> 2019해 p.63, pp.66~67  누리해 pp.52~53
>
> '건강하게 생활하기'에 바른 태도로 즐겁게 음식을 먹는 내용을 새롭게 포함하였으며, 기존 누리과정의 배변이나 낮잠 등 유아의 일상생활과 관련된 내용은 '교수·학습'의 '바'항을 통해 하루 일과 전체에서 지원할 수 있게 하였다.

# 정답과 해설

## 03  2019해 pp.64~65    누리해 pp.49~50
- ㉠ : 신체활동
- ㉡ : 인식
- ㉢ : 움직임
- ㉣ : 이동
- ㉤ : 제자리
- ㉥ : 자발적

## 04  누리해 p.50    2015해 p.38
- ㉠ : ⓒ
- ㉡ : ⓑ
- ㉢ : ⓓ
- ㉣ : ⓐ

## 05  누리해 p.49    2015지 p.14
- 내용 범주 : 신체활동 즐기기
- 내용 : 신체를 인식하고 움직인다.

## 06  누리해 p.49    2015해 p.39

| 오감각 | 각 감각을 활용한 탐색 활동 |
|---|---|
| 예 시각 | 사과는 무슨 색깔이니? |
| 후각 | 사과의 냄새를 맡아 보자. |
| 미각 | 사과를 잘라서 먹어 보자. 맛이 어떠니? |
| 청각 | 사과를 씹을 때 어떤 소리가 나니? |
| 촉각 | 사과를 만져 보자. 어떤 느낌이니? |

## 07  누리해 p.49    2015해 p.46
- 내용 범주 : 신체활동 즐기기
- 내용 : 신체 움직임을 조절한다.
- 기초체력 : 평형성

**참고**
신체 균형과 관련된 내용이다.

## 08  누리해 p.49    2015지 p.19
- 내용 : 신체 움직임을 조절한다.

**참고**
도구의 움직임을 다양하게 조절하는 활동이다.

## 09  누리해 p.49    2015지 p.18
- 내용 : 신체 움직임을 조절한다.
- 기초체력 : 협응성

## 10  누리해 p.49    2015해 p.48
- ㉠ : 민첩성

## 11  2019해 p.65    누리해 p.50
- 내용 범주 : 신체활동 즐기기
- 내용 : 기초적인 이동운동, 제자리 운동, 도구를 이용한 운동을 한다.

## 12
- ㉠ : 이동동작
- ㉡ : 비이동동작
- ㉢ : 조작적 동작

## 13
- ① : 꼬기, 구부리기, 돌기(회전하기)
- ② : 기기

## 14
- ㉠ : 공간
- ㉡ : 시간
- ㉢ : 무게
- ㉣ : 흐름

**참고**
동작의 구성요소(라반 Laban)
- 움직임의 질적 측면 : 공간, 시간, 무게, 흐름
- 움직임의 양적 측면 : 신체, 노력, 공간, 관계

## 15  누리해 p.49    2015지 p.21
- ㉠ : 경로
- ㉡ : 방향
- ㉢ : 수준

**해설**
범위 : 움츠렸다가 주욱 뻗는 동작

## 16  누리해 p.50    2015해 pp.51~52
- : 탐색

## 17
- : 바깥놀이를 길게 편성할 수 있어요.

> **참고**
> 2019해 pp.40~41    누리해 p.32
> 
> | 편성·운영 | 하루 일과에서 바깥놀이를 포함하여 유아의 놀이가 충분히 이루어지도록 편성하여 운영한다. |
> |---|---|
> 
> 놀이시간은 짧게 여러 번 제공하기보다 긴 시간으로 편성하여 놀이의 흐름이 끊기지 않고 유아가 충분히 놀이하고 몰입할 수 있도록 한다. 교사는 바깥놀이를 포함하여 놀이시간을 2시간 이상 확보하되, 날씨와 계절, 기관의 상황, 유아의 관심사와 놀이 특성 등을 고려하여 융통성 있게 편성·운영한다. 예를 들어, 하루 일과에서 바깥놀이는 미세먼지, 날씨 등을 고려하여 실내놀이로 편성·운영할 수 있고, 다른 날은 바깥놀이를 길게 편성할 수도 있다.

**18**  누리해 p.50    2015지 p.24

1)
- 내용 범주 : 신체활동 즐기기
- 내용 : 실내외 신체활동에 자발적으로 참여한다.

2)
- : 협응성

> **해설**
> 협응성 : 협응성은 감각기관과 신체부분이 조화를 이루어 행할 수 있는 능력이다. 예 따라 해 보세요, 그림자 놀이, 몸으로 숫자 만들기, 박수치며 걷기

**19**  2019해 pp.66~67    누리해 pp.52~53

- ㉠ : 생활습관
- ㉡ : 몸과 주변
- ㉢ : 몸에 좋은 음식
- ㉣ : 즐겁게
- ㉤ : 휴식
- ㉥ : 예방
- ㉦ : 실천

**20**  누리해 p.52    2015지 p.29

- 내용 범주 : 건강하게 생활하기
- 내용 : 자신의 몸과 주변을 깨끗이 한다.

**21**  누리해 pp.52~53    2015지 p.28

- ① : (유아들이 스스로 놀잇감을 제자리에 정리할 수 있도록) 유아 발달 및 각 영역의 특징을 고려하여 정리 표시를 해 둔다.
- ② : (청소도구 등을) 교실 내에 비치해 두어 유아들이 생활 속에서 자연스럽게 치우는 것이 습관화될 수 있도록 한다.

**22**  누리해 p.52    2015해 p.54

- 내용 범주 : 건강하게 생활하기
- 내용 : 몸에 좋은 음식에 관심을 가지고 바른 태도로 즐겁게 먹는다.

**23**
- ㉠ : 탄수화물
- ㉡ : 비타민
- ㉢ : 단백질
- ㉣ : 무기질(칼슘)
- ㉤ : 지방

> **참고**
> **6대 영양소**
> - 열량 영양소 : 탄수화물, 단백질, 지방
> - 조절 영양소 : 무기질(나트륨, 칼슘, 철분, 마그네슘, 인), 비타민, 물

**24**  누리해 p.52    2015해 p.55

- 내용 범주 : 건강하게 생활하기
- 내용 : 하루 일과에서 적당한 휴식을 취한다.

**25**  누리해 p.53    2015지 p.36

- 내용 범주 : 건강하게 생활하기
- 내용 : 질병을 예방하는 방법을 알고 실천한다.

**26**  2019해 pp.68~69    누리해 pp.55~56

- ㉠ : 생활습관
- ㉡ : 일상
- ㉢ : 바르게
- ㉣ : 교통
- ㉤ : 학대
- ㉥ : 대처

**27**  누리해 pp.55~56

- ㉠ : 교통안전 규칙을 지킨다.
- ㉡ : TV, 컴퓨터, 스마트폰 등을 바르게 사용한다.
- ㉢ : 안전사고, 화재, 재난, 학대, 유괴 등에 대처하는 방법을 경험한다.
- ㉣ : 일상에서 안전하게 놀이하고 생활한다.

# 정답과 해설

## Ⅱ. 의사소통  본책 p.70

**01**
- ㉠ : 듣기와 말하기
- ㉡ : 읽기와 쓰기에 관심 가지기
- ㉢ : 책과 이야기 즐기기

**02** `2019해` p.74  `누리해` p.62, 65, 67
- ① ・㉠의 이유 : 유아의 듣고 말하는 경험이 분리되지 않음을 고려했기 때문이다.
  - ㉡의 이유 : 유아의 읽고 쓰는 경험이 분리되지 않음을 고려했기 때문이다.
- ② 책과 이야기 즐기기

**03** `누리해` pp.60~65  `2015해` p.62
- ㉠ : 음성언어(구두언어)
- ㉡ : 문자언어

**04** `2015해` p.66
- ① : ㉡ 표현
- ② : ㉠ 이해

**05** `2019해` pp.75~76  `누리해` pp.60~62
- ㉠ : 듣고 말하기
- ㉡ : 말이나 이야기
- ㉢ : 느낌
- ㉣ : 상황에 적절한
- ㉤ : 관련
- ㉥ : 바른 태도
- ㉦ : 고운 말

**06** `누리해` p.60  `2015지` pp.48~49
1)
- 내용 : 말이나 이야기를 관심 있게 듣는다.
2)
- 기호 : ⓓ

> **참고**
> 개별이나 소집단으로 이야기를 듣는 기회를 많이 제공한다.

**07** `누리해` p.60  `2015지` p.59
- 내용 : 자신의 경험, 느낌, 생각을 말한다.

**08** `누리해` p.61  `2015지` pp.75~76
- 내용 : 상황에 적절한 단어를 사용하여 말한다.

**09** `누리해` p.61  `2015해` p.75  `2015지` p.61
- 내용 : 상대방이 하는 이야기를 듣고 관련해서 말한다.

**10** `누리해` p.61  `2015해` p.75
- 내용 : 바른 태도로 듣고 말한다.

**11** `누리해` p.61
- 내용 : 고운 말을 사용한다.

**12** `2019해` pp.77~78  `누리해` pp.64~65
- ㉠ : 읽기와 쓰기
- ㉡ : 말과 글
- ㉢ : 상징, 글자
- ㉣ : 글자와 비슷한 형태

**13** `누리해` p.64  `2015지` pp.63~64
- 부적절한 이유 : 유아는 상황이나 맥락 등 언어의 의미 없이 형식만 강조하는 글자 읽기에 지루함을 느끼고 흥미를 잃을 수 있기 때문이다.

**14** `누리해` p.64  `2015해` p.80  `2015지` p.69
- 내용 : 말과 글의 관계에 관심을 가진다.

**15** `누리해` p.64  `2015해` pp.76~78
1)
- 내용 : 주변의 상징, 글자 등의 읽기에 관심을 가진다.
2)
- ・: 환경인쇄물

**16** `누리해` p.65  `2015지` pp.68~69
- 내용 : 자신의 생각을 글자와 비슷한 형태로 표현한다.

**17** `2019해` p.78  `누리해` pp.66~67
- ㉠ : 상상하기
- ㉡ : 책
- ㉢ : 동화, 동시
- ㉣ : 말놀이와 이야기 짓기

**18** `누리해` p.66  `2015지` pp.64~65
- 내용 : 책에 관심을 가지고 상상하기를 즐긴다.

**19** `누리해` p.66  `2015해` pp.78~79
- 내용 : 책에 관심을 가지고 상상하기를 즐긴다.

**20** `누리해` p.66
- ㉠ : 전래동화

- ⓒ : 환상동화
- ⓒ : 사실동화
- ⓔ : 정보그림책

**21** `누리해` p.66  `2015지` pp.51~52
1)
- 내용 : 동화, 동시에서 말의 재미를 느낀다.
2)
- : ⓒ TV 동화, ⓒ 그림자 동화

**22** `누리해` p.67  `2015지` pp.45~46
- 내용 : 말놀이와 이야기 짓기를 즐긴다.

## Ⅲ. 사회관계  본책 p.77

**01**
- ㉠ : 나를 알고 존중하기
- ㉡ : 더불어 생활하기
- ㉢ : 사회에 관심 가지기

**02** `2019해` p.83  `누리해` p.73, 76, 79
- ㉠ : 나를 알고 존중하기
- ㉡ : 더불어 생활하기
- ㉢ : 사회에 관심 가지기

**03** `2019해` p.84  `누리해` pp.72~73
- ㉠ : 이해
- ㉡ : 소중히
- ㉢ : 상황에 맞게
- ㉣ : 스스로

**04** `누리해` p.73  `2015해` pp.91~94
1)
- : 긍정적인 자아 존중감
2)
- : 범주자아
3)
- ㉡ : 심리적 자아
- ㉢ : 사회적 자아
- ㉣ : 물질적 자아
4)
- ㉠ : 학업적 자아 존중감
- ㉢ : 사회적 자아 존중감
- ㉣ : 신체적 자아 존중감

**05**
- 도민 : 성 정체성 단계
- 민지 : 성 안정성 단계
- 동수 : 성 항상성 단계

**06**
- ㉠ : 자아통제
- ㉡ : 만족지연

**07**
- ㉠ : 동일시

**08**
- 단계 : 남근기

> **참고**
> **프로이트(Freud)의 심리성적 단계**
> 구강기 → 항문기(만 2세) → 남근기(만 3세) → 잠복기(초등 입학) → 생식기(청소년)

**09**
- ㉠ : 자율성과 수치심
- ㉡ : 주도성과 죄의식
- ㉢ : 근면성과 열등감

> **참고**
> 유아기까지 형성되는 긍정적 자아 측면은 신뢰감, 자율성, 주도성 및 근면성이다.

**10** `2019해` pp.85~87  `누리해` pp.74~76
- ㉠ : 사이좋게
- ㉡ : 화목
- ㉢ : 서로 도우며
- ㉣ : 긍정적인 방법
- ㉤ : 생각
- ㉥ : 예의 바르게
- ㉦ : 필요성

**11** `누리해` p.74  `2015해` pp.96~99
- ① : 양성평등
- ② : 한부모 가정, 조손 가정, 다문화 가정
- ③ : 성, 신체적 특성, 장애, 종교, 가족 및 문화적 배경 등으로 인한 차별이 없도록 편성하여 운영한다.

## 정답과 해설

**12**
- ㉠ : 또래관계 시도기술
- ㉡ : 또래관계 유지기술

**13** 누리해 pp.72~75　2015해 pp.101~104
- ㉠ : 존중
- ㉡ : 배려

**14** 누리해 p.75　2015해 pp.101~104
- 내용 : 친구와 어른께 예의 바르게 행동한다.

**15** 누리해 p.76　2015지 pp.96~99
- 기호 : ㉢
- 이유 : ㉢은 교사가 정한 규칙을 유아들이 수동적으로 지키게 한 것으로, 유아들이 약속이나 규칙의 필요성에 대해 알기 어렵기 때문이다.

**16** 2019해 p.88　누리해 pp.78~79
- ㉠ : 다양한 문화
- ㉡ : 살고 있는 곳
- ㉢ : 자부심
- ㉣ : 다양성

**17** 누리해 p.78　2015해 pp.104~106
- 기호 : ㉣

**18** 누리해 p.78　2015해 pp.106~108
- 기호 : ㉣

참고
실제 남북통일과 관련된 사항은 2019 개정 누리과정에서는 언급되지 않았으나 관련된 2015 개정 누리과정 만 5세 세부 내용 '우리나라의 전통, 역사, 문화에 관심을 갖는다'에는 언급되어 있으므로, 남북통일와 관련된 2019 개정 누리과정의 '내용'은 '우리나라에 대해 자부심을 가진다'로 보아야 할 것이다.

**19** 누리해 pp.78~79　2015지 pp.107~108
- 내용 : 다양한 문화에 관심을 가진다.

### Ⅳ. 예술경험　본책 p.83

**01**
- ㉠ : 아름다움 찾아보기
- ㉡ : 창의적으로 표현하기
- ㉢ : 예술 감상하기

**02** 2019해 p.93　누리해 p.84, 88, 91
- ㉠ 내용 범주 : 아름다움 찾아보기
- ㉡ 4가지 예술 영역 : 음악, 움직임과 춤, 미술, 극놀이
- ㉢ : 상상

**03** 2019해 p.94　누리해 pp.83~84
- ㉠ : 생활 및 예술
- ㉡ : 자연과 생활
- ㉢ : 공간
- ㉣ : 사물
- ㉤ : 리듬
- ㉥ : 색이나 형태

**04** 2019해 p.94　누리해 pp.83~84
- 내용 : 자연과 생활에서 아름다움을 느끼고 즐긴다.

**05** 누리해 p.83　2015지 pp.112~115
- 내용 : 예술적 요소에 관심을 갖고 찾아본다.

**06** 누리해 p.83　2015지 pp.111~112
- 음악적 요소 : 리듬

**07** 누리해 p.83
1)
- ⓐ : 색
- ⓑ : 모양(형태)
- ⓒ : 질감
- ⓓ : 공간
- ⓔ : 공간
2) ㉠~㉣의 답 순서 무관
- ㉠ : 균형
- ㉡ : 강조
- ㉢ : 움직임
- ㉣ : 조화(리듬, 반복, 패턴)

**08**
- : 여백

## 09 [누리해] p.83  [2015지] pp.113~114

- ㉠ : 꼬임
- ㉡ : 곡선
- ㉢ : 직선
- ㉣ : 균형
- ㉤ : 대칭

## 10

- : 지원하기(조성하기)

**참고**

**2006 기출 36번 문제 일부**

| 교수행동 범주 | 교수행동의 예 |
|---|---|
| 인정하기 | (낙엽이 구르는 모습을 표현하는 유아에게) "정말 멋지다." |
| 모델보이기 | 교사가 몸을 작게 하고 구르는 모습을 보여 준다. |
| 촉진하기 | "나뭇잎이 구르는 모습을 몸으로 표현할 수 있는 또 다른 방법은 없을까?" |
| 지원하기 (조성하기) | "선생님이 음악(고엽)을 들려줄 테니 음악에 맞추어 낙엽이 움직이는 모습을 표현해 보자." |
| 지지하기 (비계설정하기) | 바닥에 ∞모양으로 테이프를 붙여 놓고, ∞모양을 따라 나뭇잎이 구르는 모습을 표현한다. ∞모양을 따라 구르는 모습을 잘 표현하면 테이프를 떼어 내고 굴러 보도록 한다. |
| 공동 구성하기 (함께 구성하기) | "선생님이 바람이야. 너희들은 바람이 부는 대로 움직이는 나뭇잎이 되어 보자." |
| 시범보이기 | "선생님이 옆으로 구르기를 보여 줄게. 잘 보자." |
| 지시하기 | (옆으로 구르기가 잘 되지 않는 유아의 옆에 함께 누워서 구르기를 직접 보여 주며) "선생님처럼 이렇게 누워서 팔을 위로 쭉 뻗고 굴러 보자." |

브레드캠프와 로즈그란트(Bredekamp & Rosegrant)는 교사의 개입 정도에 따른 교수 유형을 제시하였는데, 가장 비지시적인 유형에서부터 지시적인 유형으로 나열하면 '인정하기, 모델보이기, 촉진하기, 지원(조성)하기, 지지(비계설정)하기, 공동(함께) 구성하기, 시범보이기, 지시하기' 등이다.

이들 교수 유형은 활동의 성격과 상황에 따라 적용해야 하며, 어떤 한 가지 교수 유형에만 의존하는 것은 비효과적이다. 예를 들어 바람직한 행동이나 언어 사용을 위해서는 모델보이기가 효과적이고, 자전거 타기나 글씨 쓰기에서는 유아들이 두려움을 느끼지 않도록 분위기를 조성하는 것이 효과적일 것이다. 한편, 유아에게 주어진 과제가 너무 쉽고 지루하게 느껴지면 비계설정을 통해 적합하게 도전적인 수준이 될 수 있도록 과제와 주변 환경들을 구성해 주는 것이 학습에 도움이 될 것이다. 또한 컴퓨터나 카세트테이프 다루기에서는 몇 가지 순서를 지시하고 시범보이는 것이 필요하고, 철사나 목공도구를 다루는 데 있어서도 안전을 위해 지시하기와 시범보이기가 필요할 것이다.

## 11 [2019해] pp.95~96  [누리해] pp.85~88

- ㉠ : 창의적
- ㉡ : 소리와 박자
- ㉢ : 노랫말
- ㉣ : 사물
- ㉤ : 리듬악기
- ㉥ : 신체나 도구
- ㉦ : 미술 재료와 도구
- ㉧ : 경험이나 이야기

## 12 [누리해] p.90  [2015지] pp.119~121

- 내용 : 노래를 즐겨 부른다.

## 13 [누리해] p.85  [2015지] pp.119~121

- 내용 : 신체, 사물, 악기로 간단한 소리와 리듬을 만들어 본다.

## 14 [누리해] p.90  [2019해] pp.118~121

다음 내용 중 1가지를 쓰면 정답 처리

- : ① 유아의 생활모습과 감정, 생활주변의 이야기가 진솔하게 표현되어 있다.
  ② 가락과 리듬이 단순하고 그 길이가 짧아 유아가 쉽게 배우고 함께 부르기에 편안하다.
  ③ 반복적인 언어나 리듬은 유아에게 즐거움을 준다.

## 15

- ㉠ : 장구
- ㉡ : 북
- ㉢ : 소고
- ㉣ : 징
- ㉤ : 꽹과리

## 정답과 해설

**16** 누리해 pp.85~86  2015지 pp.116~118

- : ⓒ, ⓒ, ㉠

> **참고**
> 누리해 pp.85~86  2015해 pp.118~121
> 리듬악기로 간단한 리듬을 표현해 보는 경험 이전에 신체 일부분을 사용하여 여러 가지 소리나 리듬을 만들어 보는 기회가 필요하다. 예를 들어 배 두드리기, 발 구르기, 입으로 소리 만들기, 고개 끄덕이기 등을 통해 유아는 리듬을 맞추는 방식을 발견하게 된다.

**17** 누리해 p.85  2015지 pp.116~118

- ㉠~ⓒ : 노래를 즐겨 부른다.
- ㉣ : 신체, 사물, 악기로 간단한 소리와 리듬을 만들어 본다.

**18** 누리해 p.86  2015지 pp.124~125

- 내용 : 신체나 도구를 활용하여 움직임과 춤으로 자유롭게 표현한다.

**19** 누리해 p.86  2015지 pp.121~124

- ㉠ : 개인 공간
- ⓒ : 일반 공간

**20** 누리해 p.86  2015지 pp.121~124

- ㉠ : 영상적 단계
- ⓒ : 상징적 단계
- ⓒ : 행동적 단계
- ㉣ : 행동적 단계

> **참고**
> 누리해 p.86  2015지 pp.121~124
> - 시각적 자료 : 사진·영상자료·명화 등
> - 문학적 자료 : 동화·동시 등
> - 청각적 자료 : 음악·악기·주변소리 등
> - 실물자료 : 개구리·나뭇잎·거북이 등

**21**

길리옴(Gilliom)이 제시한 기본동작주제와 내용

| 공간 | 공간 | 자기공간-(일반공간) |
|---|---|---|
|  | 방향 | 앞으로-(뒤로)<br>위로-(아래로) |
|  | 높이(수준) | 높게-보통으로-(낮게) |

|  | 범위 | 크게-보통으로-(작게) |
|---|---|---|
|  | 바닥모양 | 똑바로-(곡선으로)-지그재그로 |
| 신체<br>인식 | 몸과 몸의 관계 | 가까이-(멀리) |
|  | 몸과 사물의 관계 | 벽-바닥-상자/위-아래-너머/멀리-가까이 |
|  | 사람과 사람의 관계 | 만나기-(헤어지기) |
| 힘·<br>무게 | 세기 | 세게-보통으로-(약하게) |
|  | 힘의 질 | 갑자기 딱딱하게-<br>(천천히 부드럽게)-계속적으로 |
|  | 무게 | 무겁게-(가볍게) |
| 시간·<br>흐름 | 빠르기 | 느리게-보통으로-(천천히) |
|  | 리듬 | 박자에 맞추기/리듬 패턴 알기 |
|  | 흐름 | 유연하게-(끊기게) |

**22** 누리해 pp.86~87  2015지 pp.126~128

- 내용 : 다양한 미술 재료와 도구로 자신의 생각과 느낌을 표현한다.

**23** 누리해 pp.86~87  2015해 pp.123~126

- ㉠ : 7~8명이 하나의 모둠을 만든 것은 부적절하다. 만 4세 유아는 인원 수가 많은 모둠에서 적절한 의사교환과 협상을 하기 어렵기 때문이다.
- ⓒ : 모둠 안에서 각자 역할을 맡아 협동적인 미술활동한 것은 부적절하다. 집단에서 일정한 역할을 맡아 활동하는 것은 만 4세 유아의 발달특성에 맞지 않기 때문이다. 따라서 개별적으로 미술활동을 한 후 그것을 모아 붙이고 꾸미는 방법으로 협동적인 미술활동의 과정에 참여하도록 해야 한다.
- ⓒ : 협동적인 미술활동 후 제일 잘 된 작품을 선정한 것은 부적절하다. 작품의 결과를 서로 비교하며 경쟁하는 것은 협동적인 미술활동의 목표가 아니기 때문이다. 유아들은 또래와 자신의 생각과 느낌을 나누면서 협동적인 미술활동에 즐겁게 참여할 수 있도록 해야 한다.

> **참고**
> 2015해 pp.123~126
> **유아의 협동적인 미술활동**
> ① 협동적인 미술활동을 위해 만 4세는 또래와 함께 공동으로 꾸며 보는 경험을 제공하여 자신의 생각과 느낌을 나누고 협동하면서 활동에 적극적으로 참여하도록 한다.

② 만 4세 유아는 또래들과 사회적 상호작용을 통해 협동은 할 수 있으나, 집단에서 일정한 역할을 맡아 의사교환과 협상을 하며 공동으로 미술작품을 표현하고 완성하는 데 제한이 있다.

③ 만 4세 유아가 적극적으로 협동적인 미술활동에 참여하도록 하기 위해서는 먼저 개별 미술활동을 한 다음, 이어서 또래들과의 협동적인 미술활동에 참여하도록 이끌 수 있다.

④ 만 4세는 협동적인 미술활동에 따른 작품의 완성보다는 협동적인 미술활동 과정에 적극적으로 참여하도록 하는 것이 중요하다.

⑤ 자신의 미술 작품과 또래의 미술 작품을 가지고 공동으로 꾸미고 만드는 활동은 자신의 생각과 느낌을 나누면서 협동적인 미술활동에 적극적으로 참여하게 한다.

⑥ 만 5세 유아는 만 4세보다 자기통제력과 기본적인 사회적 기술이 발달되었기 때문에 협동적인 미술활동에서 자신의 느낌과 생각을 교환하고 협상하며 공동 미술 작품을 성공적으로 완성해 가는 과정과 결과물인 작품을 보며 즐길 수 있다.

⑦ 만 5세는 또래와의 공유된 목표를 가지고 협의하여 미술 작품을 완성해 가는 과정에 참여하며, 결과물에 대해 성취감을 느끼고 즐길 수 있도록 한다. 집단의 크기는 2~3명의 소집단에서 더 큰 집단으로 확장해 가는 등 다양한 집단 활동으로 구성한다.

## 24 누리해 pp.86~87  2015지 pp.128~129

- : '계획, 역할을 분담, 작품을 완성'에 밑줄

## 25 누리해 pp.86~87  2015지 pp.126~128

- : 반드시 올바른 사용법을 자세히 알려주어 안전하게 사용하도록 한다.

## 26 누리해 pp.86~87  2015지 pp.126~128

- : 미술활동에 어려움을 보이거나 꺼리는 유아는 억지로 참여하도록 하기보다는 동기 유발을 통해 표현할 수 있도록 이끌어 준다. 동기 유발을 위한 방법으로는 이야기 들려주기, 유아의 경험과 생활에 대해 이야기 나누기, 유아에게 여러 가지 소재를 끌어내기 위해 질문하기 등이 있다.

## 27 누리해 pp.86~87  2015지 pp.126~128

- ① 미술작품을 소중히 다루어 주기 : 작품을 접기보다는 말아 주기, 콜라주가 마를 때까지 기다려 주기
- ② 유아의 생각을 존중해 주기 : 자신만의 작품을 자유롭게 전시할 수 있는 공간 제공하기, 전시하고 싶지 않은 작품은 억지로 전시하지 않기 등

## 28 2019해 p.96  누리해 p.87

- 내용 : 극놀이로 경험이나 이야기를 표현한다.

## 29 누리해 p.87  2015해 pp.130~131

| ① 동화의 길이 | 짧은 것이 좋다. |
|---|---|
| ② 대화의 반복 | 반복되는 대화체로 구성되어 있는 것이 좋다. |
| ③ 신체 표현 | 역할을 신체로 표현하기 쉬운 것이 좋다. |
| ④ 등장인물의 수 | 등장인물이 많아서 여러 명의 유아가 동시에 참여할 수 있는 것이 좋다. |

## 30 누리해 p.87  2015해 pp.130~131

- ㉠ : 일상생활
- ㉡ : 간단한 이야기나 동화
- ㉢ : 현장 체험 및 새로운 사건이나 인물(역사적 이야기 등)

## 31 누리해 p.87  2015해 pp.130~131

| 놀이 개입 시 | 교사가 극놀이에 개입할 경우 놀이의 흐름을 충분히 관찰한 후 개입이 필요하다고 판단될 때 조심스럽게 도와준다. 자칫 교사의 개입이 극놀이의 흥미를 떨어뜨리고 흐름을 단절시킬 수 있으므로 유의한다. |
|---|---|
| 극놀이 시간 | 극놀이가 활발하게 이루어질 경우에는 유아들이 여유 있게 극놀이를 즐길 수 있도록 일과 중 시간을 충분히 제공한다. |
| 역할 배정 | 집단 활동으로 극놀이 활동을 할 경우에는 배우와 관객의 입장을 모두 경험할 수 있도록 하고, 배역 맡기를 꺼리는 역할은 교사가 맡아 수행하는 모델링을 보여 준다. |

## 32

- ㉠ : 음악 영역에서의 통합
- ㉡ : 음악과 다른 영역과의 통합

## 33 2015해 pp.128~130

- ① 감상과 표현 : 아름답고 세련된 표현 가능 – 각각의 예술 표현활동은 그 자체로도 충분히 가치 있고 의미 있는 경험이지만, 이를 통합적으로 표현하는 과정에서 만 4, 5세 유아는 음악, 움직임과 춤, 미술, 극놀이 등의 각 예술 영역의 특징을 더 잘 이해하게 되며 점진적으로 아름답고 세련된 표현을 하게 된다.

# 정답과 해설

② 다중지능이론적 관점 : 유아의 강점 활용 – 또한 모든 예술 활동에 즐겁게 참여하여 적극적으로 자기 표현을 하게 된다. 즉 음악에는 관심을 보이지만 미술에는 관심을 보이지 않는 유아의 흥미를 확장시킬 수도 있으며, 움직임과 춤을 즐기지 않는 유아가 미술작품을 감상한 후 자신의 생각이나 느낌을 자연스럽게 신체로 표현할 수 있게 된다.

**34** `2019해` p.97  `누리해` pp. 89~91
- ㉠ : 예술 표현
- ㉡ : 상상하기
- ㉢ : 서로 다른
- ㉣ : 전통 예술

**35** `누리해` pp.89~91  `2015해` pp.112~113
- ㉠ : 민감성
- ㉡ : 존중

**36** `2019해` p.97  `누리해` p.89
- 내용 : 다양한 예술을 감상하며 상상하기를 즐긴다.

**37** `누리해` p.89  `2015지` pp.135~137
- ㉠ : 오디오
- ㉡ : 파워포인트, 책자
- ㉢ : 동영상
- ㉣ : 동영상

**38** `2019해` p.97  `누리해` p.89
- : 우리도 씨름하는 아저씨처럼 몸을 움직여 보자.

**39** `누리해` p.89  `2015지` pp.135~137
- 기호 : ㉣

**40** `2019해` p.97  `누리해` p.90  `2015지` p.138
- 내용 : 서로 다른 예술 표현을 존중한다.

**41** `누리해` p.90  `2015지` pp.136~137
- : 유아가 또래나 다른 사람과 예술 표현의 차이가 있음을 알고, 각자의 개성과 예술 표현을 존중하여 소중하게 생각하고 다루도록 해야 하기 때문이다. 이를 위해 교사는 가치판단적 표현을 지양하며, 유아들의 자발적인 표현을 긍정적으로 격려함으로써 다른 사람의 예술작품에 대하여 소중히 여기는 자세를 보여 주어야 한다.

**42** `2019해` p.97  `누리해` p.90  `2015지` pp.139~140
- 내용 : 우리나라 전통 예술에 관심을 갖고 친숙해진다.

**43**
- ㉠ : 산조
- ㉡ : 풍물
- ㉢ : 민요

**44**
- ㉠ : 민속무용

**45**
- ㉠ : 전통민화

**46**
- ㉠ : 투호
- ㉡ : 칠교놀이
- ㉢ : 고누놀이
- ㉣ : 사방치기
- ㉤ : 사방치기(숫자망차기)
- ㉥ : 비석치기

## Ⅴ. 자연탐구  본책 p.96

**01** `2019해` p.103  `누리해` p.94
- ㉠ : 탐구과정 즐기기
- ㉡ : 생활 속에서 탐구하기
- ㉢ : 자연과 더불어 살기

**02** `2019해` p.103  `누리해` p.96, 101, 104
- ㉠ : 탐구과정 즐기기
- ㉡ : 생활 속에서 탐구하기
- ㉢ : 자연과 더불어 살기

**03** `2019해` p.104  `누리해` pp.95~96
- ㉠ : 호기심
- ㉡ : 주변 세계
- ㉢ : 탐구
- ㉣ : 다른 생각

**04** `2019해` p.104  `누리해` pp.95~96
- ① : 탐구과정 즐기기
- ㉠ : 궁금한 것을 탐구하는 과정에 즐겁게 참여한다.
- ㉡ : 주변 세계와 자연에 대해 지속적으로 호기심을 가진다.
- ㉢ : 탐구과정에서 서로 다른 생각에 관심을 가진다.

## 05
- (가) : 관찰하기
- (나) : 분류하기
- (다) : 의사소통하기
- (라) : 측정하기
- (마) : 예측하기
- (바) : 추론하기

## 06
- ㉠ : 발견적 탐색놀이
- ㉡ : 탐구적 구성놀이
- ㉢ : 확장적 통합놀이

## 07  2019해 pp.105~107  누리해 pp.97~101
- ㉠ : 탐구
- ㉡ : 생활 속의 문제
- ㉢ : 변화
- ㉣ : 탐색
- ㉤ : 수량
- ㉥ : 방향
- ㉦ : 모양
- ㉧ : 무게
- ㉨ : 속성
- ㉩ : 반복되는 규칙
- ㉪ : 기준
- ㉫ : 도구와 기계

## 08  2019해 p.105  누리해 p.97
- 내용 : 물체의 특성과 변화를 여러 가지 방법으로 탐색한다.

## 09  2019해 pp.105~107  누리해 pp.97~101
- ㉠ : 유아가 물체의 움직임을 시도해 보며 즉각적으로 변화나 원인·결과를 알 수 없기 때문이다.
- ㉡ : 다양한 곡물과 다양한 온도의 물을 주어 변인통제가 되지 않았기 때문이다. 이 경우 무엇이 물체와 물질의 변화에 영향을 주는지 알 수 없게 되어 과학적 사고를 방해하게 된다.

> **참고**
> 1. 유아가 물체의 움직임을 시도해 볼 수 있으면서 즉각적으로 물체의 반응을 경험할 수 있는 활동을 통해 물체의 움직임을 알아보도록 해야 한다. 예 "이 공이 더 멀리 굴러가도록 하려면 어떻게 하면 좋을까?", "팽이가 잘 돌아가도록 하려면 어떻게 해야 할까?"

> 2. 교사는 유아가 실내외 환경에서 다양한 물체와 물질을 경험할 수 있도록 환경을 미리 계획하여 구성해 준다. 그러나 한번에 여러 종류의 물체와 물질을 제공해 주어 지나친 자극이 되지 않도록 주의한다.

## 10  누리해 pp.97~98  2015해 pp.141~144
1)
- ⓐ 기계적 수 세기(일반적 수 세기) : 수 단어를 기계적으로 암송하여 기억에 의존하여 말로 수 단어를 부여하는 것이다.
- ⓑ 합리적 수 세기(물체 세기) : 각 숫자의 이름을 물체와 순서대로 대응하여 짝지을 수 있는 것이다.

2)
- ① : 일대일대응의 원리, 안정된 순서의 원리, 기수의 원리(집합수의 원리), 추상화의 원리, 순서 무관의 원리
- ② : ㉠ 기수의 원리, ㉡ 안정된 순서의 원리

3)
- ㉢ : 기수
- ㉣ : 서수

## 11  누리해 pp.97~98  2015해 pp.143~144
- ㉠ : 십진법

## 12  누리해 pp.97~98  2015해 p.143
- ㉠ : 수 세기
- ㉡ : 일대일 대응

## 13
- ㉠ : 모두 세기
- ㉡ : 손가락으로 세기
- ㉢ : 묶어 세기
- ㉣ : 덜어내기
- ㉤ : 감수에서 피감수까지 더해 가기

## 14  2019해 p.106  누리해 p.98  2015지 pp.152~154
1)
- ① : 위상학

2)
- ⓐ : 근접성
- ⓑ : 분리
- ⓒ : 순서
- ⓓ : 개폐

# 정답과 해설

3)
- ㉠ : 협응기하

**참고**

스페리 스미스(Sperry Smith)의 유아기에 다루어야 할 기하학적 내용

| 운동기하 | 도형들을 공간 속에서 방향을 바꾸거나 회전에 의해 이동시켜도 그 모양을 인식하는 것이다. |
|---|---|
| 협응기하 | 지도에서 어떤 특정 거리의 위치를 찾을 수 있는 것이다. |
| 선대칭 | 평면을 큰 종이로 생각하여 어떤 직선을 따라 그 종이를 접었을 때, 완전히 겹쳐지는 두 도형을 서로 선대칭이라고 한다. |
| 합동 | 모양과 크기가 같아서 완전히 포개어지는 도형을 말한다. |

4)
- ㉠ : 자기 중심적 표상, ㉢ : 지표 중심적 표상

**참고**

3차원 공간에서 위치의 관계에 대한 이해(시글러 R. S. Siegler)

| 자기 중심적 표상 | 자신을 중심으로 위치와 방향을 이해하는 것이다. |
|---|---|
| 지표 중심적 표상 | 주위 환경에 있는 다른 물체와 관련지어 위치 관계를 나타내는 것이다. |
| 객관 중심적 표상 | 3차원 세계의 모든 물체 관계를 지도와 같이 일반적이고 객관적인 좌표 등 참조의 틀을 사용하여 나타내는 것이다. |

**15** `2019해` p.106  `누리해` p.98
- (가) : 공간 방향화
- (나) : 공간 시각화

**16** `2019해` p.106  `누리해` p.99  `2015지` pp.156~158
- ㉠ : 임의측정

**17** `2019해` p.106  `누리해` p.99  `2015지` pp.156~158
- ㉠ : 시각적 비교
- ㉡ : 직접적 비교

- ㉢ : 두 유아의 키를 비교하기 위해 두 유아를 눕혀 놓고 블록을 대서 블록의 수를 세었다.

**18**
- ㉠ : 복합서열
- ㉡ : 단순서열
- ㉢ : 이중서열

**19**
1)
- 예림 : 시각적 규칙성 유형
- 태윤 : 청각적 규칙성 유형
- 현수 : 운동적 규칙성 유형

2)
- 태윤 : 스스로 규칙성 만들기
- 현수 : 규칙성 전이하기

**20**
- 단순분류 : 색깔(모양)을 기준으로 패턴 블록을 모아본다.
- 복합분류 : 색과 모양이 같은 패턴 블록을 모아본다.

**21** `2019해` p.107  `누리해` p.100  `2015지` p.175
- 내용 : 도구와 기계에 대해 관심을 가진다.

**22** `2019해` p.108  `누리해` pp.103~104
- ㉠ : 자연
- ㉡ : 생명
- ㉢ : 동식물
- ㉣ : 자연환경
- ㉤ : 계절
- ㉥ : 생활

**23** `2019해` p.108  `누리해` pp.103~104  `2015지` pp.165~167
- 교사 : 정 교사
- 내용 : 주변의 동식물에 관심을 가진다.

**24** `2019해` p.108  `누리해` pp.103~104  `2015지` pp.165~169
- 기호 : ⓓ

**참고**

`2015해` pp.56~57
- ⓓ는 신체활동·건강의 '질병을 예방하는 방법을 알고 실천한다.'의 내용이다.

**25** `2019해` p.108  `누리해` p.104  `2015지` pp.170~172
- 내용 : 날씨와 계절의 변화를 생활과 관련짓는다.

# 4 「2019 개정 누리과정」 놀이 실행자료

## Ⅰ. 개정 누리과정과 교사의 역할

### 1. 교육과정의 변화와 교사의 역할 　본책 p.106

**01** 2019실 p.10 　누리실 p.138
- : ㉠ 책무성, ㉡ 지원

**02** 2019실 p.11 　누리실 p.138
- ① : 유아·놀이 중심 교육과정을 이해하고 실천하는 역할
- ② : 놀이를 통한 유아의 배움을 지원하는 역할
- ③ : 놀이와 배움을 기록하고 평가하는 역할
- ④ : 함께 배우며 성장하는 역할

**03** 2019실 p.11 　누리실 p.139
- 기호 : ㉢

> **참고**
> 유아 및 놀이 중심이 강조된다고 하더라도 교사가 계획한 활동이나 법적으로 요구되는 활동(예 안전 교육)을 실시하되 유아가 주도적으로 즐겁게 참여하는 활동으로 진행하는 것이 중요하다. 이를 위해서는 유아의 놀이나 일상생활을 잘 관찰하고 이와 연계할 수 있는 활동을 실시하는 것이 필요하다.

**04** 2019실 p.12 　누리실 pp.139~140
1)
- ㉠ : 주체
- ㉡ : 역량
- ㉢ : 민감성

2)
- ⓐ : 정서적 지원
- ⓑ : 언어적 지원
- ⓒ : 환경적 지원

**05** 2019실 pp.12~13 　누리실 pp.140~141
- 기호 : ㉠, ㉥

> **참고**
> ㉠ 개정 누리과정은 교사가 선계획하여 '계획-실행-평가-계획'으로 이어지던 기존의 '선형적' 과정을 지양한다.
> ㉥ 진행된 주제 및 놀이나 활동에 따라 누리과정 5개 영역 중 일부 영역이나 인간상이 두드러질 수 있으므로 평가를 함에 있어서 단편적인 놀이 에피소드나 활동보다는 전개된 놀이와 일상생활, 활동에 대한 누적된 기록을 총체적으로 고려해야 한다.

**06** 2019실 pp.14~15 　누리실 pp.141~142
- ① : 성장
- ② : 학습공동체

### 2. 교육과정의 변화 준비하기 　본책 p.108

**01** 2019실 pp.16~18 　누리실 pp.143~144
- ㉠ : 민주적
- ㉡ : 지원적
- ㉢ : 교육철학
- ㉣ : 협력적
- ㉤ : 수평적, 협력

> **참고**
> ㉠ 유아는 교육과정을 함께 구성해 나가는 존재이므로 일과 구성, 놀이공간, 놀이자료, 평가 등에 있어 유아의 소리가 반영되는 비중을 늘려야 한다.
> ㉡ 원장(감)은 교사를 지원하고 협력하는 조력자로서의 역할을 수행해야 하며, 학부모가 놀이 중심 교육과정을 잘 이해할 수 있도록 지원함으로써 교사와 학부모 간 협력적 관계 형성을 도와야 한다.
> ㉢ 원장(감)과 교사는 놀이의 가치 및 놀이 중심 교육과정을 학부모에게 지속적으로 안내하여 가정과 협력적 관계를 유지할 수 있도록 한다.
> ㉣ 동료 교사들, 특히 동일 연령을 담당하고 있는 교사들끼리 학급별로 차별적 교육과정을 운영하는 것에 대해 거부감이나 경쟁심을 가지기보다 격려와 정서적 지원, 배움을 나누는 협력적 학습공동체의 구성원이 될 수 있어야 한다. 학습공동체를 통해 유아·놀이 중심 교육과정을 운영하면서 느끼는 고민과 어려움, 유용한 정보 및 다양한 시각을 공유하고 논의하는 과정에서 구성원 모두가 성장할 수 있다.
> ㉤ 관리보다는 자율성을 허용해야 한다. 개정 누리과정으로의 전환과 함께 지역지원 체계는 행정적·재정적 절차 개선, 계획 및 평가와 관련한 문서 간소화 및 기관별 자율적 계획·평가와 관련한 교육과정 운영을 지원하는 데 역할 수행의 초점을 맞추어야 한다.

**02** 2019실 pp.18~22 　누리실 pp.145~147
- 기호 : ㉤

**03** 2019실 pp.18~22 　누리실 pp.145~147
- : ㉢, ㉡, ㉠, ㉣

## 정답과 해설

**04** 2019실 p.21  누리실 p.146

- : 계획을 수립한 후에는 각 실행 계획의 주된 책임자가 누구인지 업무를 분장함으로써 계획의 책무성을 확보하는 것이 좋다.

**05** 2019실 pp.19~20  누리실 pp.145~146

- : 모든 기관과 교사가 처한 상황과 조건이 다르기 때문이다. 기관과 교사 차원에서의 개선이 필요한 항목이 무엇인지 점검하여 변화가 요구되는 영역을 파악했다면 그 부분이 변화의 대상이자 출발점이 될 수 있다.

## 5 「2019 개정 누리과정」 놀이 이해자료  본책 p.112

**01**

1) 2019이 p.16  누리이 p.223
- ㉠ : 건강한 사람
- ㉡ : 자주적인 사람
- ㉢ : 창의적인 사람
- ㉣ : 감성이 풍부한 사람
- ㉤ : 더불어 사는 사람

2) 2019이 pp.10~16  누리이 pp.223~225
- ① ㉠  ② ㉤  ③ ㉣  ④ ㉠  ⑤ ㉢
- ⑥ ㉢  ⑦ ㉠  ⑧ ㉢  ⑨ ㉡  ⑩ ㉣
- ⑪ ㉤  ⑫ ㉡  ⑬ ㉤  ⑭ ㉡  ⑮ ㉣

3) 2019이 pp.10~16  누리이 pp.223~225
- ⓐ : ⑧
- ⓑ : ⑪
- ⓒ : ①
- ⓓ : ⑨

**02** 2019이 p.20  누리이 pp.227~228

- ㉠ : 계획된 활동으로부터의 자유를 말한다. 따라서 교사는 계획된 활동을 하도록 하기보다 유아의 놀이 흐름을 읽고 따라가야 한다.
- ㉡ : 유아는 놀이하면서 규칙을 만들거나 바꾸거나 파기하고 새롭게 생성한다.
- ㉢ : 유아는 놀이에서 경험을 자유롭게 선택하고 현실을 넘어서 상상하고 자유롭게 표현할 수 있다.
- ㉣ : 놀이는 특정 시간과 공간의 제약을 받지 않고 언제 어디서나 이루어질 수 있다.

**03** 2019이 p.21  누리이 p.228

- ㉠ : ⓑ 내재적 동기
- ㉡ : ⓐ 자발성, 능동성
- ㉢ : ⓓ 놀이 속 창의성
- ㉣ : ⓒ 즉흥적 전개

**04** 2019이 p.22  누리이 pp.228~229

- ㉠ : ⓓ 유머
- ㉡ : ⓒ 해소, 심미성
- ㉢ : ⓑ 마주침, 실험
- ㉣ : ⓐ 재미와 기쁨, 몰입

## 05　2019이 pp.28~29　누리아 p.234

- 기호: ⓓ

## 06　2019이 pp.28~29　누리아 p.234

- ㉠: 유능함
- ㉡: 기록

## 07　2019이 pp.39~43　누리아 pp.238~240

1)
- : (은지에게 가서 도와주는 흉내를 내며) 내가 도와줄게!

**참고**

ⓐ 상대방이 하는 이야기를 듣고 관련해서 말한다.

2)
- : 말놀이와 이야기 짓기를 즐긴다.

**참고**

2019해 p.73　누리해 p.59

2019 개정 누리과정 '의사소통'

| 내용 범주 | 내용 |
|---|---|
| 책과 이야기 즐기기 | 책에 관심을 가지고 상상하기를 즐긴다. |
| | 동화, 동시에서 말의 재미를 즐긴다. |
| | 말놀이와 이야기 짓기를 즐긴다. |

3)
- : 극놀이로 경험이나 이야기를 표현한다.

**참고**

2019해 p.92　누리해 p.82

2019 개정 누리과정 '예술경험'

| 내용 범주 | 내용 |
|---|---|
| 창의적으로 표현하기 | 노래를 즐겨 부른다. |
| | 신체, 사물, 악기로 간단한 소리와 리듬을 만들어 본다. |
| | 신체나 도구를 활용하여 움직임과 춤으로 자유롭게 표현한다. |
| | 다양한 미술 재료와 도구로 자신의 생각과 느낌을 표현한다. |
| | 극놀이로 경험이나 이야기를 표현한다. |

## 08　2019이 pp.220~221　누리아 p.278

- : 정 교사

## 09　2019이 pp.228~229　누리아 p.282

- 기호: ㉣

**참고**

유아가 주도적으로 놀이를 시작하기도 하지만 놀이를 하는 동안 놀이가 새로운 놀이를 만들어 냅니다. 그래서 놀이의 시작과 끝은 분명하지 않은 것 같습니다. 놀이의 시작과 끝은 유아에게 중요한 것이 아닌 것 같습니다. 왜냐하면 놀이가 놀이를 만드니까요. 놀이의 끝은 또 다른 놀이의 시작입니다.

## 10　2019이 pp.228~229　누리아 p.282

- 기호: ㉤

## 11　2019이 p.230　누리아 p.284

- : 동료 교사와 함께 관찰하고 기록하여 동료의 기록 내용과 자신의 기록 내용을 비교하고 토의한다.

## 12　2019이 pp.231~232　누리아 p.285

- 기호: ㉢, ㉣

**참고**

㉢ 유아는 비밀스런 공간을 좋아해요. 안전이 확보된다면 이러한 공간에서의 놀이를 허용할 수 있다고 생각합니다.

㉣ 유아는 맥락을 합의하지 않아도 서로 협력하는 힘이 있습니다. 교사들은 맥락을 이해하지 못하는 유아로 인해 기존 유아가 불편함을 느낄 것이라고 생각하지만 유아들은 금세 놀이를 새롭게 하여 함께 즐기는 형태로 재창조해 내는 힘이 있습니다. 그것이 놀이의 자유로움이며 즐거움이라고 볼 수 있습니다.

memo

배지윤의 아테나 유아교육과정

# 2019 개정 누리과정
## 총정리 문제집

암기훈련

# 암기훈련 회독표

| 영역 | | 1 | 2 | 3 | 4 | 5 | 6 | 7 | 8 | 9 | 10 |
|---|---|---|---|---|---|---|---|---|---|---|---|
| 총론 Ⅰ | Ⅰ. 누리과정의 성격 | | | | | | | | | | |
| | Ⅱ. 누리과정의 구성방향 | | | | | | | | | | |
| | 01. 추구하는 인간상 | | | | | | | | | | |
| | 02. 목적과 목표 | | | | | | | | | | |
| | 03. 구성의 중점 | | | | | | | | | | |
| 총론 Ⅱ | Ⅲ. 누리과정의 운영 | | | | | | | | | | |
| | 01. 편성·운영 | | | | | | | | | | |
| | 02. 교수·학습 | | | | | | | | | | |
| | 03. 평가 | | | | | | | | | | |
| 신체운동·건강 | 01. 목표 | | | | | | | | | | |
| | 02. 내용범주 및 내용 | | | | | | | | | | |
| 의사소통 | 01. 목표 | | | | | | | | | | |
| | 02. 내용범주 및 내용 | | | | | | | | | | |
| 사회관계 | 01. 목표 | | | | | | | | | | |
| | 02. 내용범주 및 내용 | | | | | | | | | | |
| 예술경험 | 01. 목표 | | | | | | | | | | |
| | 02. 내용범주 및 내용 | | | | | | | | | | |
| 자연탐구 | 01. 목표 | | | | | | | | | | |
| | 02. 내용범주 및 내용 | | | | | | | | | | |

2019 개정 누리과정

# 1

## 총론 I
암기훈련

## 2019 개정 누리과정

# 총론 I

## I. 누리과정의 성격

누리과정은 3~5세 유아를 위한 [               ]의 공통 교육과정이다.

- 개정 누리과정은 '성격' 항목을 신설하여 누리과정을 '3~5세 유아를 위한 국가 수준의 공통 교육과정'으로 정의하였다.
- 국가 수준의 공통 교육과정으로서 누리과정은 3~5세 유아가 다니는 유치원과 어린이집에서 누리과정을 운영할 때 우선적으로 고려해야 할 공통적이고 일반적인 기준을 국가가 고시한 것이다.
- 유치원과 어린이집에 다니는 3~5세 유아는 국가 수준의 교육과정에서 제시하는 기준에 따라 차별 없이 양질의 교육적 경험을 할 수 있게 된다.

가. [               ]의 공통성과 [        ], [        ] 및 [               ]의 다양성을 동시에 추구한다.

- 국가 수준의 공통성은 유치원과 어린이집에서 교육과정을 구성하고 운영할 때 고려해야 할 공통적이고 일반적 기준을 의미한다.
- 지역 수준의 다양성은 국가 수준의 교육과정을 바탕으로 각 시·도 교육청이나 시·군·구청에서 그 지역사회의 상황과 여건을 고려하여 누리과정을 특색 있게 운영하는 것을 의미한다.
- 기관 수준의 다양성은 각 유치원과 어린이집이 국가 수준 교육과정과 지역 수준 교육과정의 특성을 반영하는 동시에 각 기관의 철학, 학급(반) 및 학부모의 특성에 따라 누리과정을 자율적으로 운영하는 것을 의미한다.
- 개인 수준의 다양성은 교사가 담당 학급(반) 유아의 연령 및 개별 특성, 발달 수준 등 개인차를 교육과정에 반영하여 운영하는 것을 의미한다.

나. 유아의 [               ] 발달과 [          ]을 추구한다.

- 유아가 전인적으로 발달한다는 것은 몸과 마음이 건강하고, 자주적이고, 창의적이며, 감성이 풍부하고 더불어 사는 사람으로 성장한다는 것을 의미한다.

- 유아는 자유롭게 놀이할 때 즐겁고 행복하다. 유치원과 어린이집에서는 유아의 전인적 발달과 행복 추구를 지원하기 위해서 유아가 자유롭고 즐겁게 충분히 놀이할 수 있도록 교육과정을 구성하고 운영해야 한다.

다. [　　　] 중심과 [　　　] 중심을 추구한다.

- '유아 중심'을 추구한다는 것은 누리과정을 운영하는 과정에서 유아의 건강과 행복, 놀이를 통한 배움의 가치를 최대한 존중하여 반영하는 것을 의미한다. 교사는 유아의 목소리에 귀 기울이며, 유아의 의견을 존중하고 반영하는 교육과정을 구성하고 운영하는 것이 필요하다.
- '놀이 중심'을 추구한다는 것은 유아가 주도하는 놀이를 중심으로 교육과정을 구성하고 운영한다는 것을 의미한다.
- 개정 누리과정은 교사가 계획하여 주도하는 교육과정에서 유아가 주도적으로 놀이하며 배우는 교육과정으로의 변화를 추구한다.

라. 유아의 [　　　]과 [　　　] 신장을 추구한다.

- 유아는 스스로 자신이 할 수 있는 일을 하고, 하고 싶은 일을 선택하며, 자신의 선택과 결정에 대해 책임지는 경험을 하면서 자율성을 기른다.
- 유아는 호기심을 가지고 주변 세계를 탐색하고 탐구하며 재미있는 상상을 해 나가고 자신만의 방식으로 놀이를 변형하고 창조하면서 창의성을 기른다.
- 교사는 유아가 크고 작은 어려움을 스스로 해결해 가는 모습을 격려하고, 자신의 경험과 생각을 자유롭게 표현할 수 있도록 도와줌으로써 유아의 자율성과 창의성 신장을 지원한다.

마. [　　　], [　　　], [　　　], 학부모 및 지역사회가 함께 실현해 가는 것을 추구한다.

- 교사, 원장(감)은 유아의 관심과 흥미 및 놀이에 대한 이해를 바탕으로 유아의 놀이를 지원하는 교육과정의 주체이다. 또한 교사와 원장(감)은 학부모가 유아·놀이 중심 교육과정의 의미를 이해하고 협력할 수 있도록 지원한다.
- 학부모는 유아·놀이 중심 교육과정의 의미를 이해하고 유아가 가정과 기관에서 주도적으로 충분히 놀이할 수 있도록 기관과 협력하고 지원한다.
- 유치원과 어린이집은 지역사회의 공공기관이나 단체와 협력하여 지역사회의 인적, 환경적, 문화적 자원을 통해 유아가 풍부한 경험을 할 수 있도록 교육과정 운영을 지원한다.

# 1 총론 I

2019 개정 누리과정

## Ⅱ 누리과정의 구성방향

### 01. 추구하는 인간상

가. [　　]한 사람

- 몸과 마음이 고루 발달하고 스스로 건강함을 유지하며 안정적이고 안전한 생활을 하는 사람을 의미한다.
- 개정 누리과정은 유아가 튼튼한 몸과 안정된 정서를 바탕으로 자신을 소중히 여기며, 일상에서 건강한 생활을 실천하고, 위험한 상황에서 자신을 보호하는 경험을 통해 건강한 사람으로 성장해 갈 수 있도록 돕는다.

나. [　　]적인 사람

- 자신을 잘 알고 존중하며 자신감을 가지고 스스로 할 수 있는 일을 주도적으로 해 나가는 사람을 의미한다.
- 개정 누리과정은 유아가 자신에 대한 이해를 바탕으로 자신을 가치 있고 긍정적인 존재로 여기며, 자신이 잘 할 수 있는 일이 무엇인지 알고 자신의 능력을 확장하기 위해 스스로 노력하는 사람으로 성장해 갈 수 있도록 돕는다.

다. [　　]적인 사람

- 주변 세계에 열려 있고, 호기심이 많으며, 자기만의 방식으로 상상하고 느끼고 표현하고 탐구하는 가운데 새롭고 독창적인 생각을 하는 사람을 의미한다.
- 개정 누리과정은 유아가 놀이를 통해 자신의 관심과 흥미에 따라 세계를 탐색하고 도전하고 실험하는 과정에 적극적으로 참여하는 사람으로 성장해 갈 수 있도록 돕는다.

라. [　　]이 풍부한 사람

- 예술을 사랑하고 존중하며 자신을 둘러싼 주변 세계에 경이감과 아름다움을 느끼고 즐길 수 있는 풍부한 문화적 감수성을 지닌 사람을 의미한다.
- 개정 누리과정은 유아가 일상과 놀이 속에서 아름다움을 발견하고 공감하며, 이를 다양한 예술로 표현하면서 문화를 향유하는 사람으로 성장해 갈 수 있도록 돕는다.

마. [　　　　　] 사는 사람

- 자신이 속해 있는 사회에 소속감을 느끼고, 다른 사람과 생명을 존중하고 자연과 더불어 살아가며 보다 나은 사회를 만들기 위해 사회문제에 관심을 갖고 협력하는 민주 시민을 의미한다.
- 개정 누리과정은 유아가 가족, 이웃, 동식물과 주변 환경에 관심을 가지고 소중히 여기며, 서로 배려하는 마음과 태도, 책임 의식을 가진 사람으로 성장해 갈 수 있도록 돕는다.

## 02. 목적과 목표

### (1) 목적

- 누리과정의 목적에서는 유아기의 특성을 반영하여 누리과정이 지향해야 하는 바를 제시하였다.

> 누리과정의 목적은 유아가 [　　　　]를 통해 심신의 [　　　　]과 조화로운 [　　　　]을 이루고 바른 [　　　　]과 [　　　　　　]의 기초를 형성하는 데에 있다.

- 누리과정의 목적에서는 '놀이를 통해'라는 표현을 제시하여 유아기의 고유한 특성을 강조하였다.
- 전통적으로 유아교육에서 강조해 온 '심신의 건강', '조화로운 발달'과 '민주 시민'의 가치를 반영하였다.
- 인성의 중요성이 사회 전반에 걸쳐 강조되고 있다는 점을 반영하여 이번 개정 누리과정의 목적에 '바른 인성'을 추가하였다.

# 총론 I

2019 개정 누리과정

(2) 목표

- 누리과정의 목적 아래 제시된 목표는 유아가 추구하는 인간상으로 성장하기 위해 필요한 사항을 중심으로 구성하였다.

가. 자신의 [           ]을 알고, [        ]하고 [        ]한 생활 습관을 기른다.

- 유치원과 어린이집은 유아가 자신의 몸과 마음에 대한 긍정적인 생각을 키워, 자신을 소중히 여기는 사람으로 성장하도록 도와야 한다.
- 유아가 자신의 신체 리듬에 맞게 생활하고, 위험한 상황에 대처하는 방법들을 배울 수 있도록 지원해야 한다.
- 누리과정을 통해 유아는 자신의 소중함을 알게 되고, 건강하고 안전한 생활 습관을 기르는 경험을 하며 건강한 사람으로 성장해 나간다.

나. 자신의 [     ]을 스스로 [        ]하는 기초능력을 기른다.

- 유치원과 어린이집은 유아가 자신을 이해하고 소중히 여기며 자신의 일을 주도적이고 자율적으로 해결해 나가는 사람으로 성장하도록 도와야 한다.
- 유아가 다른 사람과 함께 생활하는 동안 자신의 생각을 자신 있게 표현하며, 주어진 일에 책임감을 가지고 해결해 나갈 수 있도록 지원해야 한다.
- 누리과정을 통해 유아는 자신의 일을 스스로 해결하는 기초능력을 길러 자주적인 사람으로 성장해 나간다.

다. [           ]과 [           ]을 가지고 상상력과 창의력을 기른다.

- 유치원과 어린이집은 유아가 주변 세계에 대한 호기심을 가지고 자유롭게 상상하며, 융통성 있는 발상의 전환을 지원한다.
- 새로운 일에 대한 열린 태도와 도전 정신을 가지고 미래에 필요한 독창적인 능력을 키울 수 있도록 도와야 한다.
- 누리과정을 통해 유아는 호기심과 탐구심을 가지고 상상력과 창의력을 길러 창의적인 사람으로 성장해 나간다.

라. [　　　]에서 [　　　　　　]을 느끼고 문화적 감수성을 기른다.

- 유아는 자신이 느낀 아름다움과 경이로움, 시적인 감수성을 예술적으로 표현하는 과정을 즐기며, 자연과 문화에 대해 열린 마음을 가지고 향유하는 경험이 필요하다.
- 유치원과 어린이집은 유아가 놀이를 통하여 문화적 공감 능력과 심미적 감수성을 키워 갈 수 있도록 도와야 한다.
- 누리과정을 통해 유아는 일상에서 아름다움을 느끼고 문화적 감수성이 풍부한 사람으로 성장해 나간다.

마. [　　　]과 [　　　]을 존중하고 배려하며 소통하는 태도를 기른다.

- 유치원과 어린이집은 유아가 놀이를 통하여 자연을 소중히 여기고 다른 사람과 협력하며 소통하는 방법을 경험할 수 있는 기회를 제공하여, 공동체 의식과 민주 시민의 역량을 키워 갈 수 있도록 도와야 한다.
- 누리과정을 통해 유아는 사람과 자연을 존중하고 배려하며 소통하는 태도를 길러 더불어 사는 사람으로 성장해 나간다.

● 추구하는 인간상, 목표, 5개 영역과의 [　　　　　]

| 추구하는 인간상 |||||
|---|---|---|---|---|
|  |  |  |  |  |
| 목표 |||||
|  |  |  |  |  |

# 총론 I

2019 개정 누리과정

| 5개 영역 | | | | |
|---|---|---|---|---|
| 신체운동·건강 | 의사소통 | 사회관계 | 예술경험 | 자연탐구 |

## 03. 구성의 중점

가. 3~5세 [          ]에게 적용할 수 있도록 구성한다.

- 개정 누리과정은 국가 수준의 교육과정으로서 유치원과 어린이집에 다니는 3~5세 유아가 경험해야 할 공통적이고 일반적 기준을 제시하여 모든 3~5세 유아가 양질의 교육경험을 할 수 있도록 구성하였다.
- 모든 유아란 연령, 발달, 장애, 종교나 가족구성, 지역 등의 사회·경제적 배경과 문화적 배경에 의해 배제되거나 차별받지 않는다는 것을 의미한다. 아울러 유아의 관심사, 능력, 발달적 요구 등의 차이를 존중하여 구성한다.

나. [                    ] 구현을 위한 지식, 기능, [               ]를 반영하여 구성한다.

- 최근 교육과정의 국제적 동향은 지식, 기능, 태도 및 가치를 미래 사회 역량과 연계하여 설명하고 있다.
- 역량 중심 교육과정을 통해 지식, 기능, 태도 및 가치를 경험하며, 이를 바탕으로 주도적으로 배움의 방향을 찾아가며 궁극적으로 개인과 사회의 안녕을 추구해 갈 수 있다.
- 추구하는 인간상 구현을 위해 지식, 기능, 태도 및 가치를 유아가 놀이하며 배우는 경험과 연계하여 제시하였으며, 지식, 기능, 태도 및 가치를 누리과정 전반에 반영하였다.

다. 신체운동·건강, 의사소통, 사회관계, 예술경험, 자연탐구의 [           ]을 [      ]으로 구성한다.

- 각 영역은 유아가 누리과정을 통하여 자연스럽게 경험하거나 경험해야 하는 교육내용을 5개 영역으로 나누어 제시한 것이다.
- 개정 누리과정의 5개 영역을 분절하여 이해하거나 특정 교과 또는 연령별로 가르쳐야 하는

세부 내용으로 이해하지 않도록 유의할 필요가 있다.
- 유아의 경험은 대부분 놀이를 통해 이루어지고 이러한 놀이는 5개 영역 내용을 통합적으로 포함하고 있으므로, 유아·놀이 중심 교육과정의 운영은 곧 5개 영역의 통합적 실천으로 이해해야 한다.

라. 3~5세 유아가 [         ]해야 할 [         ]으로 구성한다.
- 개정 누리과정은 5개 영역의 내용을 총 59개 내용으로 간략화하고, 이를 유아가 경험해야 할 내용으로 명시하였다.
- 이러한 경험은 유아가 직접 하는 것이므로 궁극적으로 개정 누리과정은 유아가 주체가 되는 교육과정을 말한다.
- 개정 누리과정은 5개 영역의 내용을 연령 구분 없이 3~5세 유아가 모두 경험할 수 있는 내용으로 제시하였다.
- 교사는 유아를 정해진 기준에 따라 예단하여 이해하지 않고, 유아가 자신의 연령과 발달에 따라 자연스럽게 놀이하며 배우는 경험을 있는 그대로 이해할 필요가 있다.

마. 0~2세 [                    ] 및 초등학교 [                    ]과의 연계성을 고려하여 구성한다.
- 개정 누리과정은 0~2세 보육과정 및 초등학교 교육과정과의 연계성을 강조하였다. 0~2세 보육과정 내용과 3세 유아의 경험이 분절되지 않고 자연스럽게 연계되도록 구성하였다. 또한 초등학교 교육과정과의 연계를 위하여 교육내용의 계열성을 포함하여 체계와 형식을 통일하여 구성하고자 하였다.
- 추구하는 인간상, 목적과 목표 등에서는 초등학교 교육과정과 형식은 통일하되, 유아기의 고유한 특성이 드러나도록 내용을 구성하였다
- 5개 영역의 내용은 초등학교 교육내용을 상회하지 않도록 유의하여 구성하되, 3~5세의 경험과 초등학교 1학년에서의 경험이 단절되지 않고, 유아들이 순조롭게 전이하도록 돕고자 하였다.

# 2019 개정 누리과정

## 총론 I

### I. 누리과정의 성격

> 누리과정은 3~5세 유아를 위한 [            ]의 공통 교육과정이다.

- 개정 누리과정은 '성격' 항목을 신설하여 누리과정을 '3~5세 유아를 위한 [            ]의 공통 교육과정'으로 정의하였다.
- [            ]의 공통 교육과정으로서 누리과정은 3~5세 유아가 다니는 유치원과 어린이집에서 누리과정을 운영할 때 우선적으로 고려해야 할 공통적이고 일반적인 기준을 국가가 고시한 것이다.
- 유치원과 어린이집에 다니는 3~5세 유아는 [            ]의 교육과정에서 제시하는 기준에 따라 차별 없이 양질의 교육적 경험을 할 수 있게 된다.

가. [            ]의 공통성과 [            ] 및 [            ]의 다양성을 동시에 추구한다.

- [      ] 수준의 공통성은 유치원과 어린이집에서 교육과정을 구성하고 운영할 때 고려해야 할 공통적이고 일반적 기준을 의미한다.
- [      ] 수준의 다양성은 [      ] 수준의 교육과정을 바탕으로 각 시·도 교육청이나 시·군·구청에서 그 지역사회의 상황과 여건을 고려하여 누리과정을 특색 있게 운영하는 것을 의미한다.
- [      ] 수준의 다양성은 각 유치원과 어린이집이 [      ] 수준 교육과정과 [      ] 수준 교육과정의 특성을 반영하는 동시에 각 [      ]의 철학, 학급(반) 및 학부모의 특성에 따라 누리과정을 자율적으로 운영하는 것을 의미한다.
- [      ] 수준의 다양성은 교사가 담당 학급(반) 유아의 연령 및 개별 특성, 발달 수준 등 개인차를 교육과정에 반영하여 운영하는 것을 의미한다.

나. 유아의 [　　　　] 발달과 [　　　　]을 추구한다.

- 유아가 [　　　　　]으로 발달한다는 것은 몸과 마음이 건강하고, 자주적이고, 창의적이며, 감성이 풍부하고 더불어 사는 사람으로 성장한다는 것을 의미한다.
- 유아는 자유롭게 놀이할 때 즐겁고 [　　　　]하다. 유치원과 어린이집에서는 유아의 [　　　　] 발달과 [　　　　] 추구를 지원하기 위해서 유아가 자유롭고 즐겁게 충분히 놀이할 수 있도록 교육과정을 구성하고 운영해야 한다.

다. [　　　] 중심과 [　　　　] 중심을 추구한다.

- '[　　　] 중심'을 추구한다는 것은 누리과정을 운영하는 과정에서 [　　　]의 건강과 행복, 놀이를 통한 배움의 가치를 최대한 존중하여 반영하는 것을 의미한다. 교사는 유아의 목소리에 귀 기울이며, [　　　]의 의견을 존중하고 반영하는 교육과정을 구성하고 운영하는 것이 필요하다.
- '[　　　] 중심'을 추구한다는 것은 유아가 주도하는 [　　　]를 중심으로 교육과정을 구성하고 운영한다는 것을 의미한다.
- 개정 누리과정은 교사가 계획하여 주도하는 교육과정에서 [　　　　]가 주도적으로 [　　　　]하며 배우는 교육과정으로의 변화를 추구한다.

라. 유아의 [　　　　]과 [　　　　] 신장을 추구한다.

- 유아는 스스로 자신이 할 수 있는 일을 하고, 하고 싶은 일을 선택하며, 자신의 선택과 결정에 대해 책임지는 경험을 하면서 [　　　　]을 기른다.
- 유아는 호기심을 가지고 주변 세계를 탐색하고 탐구하며 재미있는 상상을 해 나가고 자신만의 방식으로 놀이를 변형하고 창조하면서 [　　　　]을 기른다.
- 교사는 유아가 크고 작은 어려움을 스스로 해결해 가는 모습을 격려하고, 자신의 경험과 생각을 자유롭게 표현할 수 있도록 도와줌으로써 유아의 [　　　　]과 [　　　　] 신장을 지원한다.

## 2 총론 I

마. [　　　], 교사, [　　　　　], 학부모 및 [　　　　　　]가 함께 실현해 가는 것을 추구한다.

- 교사, 원장(감)은 유아의 관심과 흥미 및 놀이에 대한 이해를 바탕으로 유아의 놀이를 지원하는 교육과정의 주체이다. 또한 교사와 원장(감)은 학부모가 [　　　　　　] 교육과정의 의미를 이해하고 협력할 수 있도록 지원한다.
- 학부모는 [　　　　　　　　] 교육과정의 의미를 이해하고 유아가 가정과 기관에서 주도적으로 충분히 놀이할 수 있도록 기관과 [　　　]하고 지원한다.
- 유치원과 어린이집은 지역사회의 공공기관이나 단체와 [　　　]하여 지역사회의 인적, 환경적, 문화적 자원을 통해 유아가 풍부한 경험을 할 수 있도록 교육과정 운영을 지원한다.

# Ⅱ 누리과정의 구성방향

## 01. 추구하는 인간상

가. [　　　]한 사람

- 몸과 마음이 고루 발달하고 스스로 [　　　]을 유지하며 안정적이고 [　　　] 생활을 하는 사람을 의미한다.
- 개정 누리과정은 유아가 튼튼한 몸과 안정된 정서를 바탕으로 자신을 소중히 여기며, 일상에서 [　　　] 생활을 실천하고, 위험한 상황에서 자신을 [　　　]하는 경험을 통해 건강한 사람으로 성장해 갈 수 있도록 돕는다.

나. [　　　]적인 사람

- 자신을 잘 알고 존중하며 자신감을 가지고 [　　　] 할 수 있는 일을 [　　　]으로 해 나가는 사람을 의미한다.
- 개정 누리과정은 유아가 자신에 대한 이해를 바탕으로 자신을 가치 있고 긍정적인 존재로 여기며, 자신이 잘 할 수 있는 일이 무엇인지 알고 자신의 능력을 확장하기 위해 [　　　] 노력하는 사람으로 성장해 갈 수 있도록 돕는다.

다. [　　　]적인 사람

- 주변 세계에 열려 있고, 호기심이 많으며, 자기만의 [　　　]으로 상상하고 느끼고 표현하고 탐구하는 가운데 [　　　]고 독창적인 생각을 하는 사람을 의미한다.
- 개정 누리과정은 유아가 놀이를 통해 자신의 [　　　]과 흥미에 따라 세계를 탐색하고 [　　　]하고 실험하는 과정에 [　　　]으로 참여하는 사람으로 성장해 갈 수 있도록 돕는다.

라. [　　　]이 풍부한 사람

- 예술을 [　　　]하고 존중하며 자신을 둘러싼 주변 세계에 경이감과 아름다움을 느끼고 즐길 수 있는 [　　　]한 문화적 감수성을 지닌 사람을 의미한다.
- 개정 누리과정은 유아가 일상과 놀이 속에서 아름다움을 발견하고 [　　　]하며, 이를 [　　　]한 예술로 표현하면서 문화를 향유하는 사람으로 성장해 갈 수 있도록 돕는다.

# 2 총론 I

마. [　　　　] 사는 사람

- 자신이 속해 있는 [　　　]에 소속감을 느끼고, 다른 사람과 생명을 존중하고 자연과 더불어 살아가며 보다 나은 [　　　]를 만들기 위해 사회문제에 관심을 갖고 [　　　]하는 민주 시민을 의미한다.
- 개정 누리과정은 유아가 가족, 이웃, 동식물과 주변 환경에 [　　　]을 가지고 소중히 여기며, 서로 [　　　]하는 마음과 태도, [　　　　]을 가진 사람으로 성장해 갈 수 있도록 돕는다.

## 02. 목적과 목표

### (1) 목적

- 누리과정의 목적에서는 유아기의 특성을 반영하여 누리과정이 지향해야 하는 바를 제시하였다.

> 누리과정의 목적은 유아가 [　　　　]를 통해 심신의 [　　　　]과 조화로운 [　　　]을 이루고 바른 [　　　]과 [　　　　]의 기초를 형성하는 데에 있다.

- 누리과정의 목적에서는 '[　　　]를 통해'라는 표현을 제시하여 유아기의 고유한 특성을 강조하였다.
- 전통적으로 유아교육에서 강조해 온 '심신의 [　　　]', '조화로운 [　　　]'과 '[　　　　]'의 가치를 반영하였다.
- 인성의 중요성이 사회 전반에 걸쳐 강조되고 있다는 점을 반영하여 이번 개정 누리과정의 목적에 '[　　　　]'을 추가하였다.

(2) 목표
- 누리과정의 목적 아래 제시된 목표는 유아가 추구하는 인간상으로 성장하기 위해 필요한 사항을 중심으로 구성하였다.

가. 자신의 [          ]을 알고, [          ]하고 [          ]한 생활 습관을 기른다.
- 유치원과 어린이집은 유아가 자신의 몸과 마음에 대한 긍정적인 생각을 키워, 자신을 [          ] 여기는 사람으로 성장하도록 도와야 한다.
- 유아가 자신의 [          ] 리듬에 맞게 생활하고, [          ]한 상황에 대처하는 방법들을 배울 수 있도록 지원해야 한다.
- 누리과정을 통해 유아는 자신의 [          ]을 알게 되고, [          ]하고 [          ]한 생활 습관을 기르는 경험을 하며 [          ]으로 성장해 나간다.

나. 자신의 [          ]을 스스로 [          ]하는 기초능력을 기른다.
- 유치원과 어린이집은 유아가 자신을 이해하고 소중히 여기며 자신의 [          ]을 주도적이고 자율적으로 [          ]해 나가는 사람으로 성장하도록 도와야 한다.
- 유아가 다른 사람과 함께 생활하는 동안 자신의 생각을 자신 있게 표현하며, 주어진 [          ]에 책임감을 가지고 [          ]해 나갈 수 있도록 지원해야 한다.
- 누리과정을 통해 유아는 자신의 [          ]을 스스로 [          ]하는 기초능력을 길러 [          ]으로 성장해 나간다.

다. [          ]과 [          ]을 가지고 상상력과 창의력을 기른다.
- 유치원과 어린이집은 유아가 주변 세계에 대한 [          ]을 가지고 자유롭게 상상하며, 융통성 있는 발상의 전환을 지원한다.
- 새로운 일에 대한 열린 태도와 도전 정신을 가지고 미래에 필요한 독창적인 능력을 키울 수 있도록 도와야 한다.
- 누리과정을 통해 유아는 [          ]과 [          ]을 가지고 상상력과 창의력을 길러 [          ]으로 성장해 나간다.

## 2 총론 Ⅰ

**2019 개정 누리과정**

라. [            ]에서 [                    ]을 느끼고 문화적 감수성을 기른다.

- 유아는 자신이 느낀 [                    ]과 경이로움, 시적인 감수성을 예술적으로 표현하는 과정을 즐기며, 자연과 문화에 대해 열린 마음을 가지고 향유하는 경험이 필요하다.
- 유치원과 어린이집은 유아가 놀이를 통하여 문화적 공감 능력과 심미적 감수성을 키워 갈 수 있도록 도와야 한다.
- 누리과정을 통해 유아는 일상에서 [                    ]을 느끼고 문화적 감수성이 풍부한 사람으로 성장해 나간다.

마. [            ]과 [            ]을 존중하고 배려하며 소통하는 태도를 기른다.

- 유치원과 어린이집은 유아가 놀이를 통하여 [            ]을 소중히 여기고 다른 [            ]과 협력하며 소통하는 방법을 경험할 수 있는 기회를 제공하여, 공동체 의식과 민주 시민의 역량을 키워 갈 수 있도록 도와야 한다.
- 누리과정을 통해 유아는 [            ]과 [            ]을 존중하고 배려하며 소통하는 태도를 길러 [                              ]으로 성장해 나간다.

⦿ 추구하는 인간상, 목표, 5개 영역과의 [            ]

| 추구하는 인간상 | | | | |
|---|---|---|---|---|
|  |  |  |  |  |
| 목표 | | | | |
|  |  |  |  |  |
| 5개 영역 | | | | |
| 신체운동·건강 | 의사소통 | 사회관계 | 예술경험 | 자연탐구 |

## 03. 구성의 중점

가. 3~5세 [                    ]에게 적용할 수 있도록 구성한다.

- 개정 누리과정은 국가 수준의 교육과정으로서 유치원과 어린이집에 다니는 3~5세 유아가 경험해야 할 공통적이고 일반적 기준을 제시하여 [          ] 3~5세 유아가 양질의 교육 경험을 할 수 있도록 구성하였다.

- [                    ]란 연령, 발달, 장애, 종교나 가족구성, 지역 등의 사회·경제적 배경과 문화적 배경에 의해 배제되거나 차별받지 않는다는 것을 의미한다. 아울러 유아의 관심사, 능력, 발달적 요구 등의 차이를 존중하여 구성한다.

나. [                    ] 구현을 위한 지식, 기능, [                    ]를 반영하여 구성한다.

- 최근 교육과정의 국제적 동향은 지식, 기능, [                    ]를 미래 사회 역량과 연계하여 설명하고 있다.

- 역량 중심 교육과정을 통해 지식, 기능, [                    ]를 경험하며, 이를 바탕으로 주도적으로 배움의 방향을 찾아가며 궁극적으로 개인과 사회의 안녕을 추구해 갈 수 있다.

- [                    ] 구현을 위해 지식, 기능, [                    ]를 유아가 놀이하며 배우는 경험과 연계하여 제시하였으며, 지식, 기능, [                    ]를 누리과정 전반에 반영하였다.

다. 신체운동·건강, 의사소통, 사회관계, 예술경험, 자연탐구의 [                    ]을 [          ]으로 구성한다.

- 각 영역은 유아가 누리과정을 통하여 자연스럽게 경험하거나 경험해야 하는 교육내용을 [                    ]으로 나누어 제시한 것이다.

- 개정 누리과정의 [                    ]을 분절하여 이해하거나 특정 교과 또는 연령별로 가르쳐야 하는 세부 내용으로 이해하지 않도록 유의할 필요가 있다.

- 유아의 경험은 대부분 놀이를 통해 이루어지고 이러한 놀이는 [                    ] 내용을 통합적으로 포함하고 있으므로, 유아·놀이 중심 교육과정의 운영은 곧 [                    ]의 통합적 실천으로 이해해야 한다.

라. 3~5세 유아가 [          ]해야 할 [          ]으로 구성한다.

- 개정 누리과정은 5개 영역의 [          ]을 총 59개 [          ]으로 간략화하고, 이를 유아가 [          ]해야 할 [          ]으로 명시하였다.
- 이러한 [          ]은 유아가 직접 하는 것이므로 궁극적으로 개정 누리과정은 유아가 주체가 되는 교육과정을 말한다.
- 개정 누리과정은 5개 영역의 [          ]을 [          ] 구분 없이 3~5세 유아가 모두 [          ]할 수 있는 [          ]으로 제시하였다.
- 교사는 유아를 정해진 기준에 따라 예단하여 이해하지 않고, 유아가 자신의 연령과 발달에 따라 자연스럽게 놀이하며 배우는 [          ]을 있는 그대로 이해할 필요가 있다.

마. 0~2세 [          ] 및 초등학교 [          ]과의 연계성을 고려하여 구성한다.

- 개정 누리과정은 0~2세 [          ] 및 초등학교 [          ]과의 연계성을 강조하였다. 0~2세 [          ] 내용과 3세 유아의 경험이 분절되지 않고 자연스럽게 연계되도록 구성하였다. 또한 초등학교 [          ]과의 연계를 위하여 교육내용의 계열성을 포함하여 체계와 형식을 통일하여 구성하고자 하였다.
- 추구하는 인간상, 목적과 목표 등에서는 초등학교 [          ]과 형식은 통일하되, 유아기의 고유한 특성이 드러나도록 내용을 구성하였다.
- 5개 영역의 내용은 초등학교 교육내용을 [          ]하지 않도록 유의하여 구성하되, 3~5세의 경험과 초등학교 1학년에서의 경험이 [          ]되지 않고, 유아들이 순조롭게 전이하도록 돕고자 하였다.

# 3 총론 I

2019 개정 누리과정

## I 누리과정의 성격

누리과정은 3~5세 유아를 위한 [                    ]의 공통 교육과정이다.

- 개정 누리과정은 '[          ]' 항목을 신설하여 누리과정을 '3~5세 유아를 위한 [          ]의 공통 교육과정'으로 정의하였다.
- [              ]의 공통 교육과정으로서 누리과정은 3~5세 유아가 다니는 유치원과 어린이집에서 누리과정을 운영할 때 우선적으로 고려해야 할 [          ]이고 [          ]인 기준을 국가가 고시한 것이다.
- 유치원과 어린이집에 다니는 3~5세 유아는 [              ]의 교육과정에서 제시하는 기준에 따라 [        ] 없이 양질의 [              ]을 할 수 있게 된다.

가. [              ]의 공통성과 [                    ]의 다양성을 동시에 추구한다.

- [        ] 수준의 공통성은 유치원과 어린이집에서 교육과정을 구성하고 운영할 때 고려해야 할 [          ]이고 [          ] 기준을 의미한다.
- [        ] 수준의 다양성은 [        ] 수준의 교육과정을 바탕으로 각 시·도 교육청이나 시·군·구청에서 그 지역사회의 [        ]과 [        ]을 고려하여 누리과정을 [        ]있게 운영하는 것을 의미한다.
- [        ] 수준의 다양성은 각 유치원과 어린이집이 [        ] 수준 교육과정과 [        ] 수준 교육과정의 특성을 반영하는 동시에 각 [        ]의 철학, 학급(반) 및 학부모의 특성에 따라 누리과정을 [        ]으로 운영하는 것을 의미한다.
- [        ] 수준의 다양성은 교사가 담당 학급(반) 유아의 연령 및 개별 특성, 발달 수준 등 [        ]를 교육과정에 반영하여 운영하는 것을 의미한다.

## 3 총론 Ⅰ
**2019 개정 누리과정**

나. 유아의 [　　　　　]과 [　　　]을 [　　　]한다.

- 유아가 [　　　　]으로 발달한다는 것은 몸과 마음이 건강하고, 자주적이고, 창의적이며, 감성이 풍부하고 더불어 사는 사람으로 [　　　]한다는 것을 의미한다.
- 유아는 자유롭게 놀이할 때 즐겁고 [　　　]하다. 유치원과 어린이집에서는 유아의 [　　　] 발달과 [　　　] 추구를 지원하기 위해서 유아가 [　　　]롭고 즐겁게 [　　　]히 놀이할 수 있도록 교육과정을 구성하고 운영해야 한다.

다. [　　　　　]과 [　　　　　　]을 추구한다.

- '[　　　] 중심'을 추구한다는 것은 누리과정을 운영하는 과정에서 [　　　]의 건강과 행복, 놀이를 통한 배움의 가치를 최대한 [　　　]하여 반영하는 것을 의미한다. 교사는 유아의 목소리에 귀 기울이며, 유아의 [　　　]을 존중하고 반영하는 교육과정을 구성하고 운영하는 것이 필요하다.
- '[　　　] 중심'을 추구한다는 것은 유아가 [　　　]하는 [　　　]를 중심으로 교육과정을 구성하고 운영한다는 것을 의미한다.
- 개정 누리과정은 교사가 계획하여 주도하는 교육과정에서 유아가 [　　　　　]으로 [　　　]하며 배우는 교육과정으로의 변화를 추구한다.

라. 유아의 [　　　　]과 [　　　　　　　]을 추구한다.

- 유아는 [　　　　] 자신이 할 수 있는 일을 하고, 하고 싶은 일을 [　　　]하며, 자신의 선택과 결정에 대해 [　　　]지는 경험을 하면서 [　　　　　]을 기른다.
- 유아는 [　　　　]을 가지고 주변 세계를 탐색하고 탐구하며 재미있는 [　　　]을 해 나가고 자신만의 방식으로 놀이를 [　　　]하고 [　　　]하면서 창의성을 기른다.
- 교사는 유아가 크고 작은 어려움을 스스로 [　　　]해 가는 모습을 격려하고, 자신의 경험과 생각을 자유롭게 [　　　]할 수 있도록 도와줌으로써 유아의 [　　　]과 [　　　　　] 신장을 지원한다.

마. [                              ] 및 [                ]가 함께 [          ]해 가는 것을 추구한다.

- 교사, 원장(감)은 유아의 관심과 흥미 및 놀이에 대한 [            ]를 바탕으로 유아의 놀이를 [        ]하는 [              ]의 주체이다. 또한 교사와 원장(감)은 학부모가 [                ] 교육과정의 [        ]를 이해하고 [          ]할 수 있도록 지원한다.
- 학부모는 [                  ] 교육과정의 의미를 이해하고 유아가 가정과 기관에서 [          ]으로 충분히 놀이할 수 있도록 기관과 [          ]하고 지원한다.
- 유치원과 어린이집은 지역사회의 공공기관이나 단체와 [          ]하여 지역사회의 [      ]적, [      ]적, [      ]적 자원을 통해 유아가 [                ]을 할 수 있도록 교육과정 운영을 지원한다.

# 3 총론 I

2019 개정 누리과정

## II 누리과정의 구성방향

### 01. 추구하는 인간상

가. [          ]한 사람

- 몸과 마음이 고루 발달하고 스스로 [          ]을 유지하며 안정적이고 [          ] 생활을 하는 사람을 의미한다.
- 개정 누리과정은 유아가 튼튼한 몸과 안정된 정서를 바탕으로 자신을 [          ] 여기며, 일상에서 [          ] 생활을 실천하고, 위험한 상황에서 자신을 [          ] 하는 경험을 통해 건강한 사람으로 성장해 갈 수 있도록 돕는다.

나. [          ]적인 사람

- 자신을 잘 알고 존중하며 자신감을 가지고 [          ] 할 수 있는 일을 [          ] 으로 해 나가는 사람을 의미한다.
- 개정 누리과정은 유아가 [          ]에 대한 [          ]를 바탕으로 자신을 가치 있고 [          ]로 여기며, 자신이 잘 할 수 있는 일이 무엇인지 알고 자신의 [          ]을 확장하기 위해 [          ] 노력하는 사람으로 성장해 갈 수 있도록 돕는다.

다. [          ]적인 사람

- 주변 세계에 열려 있고, [          ]이 많으며, 자기만의 방식으로 [          ]하고 느끼고 [          ]하고 [          ]하는 가운데 새롭고 [          ]인 생각을 하는 사람을 의미한다.
- 개정 누리과정은 유아가 놀이를 통해 자신의 [          ]과 흥미에 따라 세계를 탐색하고 [          ]하고 실험하는 과정에 [          ]으로 참여하는 사람으로 성장해 갈 수 있도록 돕는다.

라. [          ]이 [          ]한 사람

- 예술을 사랑하고 [          ]하며 자신을 둘러싼 주변 세계에 [          ]과 아름다움을 느끼고 즐길 수 있는 풍부한 [          ]을 지닌 사람을 의미한다.

- 개정 누리과정은 유아가 일상과 놀이 속에서 [　　　　]을 발견하고 [　　　] 하며, 이를 다양한 예술로 [　　　]하면서 문화를 [　　　]하는 사람으로 성장해 갈 수 있도록 돕는다.

마. [　　　　] 사는 사람

- 자신이 속해 있는 사회에 [　　　　]을 느끼고, 다른 사람과 생명을 [　　　]하고 자연과 더불어 살아가며 보다 나은 사회를 만들기 위해 [　　　　]에 관심을 갖고 협력하는 [　　　　]을 의미한다.
- 개정 누리과정은 유아가 [　　　　　　　]에 [　　　]을 가지고 소중히 여기며, 서로 [　　　]하는 마음과 태도, [　　　　]을 가진 사람으로 성장해 갈 수 있도록 돕는다.

## 02. 목적과 목표

(1) 목적

- 누리과정의 목적에서는 [　　　]의 [　　　]을 반영하여 누리과정이 지향해야 하는 바를 제시하였다.

> 누리과정의 목적은 유아가 [　　　]를 통해 [　　　]의 [　　　]과 [　　　]을 이루고 바른 [　　　]과 [　　　　]의 [　　　]를 형성하는 데에 있다.

- 누리과정의 목적에서는 '[　　　　　]'라는 표현을 제시하여 유아기의 고유한 특성을 강조하였다.
- 전통적으로 유아교육에서 강조해 온 '[　　　　]', '[　　　　]'과 '[　　　　]'의 가치를 반영하였다.
- 인성의 중요성이 사회 전반에 걸쳐 강조되고 있다는 점을 반영하여 이번 개정 누리과정의 목적에 '[　　　　]'을 추가하였다.

# 3 총론 I

## 2019 개정 누리과정

(2) 목표

- 누리과정의 목적 아래 제시된 목표는 유아가 [            ]으로 성장하기 위해 필요한 사항을 중심으로 구성하였다.

가. 자신의 [          ]을 알고, [       ]하고 [              ]을 기른다.

- 유치원과 어린이집은 유아가 자신의 몸과 마음에 대한 [        ]인 생각을 키워, 자신을 [              ] 사람으로 성장하도록 도와야 한다.
- 유아가 자신의 [          ]에 맞게 생활하고, 위험한 상황에 [      ]하는 [      ]들을 배울 수 있도록 지원해야 한다.
- 누리과정을 통해 유아는 자신의 [        ]을 알게 되고, [      ]하고 [     ] 생활 습관을 기르는 경험을 하며 [            ]으로 성장해 나간다.

나. 자신의 [      ]을 스스로 [        ]하는 [            ]을 기른다.

- 유치원과 어린이집은 유아가 [      ]을 [     ]하고 소중히 여기며 자신의 일을 [        ]이고 [       ]으로 [      ]해 나가는 사람으로 성장하도록 도와야 한다.
- 유아가 다른 사람과 함께 생활하는 동안 자신의 생각을 자신 있게 표현하며, 주어진 [    ]에 책임감을 가지고 [      ]해 나갈 수 있도록 지원해야 한다.
- 누리과정을 통해 유아는 자신의 [     ]을 스스로 [      ]하는 기초능력을 길러 [              ]으로 성장해 나간다.

다. [        ]과 [        ]을 가지고 [          ]과 [          ]을 기른다.

- 유치원과 어린이집은 유아가 주변 세계에 대한 [        ]을 가지고 자유롭게 [       ]하며, 융통성 있는 [            ]을 지원한다.
- 새로운 일에 대한 [          ]와 [          ]을 가지고 미래에 필요한 [          ]인 능력을 키울 수 있도록 도와야 한다.
- 누리과정을 통해 유아는 [         ]과 [         ]을 가지고 상상력과 창의력을 길러 [            ]으로 성장해 나간다.

라. [          ]에서 [              ]을 느끼고 [                    ]을 기른다.

- 유아는 자신이 느낀 [              ]과 경이로움, 시적인 감수성을 예술적으로 [                    ]을 즐기며, 자연과 문화에 대해 [              ]을 가지고 향유하는 경험이 필요하다.
- 유치원과 어린이집은 유아가 놀이를 통하여 문화적 [        ] 능력과 [                ]을 키워 갈 수 있도록 도와야 한다.
- 누리과정을 통해 유아는 일상에서 [              ]을 느끼고 문화적 [          ]이 [        ]한 사람으로 성장해 나간다.

마. [      ]과 [          ]을 존중하고 [          ]하며 [          ]하는 태도를 기른다.

- 유치원과 어린이집은 유아가 놀이를 통하여 [        ]을 소중히 여기고 다른 사람과 [          ]하며 [          ]하는 방법을 경험할 수 있는 기회를 제공하여, [                ]과 민주 시민의 [        ]을 키워 갈 수 있도록 도와야 한다.
- 누리과정을 통해 유아는 [          ]과 [          ]을 존중하고 배려하며 [          ]하는 태도를 길러 [                    ]으로 성장해 나간다.

● 추구하는 인간상, 목표, 5개 영역과의 [            ]

| 추구하는 인간상 |||||
|---|---|---|---|---|
| | | | | |
| 목표 |||||
| | | | | |
| 5개 영역 |||||
| | | | | |

# 3. 총론 I

## 03. 구성의 중점

가. 3~5세 [　　　　　　　]에게 적용할 수 있도록 구성한다.

- 개정 누리과정은 [　　　　　　]의 교육과정으로서 유치원과 어린이집에 다니는 3~5세 유아가 경험해야 할 [　　　　　]이고 [　　　　　] 기준을 제시하여 [　　　] 3~5세 유아가 양질의 교육경험을 할 수 있도록 구성하였다.
- [　　　　　　]란 연령, 발달, 장애, 종교나 가족구성, 지역 등의 사회·경제적 배경과 문화적 배경에 의해 배제되거나 [　　　　　]받지 않는다는 것을 의미한다. 아울러 유아의 관심사, 능력, 발달적 요구 등의 차이를 [　　　　]하여 구성한다.

나. [　　　　　　　　　　] 구현을 위한 지식, 기능, [　　　　　　　　　]를 반영하여 구성한다.

- 최근 교육과정의 국제적 동향은 지식, 기능, [　　　　　　　　]를 미래 사회 역량과 연계하여 설명하고 있다.
- [　　　] 중심 교육과정을 통해 지식, 기능, [　　　　　　　　]를 경험하며, 이를 바탕으로 주도적으로 배움의 방향을 찾아가며 궁극적으로 개인과 사회의 안녕을 추구해 갈 수 있다.
- [　　　　　　　　　　　　] 구현을 위해 지식, 기능, [　　　　　　　　　]를 유아가 놀이하며 배우는 경험과 [　　　　]하여 제시하였으며, 지식, 기능, [　　　　　　　]를 누리과정 전반에 반영하였다.

다. 신체운동·건강, 의사소통, 사회관계, 예술경험, 자연탐구의 [　　　　　　]을 [　　　　]으로 구성한다.

- 각 영역은 유아가 누리과정을 통하여 자연스럽게 경험하거나 경험해야 하는 교육내용을 [　　　　　　]으로 나누어 제시한 것이다.
- 개정 누리과정의 [　　　　　　]을 분절하여 이해하거나 [　　　　　　] 또는 [　　　　]로 가르쳐야 하는 세부 내용으로 이해하지 않도록 유의할 필요가 있다.
- 유아의 경험은 대부분 놀이를 통해 이루어지고 이러한 놀이는 [　　　　　　] 내용을 [　　　　]으로 포함하고 있으므로, 유아·놀이 중심 교육과정의 운영은 곧 [　　　　　　　]의 통합적 실천으로 이해해야 한다.

라. 3~5세 유아가 [          ]해야 할 [          ]으로 구성한다.

- 개정 누리과정은 5개 영역의 [          ]을 총 59개 [          ]으로 간략화하고, 이를 유아가 [          ]해야 할 [          ]으로 명시하였다.
- 이러한 [          ]은 유아가 직접 하는 것이므로 궁극적으로 개정 누리과정은 유아가 주체가 되는 교육과정을 말한다.
- 개정 누리과정은 5개 영역의 [          ]을 [          ] 구분 없이 3~5세 유아가 모두 [          ]할 수 있는 [          ]으로 제시하였다.
- 교사는 유아를 정해진 [          ]에 따라 [          ]하여 이해하지 않고, 유아가 자신의 [          ]과 [          ]에 따라 자연스럽게 놀이하며 배우는 [          ]을 있는 그대로 이해할 필요가 있다.

마. 0~2세 [          ] 및 초등학교 [          ]과의 [          ]을 고려하여 구성한다.

- 개정 누리과정은 0~2세 [          ] 및 초등학교 [          ]과의 연계성을 강조하였다. 0~2세 [          ] 내용과 3세 유아의 경험이 분절되지 않고 자연스럽게 연계되도록 구성하였다. 또한 초등학교 [          ]과의 연계를 위하여 교육내용의 [          ]을 포함하여 체계와 형식을 통일하여 구성하고자 하였다.
- 추구하는 인간상, 목적과 목표 등에서는 초등학교 [          ]과 형식은 통일하되, 유아기의 고유한 특성이 드러나도록 내용을 구성하였다.
- 5개 영역의 내용은 초등학교 교육내용을 [          ]하지 않도록 유의하여 구성하되, 3~5세의 [          ]과 초등학교 1학년에서의 [          ]이 단절되지 않고, 유아들이 순조롭게 [          ]하도록 돕고자 하였다.

## 2019 개정 누리과정

# 총론 I

### I. 누리과정의 성격

| 누리과정은 [　　　　　]를 위한 [　　　　　]의 [　　　　　]이다. | | |
|---|---|---|
| 공통성과 다양성 | 가 | [　　　　　]의 [　　　　]과 [　　　　　] 및 [　　　　　]의 [　　　　　]을 [　　　　] 추구한다. |
| 전인적 발달, 행복 추구 | 나 | 유아의 [　　　　　]과 [　　　　]을 추구한다. |
| 유아 중심, 놀이 중심 | 다 | [　　　　　]과 [　　　　　]을 추구한다. |
| 자율성과 창의성 | 라 | 유아의 [　　　　　]과 [　　　　　]을 추구한다. |
| 협력과 참여 | 마 | [　　　　　　　　　　] 및 [　　　　]가 [　　　　　]해 가는 것을 추구한다. |

## II. 누리과정의 구성방향

### 01. 추구하는 인간상

| 가 | [          ]한 사람 |
|---|---|
| 나 | [          ]적인 사람 |
| 다 | [          ]적인 사람 |
| 라 | [      ]이 [      ]한 사람 |
| 마 | [          ] 사는 사람 |

### 02. 목적과 목표

(1) 목적

> 누리과정의 목적은 유아가 [         ]를 통해 [        ]의 [        ]과 [              ]을 이루고 바른 [        ]과 [              ]의 [        ]를 형성하는 데에 있다.

# 총론 I

2019 개정 누리과정

(2) 목표

| 추구하는 인간상 | 목표 |||
|---|---|---|---|
| | 가 | 자신의 [　　　]을 알고, [　　　]하고 [　　　]한 [　　　]을 기른다. ||
| | 나 | 자신의 [　　]을 [　　　　　　]하는 [　　　　　]을 기른다. ||
| | 다 | [　　　　]과 [　　　　]을 가지고 [　　　　]과 [　　　　]을 기른다. ||
| | 라 | [　　　]에서 [　　　　　]을 느끼고 [　　　　　　]을 기른다. ||
| | 마 | [　　　]과 [　　　]을 [　　　]하고 [　　　]하며 [　　　]하는 [　　　]를 기른다. ||

● 추구하는 인간상, 목표, 5개 영역과의 [　　　　　]

| 추구하는 인간상 |||||
|---|---|---|---|---|
| | | | | |
| 목표 |||||
| | | | | |
| ↙ ↓ ↗ | ↙ ↕ ↗ | ↙ ↓ ↗ | ↙ ↕ ↗ | ↙ ↓ ↗ |
| 5개 영역 |||||
| | | | | |

## 03. 구성의 중점

| | | |
|---|---|---|
| 모든 유아 | 가 | [                    ]에게 [            ]할 수 있도록 구성한다. |
| 추구하는 인간상 | 나 | [                              ]을 위한 [                              ]를 [                ]하여 구성한다. |
| 5개 영역을 중심으로 | 다 | [                                                                    ]의 [                ]을 [          ]으로 구성한다. |
| 경험해야 할 내용 | 라 | [              ] 유아가 [          ]해야 할 [              ]으로 구성한다. |
| 교육과정과의 연계성 | 마 | [                    ] 및 [                              ]과의 [              ]을 [            ]하여 구성한다. |

# 2019 개정 누리과정

## 5 총론 I

### I 누리과정의 성격

| 누리과정은 [ ]를 위한 [ ]의 [ ]이다. |||
|---|---|---|
| 공통성과 다양성 | 가 | |
| 전인적 발달, 행복 추구 | 나 | |
| 유아 중심, 놀이 중심 | 다 | |
| 자율성과 창의성 | 라 | |
| 협력과 참여 | 마 | |

## II. 누리과정의 구성방향

### 01. 추구하는 인간상

| | |
|---|---|
| 가 | |
| 나 | |
| 다 | |
| 라 | |
| 마 | |

### 02. 목적과 목표

| 목적 | | |
|---|---|---|
| 추구하는 인간상 | 목표 | |
| | 가 | |
| | 나 | |
| | 다 | |
| | 라 | |
| | 마 | |

● 추구하는 [           ], [           ], 5개 영역과의 [           ]

| 추구하는 인간상 |||||
|---|---|---|---|---|
|  |  |  |  |  |
| 목표 |||||
|  |  |  |  |  |
| 5개 영역 |||||
|  |  |  |  |  |

## 03. 구성의 중점

| 모든 유아 | 가 |  |
|---|---|---|
| 추구하는 인간상 | 나 |  |
| 5개 영역을 중심으로 | 다 |  |
| 경험해야 할 내용 | 라 |  |
| 교육과정과의 연계성 | 마 |  |

2019 개정 누리과정

# 총론 Ⅱ
## 2
암기훈련

# 2019 개정 누리과정

# 총론 Ⅱ

## Ⅲ. 누리과정의 운영

### 01. 편성 · 운영

가. [　　]일 [　　　　　]시간을 기준으로 편성한다.

- 3~5세 모든 유아에게 공통 교육과정을 제공하기 위해 유치원과 어린이집에서 편성해야 할 누리과정 운영 시간은 1일 4~5시간이다.

나. 일과 운영에 따라 [　　　　]하여 편성할 수 있다.

- 유치원과 어린이집은 1일 4~5시간의 누리과정 운영 시간 외에도 운영 시간을 확장하여 편성 · 운영할 수 있다.
- 누리과정 운영 시간 이후, 운영 시간을 확장하여 편성 · 운영할 경우에도 개정 누리과정이 지향하는 유아 · 놀이 중심 교육과정이 이루어질 수 있도록 한다.

다. 누리과정을 바탕으로 각 [　　　　]의 [　　　　]에 적합한 [　　　　]을 수립하여 운영한다.

- 유치원과 어린이집은 국가 수준의 교육과정인 개정 누리과정을 바탕으로 각 기관의 실정에 따라 적합한 계획을 수립하여 운영하여야 한다.
- 유치원과 어린이집은 각 기관의 교육철학, 가정과 지역사회의 특성, 유아의 요구 등을 반영하여 자율적으로 계획을 수립할 수 있다.

라. 하루 일과에서 [　　　　　　]를 포함하여 유아의 [　　　　　]가 충분히 이루어지도록 편성하여 운영한다.

- 놀이는 바깥 놀이를 포함하여 하루 일과 중 가장 길게, 우선적으로 편성 · 운영하여 유아가 충분히 놀이할 수 있도록 한다.
- 일상생활에 포함되는 등원, 손 씻기, 화장실 다녀오기, 간식, 점심, 낮잠, 휴식 등은 유아의 신체적 리듬을 반영하여 편성 · 운영함으로써 유아들이 즐겁게 하루를 보낼 수 있도록 한다.
- 활동은 유아가 놀이를 통한 배움을 확장해 갈 수 있도록 돕는 교사의 지원이다.

- 교사는 바깥 놀이를 포함하여 놀이 시간을 2시간 이상 확보하되, 날씨와 계절, 기관의 상황, 유아의 관심사와 놀이 특성 등을 고려하여 융통성 있게 편성·운영한다.

마. [　　], 신체적 특성, [　　　], 종교, [　　　　　　　] 등으로 인한 [　　　　]이 없도록 편성하여 운영한다.

- 유아가 다른 사람을 대할 때 자신과 상대와의 다른 점을 틀린 것이 아니라 다른 특성으로 받아들이고 편견 없이 대할 수 있도록 지원해야 한다.
- 교사는 성별, 신체적 특징 및 장애 유무에 따라 유아를 비교하고 평가하거나 불이익을 주지 말아야 하며 유아에게 고정적인 성 역할과 특정 종교를 강요해서는 안 된다.
- 유아들에게 다양한 가족 형태 및 문화적 배경을 이해할 수 있는 경험을 제공하여 다양성을 존중하고 배려할 수 있도록 지원한다.

바. 유아의 [　　　]과 [　　　　　　]에 따라 조정하여 운영한다.

- 발달 지연 또는 장애 유아도 또래 유아와 함께 하는 경험이 필요하다.
- 교사는 장애 유아의 특성과 요구를 파악하여 개별화교육계획을 수립하고, 개별 장애 유아의 교육적 요구에 적합한 교육이 이루어지도록 한다.

사. [　　　]과 [　　　　　　]와의 협력과 참여에 기반하여 운영한다.

- 유치원과 어린이집에서는 부모 참여, 간담회, 워크숍, 상담 등 다양한 기회를 마련하여 부모의 역할을 지원할 필요가 있다.
- 지역사회는 유아의 다양한 경험을 지원하는 풍부한 자원이다. 따라서 유치원과 어린이집에서는 유아들이 지역사회의 여러 기관이나 장소를 직접 경험하면서 지역사회에 관심을 가질 수 있도록 지원해야 한다.
- 유치원과 어린이집을 지원하는 공공기관과의 상호 협의를 통해 누리과정 운영이 원활히 이루어질 수 있도록 한다.

아. 교사 연수를 통해 누리과정의 운영이 [　　　]되도록 한다.

- 누리과정의 실천과 지속적인 개선을 위해서는 교사 연수가 필수적이다.
- 교사 연수는 교사가 참여하는 다양한 유형의 교육, 배움 공동체, 소모임 등을 포함한다.

# 총론 Ⅱ

### 02. 교수·학습

가. 유아가 흥미와 [      ]에 따라 놀이에 자유롭게 [      ]하고 [      ]도록 한다.

- 유아가 주도하는 놀이는 성인의 간섭과 통제가 최소화되고 유아가 다양한 놀이 환경과 만날 때 활발하게 나타난다.
- 실내의 제한된 흥미 영역에서 교사가 미리 준비한 놀이를 선택하게 하는 방식보다는 유아가 자유롭게 놀이하며 즐기는 방식으로 바꾸어 갈 필요가 있다.
- 교사는 놀이 상황과 맥락에 따라 새롭게 생성되는 유아의 놀이를 존중하고 이해하면서 유아가 필요로 하는 놀이 자료, 놀이 공간, 놀이 규칙과 안전 등을 고려하여 필요한 지원을 할 수 있다.

나. 유아가 [      ]를 통해 배우도록 한다.

- 개정 누리과정의 5개 영역, 59개의 내용은 3~5세 유아가 유치원과 어린이집에서 경험해야 할 의미 있고 가치 있는 배움의 내용으로 구성되어 있다. 이는 교사가 가르쳐야 할 내용이 아닌 유아가 즐겁게 놀이하면서 배우는 내용이다.
- 교사는 일상생활과 활동에도 유아의 흥미와 관심을 반영하여 유아가 즐겁게 경험하며 배우도록 지원할 수 있다.
- 교사는 유아의 건강과 안전을 위해 필수적으로 요구되는 일상생활 습관 지도나 안전 교육을 계획하여 운영할 수 있다.
- 유아는 자신에게 가장 적합한 방식으로 놀이하기 때문에 유아의 놀이는 예측하기 어렵다.
- 교사가 유아의 놀이를 존중한다는 것은 유아의 놀이를 바라만 보거나 방관하는 것이 아니라, 유아의 배움에 필요한 지원 내용을 생각하고, 준비하고, 지원하는 과정을 모두 포함한다.

다. 유아가 [      ] 놀이와 활동을 [      ]할 수 있도록 [      ] 환경을 구성한다.

- 유아의 관심과 흥미, 요구에 따라 새로운 영역을 구성할 수 있으며, 이때 유아가 주도적으로 놀이 영역을 창조할 수 있도록 지원해야 한다. 교실 밖의 복도나 계단, 구석진 공간 등 유아가 놀이할 수 있는 실내 공간은 먼저 안전에 문제가 없는지 파악한 후에 놀이 공간으로 구성할 수 있다.

- 실외 자투리 공간, 텃밭, 통로, 작은 마당 등은 공간의 특성과 안전을 고려하여 놀이 환경으로 구성하며, 유치원과 어린이집의 상황에 따라 인근 공원과 놀이터 등도 놀이 공간으로 활용할 수 있다.
- 놀이 자료는 유아가 놀이에 사용할 수 있는 놀잇감, 매체, 재료와 도구 등을 포함한다.

라. 유아와 [          ], 유아와 [          ], 유아와 [          ] 간에 능동적인 [                    ]이 이루어지도록 한다.

- 유아가 주도하는 놀이 중심의 개정 누리과정에서는 유아와 유아 간의 상호작용이 더 활발하고 빈번하게 일어난다.
- 교사는 유아의 흥미와 관심이 어디에 있는지 파악하고, 칭찬, 격려, 미소, 공감 등 정서적 또는 언어적 상호작용을 통해 유아의 놀이를 긍정적으로 수용하고 격려한다.
- 유아와 환경 간의 상호작용은 유아 주변의 친근한 공간, 자료, 일상생활에서 자연스럽게 접하는 모든 환경과의 교감을 포함한다.

마. 5개 영역의 내용이 [          ]으로 유아의 [          ]과 연계되도록 한다.

- 교사는 개정 누리과정에 포함된 5개 영역의 내용이 유아가 놀이를 하며 통합적으로 경험하는 것임을 이해해야 한다.
- 유아는 놀이를 통해 여러 가지 영역을 통합적으로 경험하며, 이러한 경험은 영역별로 이루어지지 않는다.
- 5개 영역의 내용은 정해진 생활 주제 이외에도 유아의 관심과 흥미에 따라 다양하게 통합할 수 있다.

바. 개별 유아의 [          ]에 따라 [          ]과 [                    ]이 원활히 이루어지도록 한다

- 유치원과 어린이집에서는 유아의 건강 상태, 날씨나 계절, 기관의 상황 등에 따라 하루 일과를 융통성 있게 운영할 수 있다.
- 획일적인 하루 일과를 운영하기보다는 배변이나 낮잠, 휴식 등 유아마다 다른 신체 리듬을 반영하여 하루 일과를 운영해야 한다.

# 총론 Ⅱ

사. 유아의 [      ], 발달, [      ], 배경 등을 고려하여 [         ]에 적합한 방식으로 배우도록 한다.

- 같은 연령이라도 개별 유아의 특성이 다르듯이 유아가 놀이하는 모습도 다르게 나타난다.
- 유아가 가정에서 경험하는 다양한 문화적 특성을 서로 인정하고 존중하며 가치 있게 여길 수 있어야 한다.

## 03. 평가

가. 누리과정 운영의 질을 [       ]하고 [       ]하기 위해 평가를 [       ]하고 실시한다.

- 유치원과 어린이집에서는 지역 특성, 각 기관 및 학급(반)의 상황과 요구를 고려하여, 누리과정 운영을 개선할 수 있도록 자율적으로 평가 계획을 수립한다.
- 평가의 내용, 평가 주기 및 시기, 평가 방법 등에 대한 계획은 각 기관 구성원들 간의 민주적인 협의를 통해 정한다.

나. 유아의 [       ] 및 [            ]와 누리과정의 [        ]을 평가한다.

- 유아 평가는 궁극적으로 유아의 행복과 전인적 발달을 지원하는 데 그 목적이 있다.
- 교사는 유아의 배움이 나타나는 놀이, 일상생활, 활동에서 유아가 가장 즐기고 잘하는 것, 놀이의 특성, 흥미와 관심, 친구 관계, 놀이를 이어가기 위한 자료의 활용 등에 주목하여 유아 놀이를 관찰하고 이를 통해 유아의 특성과 변화를 이해하도록 한다.
- 누리과정 운영 평가는 유치원과 어린이집의 교육과정이 유아·놀이 중심으로 적절하게 운영되고 있는지 평가하는 데 그 목적이 있다.
- 유치원과 어린이집의 누리과정 운영 평가에서는 놀이 시간을 충분히 운영하였는지, 유아 주도적인 놀이와 배움이 이루어지고 있는지, 놀이 지원이 적절한지 등을 평가할 수 있다.
- 필요에 따라 부모와의 협력이나 행정적·재정적 지원이 적절하게 이루어지고 있는지 등을 평가할 수도 있다.

다. 평가의 [　　　]에 따라 적합한 방법을 [　　　]하여 평가한다.

- 교사는 유아의 특성과 변화 정도를 파악하기 위하여 유아들의 실제 놀이 모습을 계획안에 기록할 수 있고, 놀이 결과물과 작품 등을 일상적으로 수집할 수 있다.
- 유아들의 놀이를 관찰할 때에는 유아의 말, 몸짓, 표정 등에서 드러나는 놀이의 의미와 특성에 주목하여 이 중 필요한 내용을 메모나 사진 등 교사가 할 수 있는 가장 용이한 방법으로 기록한다.
- 개정 누리과정에서는 교사가 유아의 놀이 관찰기록, 유아 평가와 누리과정 운영 평가 등 평가 자료를 만들고 수집하는 데 과도한 노력을 기울이기보다는 유아의 놀이에 더 집중하고 지원하는 것이 중요함을 강조하고 있다.

라. 평가의 결과는 유아에 대한 [　　　]와 누리과정 운영 [　　　]을 위한 자료로 [　　　]할 수 있다.

- 유아 평가의 결과는 누리과정이 추구하는 인간상과 목적 및 목표 등에 비추어 유아의 특성과 변화 정도를 이해하고 유아의 배움과 성장에 도움이 되도록 지원하는 데 활용한다.
- 수집된 모든 자료를 바탕으로 개별 유아의 특성과 변화 정도를 종합적으로 이해하여, 이를 부모와의 면담자료 및 유아의 생활지도 등에 활용할 수 있다.
- 유치원과 어린이집에서 자율적인 방식을 통해 실시한 누리과정 운영 평가의 결과는 각 기관에서 유아·놀이 중심 교육과정의 운영을 보다 나은 방향으로 개선하는 데 활용할 수 있다.

# 2

**2019 개정 누리과정**

# 총론 Ⅱ

## Ⅲ 누리과정의 운영

### 01. 편성·운영

가. [　　]일 [　　　　]시간을 기준으로 편성한다.

- 3~5세 모든 유아에게 공통 교육과정을 제공하기 위해 유치원과 어린이집에서 편성해야 할 누리과정 운영 시간은 [　　]일 [　　　　]시간이다.

나. [　　　　　　]에 따라 [　　　　]하여 편성할 수 있다.

- 유치원과 어린이집은 [　　]일 [　　　　　]시간의 누리과정 운영 시간 외에도 운영 시간을 [　　　　]하여 편성·운영할 수 있다.
- 누리과정 운영 시간 이후, 운영 시간을 [　　　　]하여 편성·운영할 경우에도 개정 누리과정이 지향하는 유아·놀이 중심 교육과정이 이루어질 수 있도록 한다.

다. [　　　　　]을 바탕으로 각 [　　　　]의 [　　　　]에 적합한 [　　　　]을 수립하여 운영한다.

- 유치원과 어린이집은 국가 수준의 교육과정인 개정 누리과정을 바탕으로 각 [　　　]의 [　　　]에 따라 적합한 계획을 수립하여 운영하여야 한다.
- 유치원과 어린이집은 각 기관의 교육철학, 가정과 지역사회의 특성, 유아의 요구 등을 반영하여 자율적으로 [　　　]을 수립할 수 있다.

라. [　　　　　]에서 [　　　　　]를 포함하여 유아의 [　　　　]가 충분히 이루어지도록 편성하여 운영한다.

- 놀이는 [　　　　　]를 포함하여 [　　　　　　] 중 가장 길게, 우선적으로 편성·운영하여 유아가 충분히 놀이할 수 있도록 한다.
- [　　　　　]에 포함되는 등원, 손 씻기, 화장실 다녀오기, 간식, 점심, 낮잠, 휴식 등은 유아의 신체적 리듬을 반영하여 편성·운영함으로써 유아들이 즐겁게 하루를 보낼 수 있도록 한다.

- [           ]은 유아가 놀이를 통한 배움을 확장해 갈 수 있도록 돕는 교사의 지원이다.
- 교사는 바깥 놀이를 포함하여 놀이 시간을 [     ]시간 이상 확보하되, 날씨와 계절, 기관의 상황, 유아의 관심사와 놀이 특성 등을 고려하여 [           ] 있게 편성·운영한다.

마. [     ], 신체적 특성, [         ], 종교, [                   ] 등으로 인한 [         ]이 없도록 편성하여 운영한다.
- 유아가 다른 사람을 대할 때 자신과 상대와의 다른 점을 틀린 것이 아니라 다른 특성으로 받아들이고 [         ] 없이 대할 수 있도록 지원해야 한다.
- 교사는 성별, 신체적 특징 및 장애 유무에 따라 유아를 비교하고 평가하거나 불이익을 주지 말아야 하며 유아에게 고정적인 [             ]과 특정 종교를 강요해서는 안 된다.
- 유아들에게 다양한 가족 형태 및 문화적 배경을 이해할 수 있는 경험을 제공하여 [           ]을 존중하고 배려할 수 있도록 지원한다.

바. 유아의 [         ]과 [               ]에 따라 조정하여 운영한다.
- [               ] 또는 장애 유아도 또래 유아와 함께 하는 경험이 필요하다.
- 교사는 [             ]의 특성과 요구를 파악하여 개별화교육계획을 수립하고, 개별 장애 유아의 [               ]에 적합한 교육이 이루어지도록 한다.

사. 가정과 지역사회와의 [         ]과 [             ]에 기반하여 운영한다.
- 유치원과 어린이집에서는 부모 참여, 간담회, 워크숍, 상담 등 다양한 기회를 마련하여 부모의 [         ]을 지원할 필요가 있다.
- 지역사회는 유아의 다양한 경험을 지원하는 풍부한 자원이다. 따라서 유치원과 어린이집에서는 유아들이 지역사회의 여러 기관이나 장소를 직접 [         ]하면서 지역사회에 관심을 가질 수 있도록 지원해야 한다.
- 유치원과 어린이집을 지원하는 공공기관과의 [               ]를 통해 누리과정 운영이 원활히 이루어질 수 있도록 한다.

# 2 총론 II

아. [　　　　　]를 통해 누리과정의 운영이 [　　　]되도록 한다.

- 누리과정의 실천과 지속적인 [　　　]을 위해서는 [　　　　　]가 필수적이다.
- [　　　　]는 교사가 참여하는 다양한 유형의 교육, [　　　　], 소모임 등을 포함한다.

## 02. 교수·학습

가. 유아가 [　　　　]와 [　　　　]에 따라 놀이에 자유롭게 [　　　]하고 [　　　　] 한다.

- 유아가 주도하는 놀이는 성인의 간섭과 [　　　]가 최소화되고 유아가 다양한 놀이 환경과 만날 때 활발하게 나타난다.
- 실내의 제한된 [　　　　　]에서 교사가 미리 준비한 놀이를 선택하게 하는 방식보다는 유아가 자유롭게 놀이하며 [　　　　]으로 바꾸어 갈 필요가 있다.
- 교사는 놀이 상황과 맥락에 따라 새롭게 생성되는 유아의 놀이를 [　　　]하고 [　　　]하면서 유아가 필요로 하는 놀이 자료, 놀이 공간, 놀이 규칙과 안전 등을 고려하여 필요한 지원을 할 수 있다.

나. 유아가 [　　　]를 통해 [　　　　] 한다.

- 개정 누리과정의 5개 영역, 59개의 내용은 3~5세 유아가 유치원과 어린이집에서 경험해야 할 의미 있고 가치 있는 [　　　]의 내용으로 구성되어 있다. 이는 교사가 가르쳐야 할 내용이 아닌 유아가 즐겁게 [　　　]하면서 배우는 내용이다.
- 교사는 [　　　　]과 [　　　]에도 유아의 흥미와 관심을 반영하여 유아가 즐겁게 경험하며 배우도록 지원할 수 있다.
- 교사는 유아의 건강과 안전을 위해 [　　　　]으로 요구되는 일상생활 습관 지도나 안전 교육을 계획하여 운영할 수 있다.
- 유아는 자신에게 가장 적합한 방식으로 놀이하기 때문에 유아의 놀이는 [　　　]하기 어렵다.
- 교사가 유아의 놀이를 존중한다는 것은 유아의 놀이를 바라만 보거나 방관하는 것이 아니라, 유아의 배움에 필요한 [　　　　]을 생각하고, [　　　]하고, 지원하는 [　　　]을 모두 포함한다.

다. 유아가 [                ] 놀이와 [           ]을 [           ]할 수 있도록 [                    ]을 구성한다.

- 유아의 관심과 흥미, [           ]에 따라 새로운 영역을 구성할 수 있으며, 이때 유아가 주도적으로 놀이 영역을 창조할 수 있도록 지원해야 한다. 교실 밖의 복도나 계단, 구석진 공간 등 유아가 놀이할 수 있는 실내 공간은 먼저 [           ]에 문제가 없는지 파악한 후에 놀이 공간으로 구성할 수 있다.
- 실외 자투리 공간, 텃밭, 통로, 작은 마당 등은 공간의 [           ]과 안전을 고려하여 놀이 환경으로 구성하며, 유치원과 어린이집의 상황에 따라 인근 공원과 놀이터 등도 [                ]으로 활용할 수 있다.
- [                ]는 유아가 놀이에 사용할 수 있는 놀잇감, 매체, 재료와 도구 등을 포함한다.

라. 유아와 [           ], 유아와 [           ], 유아와 [           ] 간에 [                ]이 이루어지도록 한다.

- 유아가 주도하는 놀이 중심의 개정 누리과정에서는 유아와 유아 간의 [           ]이 더 활발하고 빈번하게 일어난다.
- 교사는 유아의 흥미와 관심이 어디에 있는지 파악하고, 칭찬, 격려, 미소, 공감 등 [                ] 또는 언어적 상호작용을 통해 유아의 놀이를 긍정적으로 수용하고 격려한다.
- 유아와 환경 간의 상호작용은 유아 주변의 친근한 공간, 자료, 일상생활에서 자연스럽게 접하는 모든 환경과의 [           ]을 포함한다.

마. 5개 영역의 [           ]이 [                ]으로 유아의 [           ]과 연계되도록 한다.

- 교사는 개정 누리과정에 포함된 5개 영역의 내용이 유아가 놀이를 하며 통합적으로 [           ]하는 것임을 이해해야 한다.
- 유아는 놀이를 통해 여러 가지 영역을 [           ]으로 경험하며, 이러한 경험은 영역별로 이루어지지 않는다.
- 5개 영역의 내용은 정해진 생활 주제 이외에도 유아의 관심과 흥미에 따라 다양하게 [           ]할 수 있다.

# 2 총론 II

바. [　　　] 유아의 [　　　]에 따라 [　　　]과 [　　　　　]이 원활히 이루어지도록 한다.

- 유치원과 어린이집에서는 유아의 건강 상태, 날씨나 계절, 기관의 상황 등에 따라 하루 일과를 [　　　] 있게 운영할 수 있다.
- 획일적인 하루 일과를 운영하기보다는 배변이나 낮잠, 휴식 등 유아마다 다른 [　　　　]을 반영하여 하루 일과를 운영해야 한다.

사. 유아의 [　　　　　　　　　　　　　　　] 등을 고려하여 [　　　　　　]에 [　　　　　　]으로 배우도록 한다.

- 같은 연령이라도 개별 유아의 [　　　]이 다르듯이 유아가 놀이하는 모습도 다르게 나타난다.
- 유아가 가정에서 경험하는 다양한 문화적 특성을 서로 [　　　]하고 [　　　] 하며 가치 있게 여길 수 있어야 한다.

## 03. 평가

가. 누리과정 운영의 [　　]을 [　　　]하고 [　　　]하기 위해 평가를 [　　　] 하고 [　　　]한다.

- 유치원과 어린이집에서는 지역 특성, 각 기관 및 학급(반)의 상황과 요구를 고려하여, 누리과정 운영을 [　　　]할 수 있도록 자율적으로 [　　　　　　]을 수립한다.
- 평가의 내용, 평가 주기 및 시기, 평가 방법 등에 대한 [　　　]은 각 기관 구성원들 간의 민주적인 협의를 통해 정한다.

나. 유아의 [　　　] 및 [　　　　　]와 누리과정의 [　　　]을 평가한다.

- [　　　　　]는 궁극적으로 유아의 행복과 전인적 발달을 지원하는 데 그 목적이 있다.
- 교사는 유아의 배움이 나타나는 놀이, 일상생활, 활동에서 유아가 가장 즐기고 잘하는 것, 놀이의 특성, 흥미와 관심, 친구 관계, 놀이를 이어가기 위한 자료의 활용 등에 주목하여 유아 놀이를 [　　　]하고 이를 통해 유아의 [　　　]과 [　　　]를 이해하도록 한다.

- [　　　　　　　　　　　　]는 유치원과 어린이집의 교육과정이 유아·놀이 중심으로 적절하게 운영되고 있는지 평가하는 데 그 목적이 있다.
- 유치원과 어린이집의 누리과정 운영 평가에서는 [　　　　]을 충분히 운영하였는지, 유아 [　　　　]인 놀이와 [　　　　]이 이루어지고 있는지, 놀이 [　　　　]이 적절한지 등을 평가할 수 있다.
- 필요에 따라 부모와의 [　　　　]이나 행정적·재정적 지원이 적절하게 이루어지고 있는지 등을 평가할 수도 있다.

다. 평가의 [　　　　]에 따라 적합한 [　　　　]을 [　　　　]하여 평가한다.

- 교사는 유아의 특성과 변화 정도를 파악하기 위하여 유아들의 [　　　　]을 계획안에 기록할 수 있고, [　　　　]과 [　　　　] 등을 일상적으로 수집할 수 있다.
- 유아들의 놀이를 [　　　　]할 때에는 유아의 말, 몸짓, 표정 등에서 드러나는 놀이의 [　　　　]와 [　　　　]에 주목하여 이 중 필요한 내용을 메모나 사진 등 교사가 할 수 있는 가장 용이한 방법으로 기록한다.
- 개정 누리과정에서는 교사가 유아의 놀이 관찰기록, 유아 평가와 누리과정 운영 평가 등 [　　　　　　]를 만들고 [　　　　]하는 데 과도한 노력을 기울이기보다는 유아의 놀이에 더 집중하고 지원하는 것이 중요함을 강조하고 있다.

라. 평가의 [　　　　]는 유아에 대한 [　　　　]와 누리과정 [　　　　]을 위한 [　　　　]로 [　　　　]할 수 있다.

- 유아 평가의 결과는 누리과정이 추구하는 인간상과 목적 및 목표 등에 비추어 유아의 [　　　　]과 [　　　　　　]를 이해하고 유아의 [　　　　]과 [　　　　]에 도움이 되도록 지원하는 데 활용한다.
- 수집된 모든 자료를 바탕으로 개별 유아의 특성과 변화 정도를 종합적으로 [　　　　] 하여, 이를 부모와의 [　　　　] 및 유아의 [　　　　] 등에 활용할 수 있다.
- 유치원과 어린이집에서 자율적인 방식을 통해 실시한 누리과정 운영 평가의 결과는 각 기관에서 유아·놀이 중심 교육과정의 운영을 보다 나은 방향으로 [　　　　]하는 데 활용할 수 있다.

# 3 총론 II

2019 개정 누리과정

## III 누리과정의 운영

### 01. 편성·운영

가. [      ]일 [            ]시간을 기준으로 편성한다.

- 3~5세 모든 유아에게 공통 교육과정을 제공하기 위해 유치원과 어린이집에서 [        ] 해야 할 누리과정 운영 시간은 [      ]일 [          ]시간이다.

나. [                ]에 따라 [          ]하여 편성할 수 있다.

- 유치원과 어린이집은 [      ]일 [          ]시간의 누리과정 운영 시간 외에도 운영 시간을 [        ]하여 편성·운영할 수 있다.
- 누리과정 운영 시간 이후, 운영 시간을 [          ]하여 편성·운영할 경우에도 개정 누리과정이 지향하는 [              ] 중심 교육과정이 이루어질 수 있도록 한다.

다. [              ]을 [          ]으로 각 [          ]의 [        ]에 [                ]을 [          ]하여 운영한다.

- 유치원과 어린이집은 국가 수준의 교육과정인 개정 누리과정을 바탕으로 각 [        ]의 [        ]에 따라 적합한 [        ]을 수립하여 운영하여야 한다.
- 유치원과 어린이집은 각 기관의 [            ], 가정과 지역사회의 [          ], 유아의 [      ] 등을 반영하여 [            ]으로 계획을 수립할 수 있다.

라. [            ]에서 [            ]를 포함하여 [        ]의 [          ]가 [      ]히 이루어지도록 편성하여 운영한다.

- 놀이는 [                ]를 포함하여 [                ] 중 가장 길게, 우선적으로 편성·운영하여 유아가 충분히 놀이할 수 있도록 한다.
- [              ]에 포함되는 등원, 손 씻기, 화장실 다녀오기, 간식, 점심, 낮잠, 휴식 등은 유아의 [                    ]을 반영하여 편성·운영함으로써 유아들이 즐겁게 하루를 보낼 수 있도록 한다.

- [         ]은 유아가 놀이를 통한 [         ]을 확장해 갈 수 있도록 돕는 교사의 지원이다.
- 교사는 바깥 놀이를 포함하여 놀이 시간을 [         ]시간 이상 확보하되, 날씨와 계절, 기관의 상황, 유아의 [         ]와 [         ] 등을 고려하여 [         ] 있게 편성·운영한다.

마. [                              ] 및 [                    ] 등으로 인한 [          ]이 없도록 편성하여 운영한다.

- 유아가 다른 사람을 대할 때 자신과 상대와의 다른 점을 틀린 것이 아니라 [            ]으로 받아들이고 [        ] 없이 대할 수 있도록 지원해야 한다.
- 교사는 성별, 신체적 특징 및 장애 유무에 따라 유아를 비교하고 [        ]하거나 불이익을 주지 말아야 하며 유아에게 고정적인 [            ]과 특정 종교를 강요해서는 안 된다.
- 유아들에게 다양한 가족 형태 및 문화적 배경을 이해할 수 있는 경험을 제공하여 다양성을 [        ]하고 [        ]할 수 있도록 지원한다.

바. [      ]의 [      ]과 [            ]에 따라 [        ]하여 운영한다.

- 발달 지연 또는 [            ]도 또래 유아와 함께 하는 경험이 필요하다.
- 교사는 장애 유아의 특성과 요구를 파악하여 [                ]을 수립하고, 개별 장애 유아의 교육적 [        ]에 적합한 교육이 이루어지도록 한다.

사. [        ]과 [            ]와의 [        ]과 [        ]에 [        ]하여 운영한다.

- 유치원과 어린이집에서는 [                              ] 등 다양한 기회를 마련하여 부모의 역할을 지원할 필요가 있다.
- 지역사회는 유아의 다양한 [        ]을 지원하는 풍부한 자원이다. 따라서 유치원과 어린이집에서는 유아들이 지역사회의 여러 기관이나 장소를 직접 [        ]하면서 지역사회에 [        ]을 가질 수 있도록 지원해야 한다.
- 유치원과 어린이집을 지원하는 공공기관과의 상호 [        ]를 통해 누리과정 운영이 원활히 이루어질 수 있도록 한다.

# 3 총론 Ⅱ

아. [　　　　]를 통해 [　　　　　]의 [　　　]이 [　　　　]되도록 한다.

- 누리과정의 실천과 지속적인 [　　　　]을 위해서는 [　　　　　　]가 필수적이다.
- 교사 연수는 교사가 참여하는 다양한 유형의 [　　　　　　　　　　　　　　　] 등을 포함한다.

## 02. 교수 · 학습

가. [　　　]가 [　　　]와 [　　　　]에 따라 [　　　　]에 자유롭게 [　　　　]하고 [　　　　　　]한다.

- 유아가 [　　　]하는 놀이는 성인의 간섭과 통제가 최소화되고 유아가 다양한 놀이 환경과 만날 때 활발하게 나타난다.
- 실내의 제한된 흥미 영역에서 교사가 미리 준비한 놀이를 선택하게 하는 방식보다는 유아가 [　　　　　] 놀이하며 [　　　　]는 방식으로 바꾸어 갈 필요가 있다.
- 교사는 놀이 [　　　]과 [　　　]에 따라 새롭게 생성되는 유아의 놀이를 존중하고 이해하면서 유아가 필요로 하는 놀이 [　　　], 놀이 [　　　], 놀이 [　　　]과 [　　　] 등을 고려하여 필요한 지원을 할 수 있다.

나. [　　　]가 [　　　]를 통해 [　　　　　　]한다.

- 개정 누리과정의 5개 영역, 59개의 내용은 3~5세 유아가 유치원과 어린이집에서 [　　　　]해야 할 의미 있고 가치 있는 [　　　　]의 내용으로 구성되어 있다. 이는 교사가 가르쳐야 할 내용이 아닌 유아가 즐겁게 [　　　　]하면서 배우는 내용이다.
- 교사는 [　　　　　]과 [　　　　]에도 유아의 흥미와 관심을 반영하여 유아가 즐겁게 [　　　　]하며 배우도록 지원할 수 있다.
- 교사는 유아의 건강과 안전을 위해 필수적으로 요구되는 [　　　　　　　] 지도나 [　　　　　　　]을 계획하여 운영할 수 있다.
- 유아는 자신에게 가장 적합한 방식으로 놀이하기 때문에 유아의 놀이는 [　　　　]하기 어렵다.

- 교사가 유아의 놀이를 [          ]한다는 것은 유아의 놀이를 바라만 보거나 방관하는 것이 아니라, 유아의 배움에 필요한 [              ]을 생각하고, 준비하고, [          ]하는 과정을 모두 포함한다.

다. [        ]가 [                  ]와 [        ]을 [          ]할 수 있도록 [                  ]을 구성한다.

- 유아의 관심과 흥미, [          ]에 따라 새로운 영역을 구성할 수 있으며, 이때 유아가 [              ]으로 놀이 영역을 창조할 수 있도록 지원해야 한다. 교실 밖의 복도나 계단, 구석진 공간 등 유아가 놀이할 수 있는 실내 공간은 먼저 [          ]에 문제가 없는지 파악한 후에 놀이 공간으로 구성할 수 있다.
- 실외 자투리 공간, 텃밭, 통로, 작은 마당 등은 공간의 특성과 [          ]을 고려하여 놀이 환경으로 구성하며, 유치원과 어린이집의 상황에 따라 [              ]과 [              ] 등도 놀이 공간으로 활용할 수 있다.
- 놀이 자료는 유아가 놀이에 사용할 수 있는 [                                      ] 등을 포함한다.

라. [        ]와 [        ], [        ]와 [        ], [        ]와 [        ] 간에 [                          ]이 이루어지도록 한다.

- 유아가 주도하는 놀이 중심의 개정 누리과정에서는 유아와 유아 간의 [              ]이 더 활발하고 빈번하게 일어난다.
- 교사는 유아의 흥미와 관심이 어디에 있는지 파악하고, 칭찬, 격려, 미소, 공감 등 [              ] 또는 [              ] 상호작용을 통해 유아의 놀이를 긍정적으로 수용하고 [        ]한다.
- 유아와 환경 간의 상호작용은 유아 주변의 친근한 공간, 자료, 일상생활에서 자연스럽게 접하는 모든 환경과의 [          ]을 포함한다.

마. [              ]의 [        ]이 [          ]으로 [        ]의 [        ]과 [        ]되도록 한다.

- 교사는 개정 누리과정에 포함된 5개 영역의 내용이 유아가 놀이를 하며 [          ]으로 경험하는 것임을 이해해야 한다.

# 3 총론 Ⅱ

2019 개정 누리과정

- 유아는 놀이를 통해 여러 가지 영역을 통합적으로 [        ]하며, 이러한 경험은 영역별로 이루어지지 않는다.
- 5개 영역의 내용은 정해진 [              ] 이외에도 유아의 관심과 흥미에 따라 다양하게 통합할 수 있다.

바. [            ]의 [        ]에 따라 [         ]과 [              ]이 [            ] 이루어지도록 한다.

- 유치원과 어린이집에서는 유아의 건강 상태, 날씨나 계절, 기관의 상황 등에 따라 하루 일과를 [            ] 있게 운영할 수 있다.
- [        ]적인 하루 일과를 운영하기보다는 배변이나 낮잠, 휴식 등 유아마다 다른 [                ]을 반영하여 하루 일과를 운영해야 한다.

사. [        ]의 [                              ] 등을 [            ]하여 [              ]에 [                ]으로 배우도록 한다.

- [              ]이라도 개별 유아의 특성이 다르듯이 유아가 놀이하는 모습도 다르게 나타난다.
- 유아가 가정에서 경험하는 다양한 [                ]을 서로 인정하고 존중하며 가치 있게 여길 수 있어야 한다.

## 03. 평가

가. 누리과정 [          ]을 [        ]하고 [        ]하기 위해 [        ]를 [        ]하고 [        ]한다.

- 유치원과 어린이집에서는 지역 특성, 각 기관 및 학급(반)의 [        ]과 [        ]를 고려하여, 누리과정 운영을 개선할 수 있도록 자율적으로 [            ]을 수립한다.
- 평가의 [        ], 평가 [        ] 및 [        ], 평가 [        ] 등에 대한 계획은 각 기관 구성원들 간의 민주적인 협의를 통해 정한다.

나. [　　　]의 [　　　　　　　　]와 [　　　　　]의 [　　　]을 평가한다.

- 유아 평가는 궁극적으로 유아의 [　　　]과 [　　　　　　]을 지원하는 데 그 목적이 있다.
- 교사는 유아의 배움이 나타나는 [　　　　　　　　　　　]에서 유아가 가장 즐기고 잘하는 것, 놀이의 특성, 흥미와 관심, 친구 관계, 놀이를 이어가기 위한 자료의 활용 등에 주목하여 유아 놀이를 [　　　]하고 이를 통해 유아의 [　　　]과 [　　　]를 이해하도록 한다.
- 누리과정 운영 평가는 유치원과 어린이집의 교육과정이 [　　　　] 중심으로 적절하게 운영되고 있는지 평가하는 데 그 목적이 있다.
- 유치원과 어린이집의 누리과정 운영 평가에서는 [　　　　　]을 충분히 운영하였는지, [　　　　　　] 놀이와 [　　　　]이 이루어지고 있는지, [　　　　　]이 적절한지 등을 평가할 수 있다.
- 필요에 따라 부모와의 [　　　]이나 행정적·재정적 지원이 적절하게 이루어지고 있는지 등을 평가할 수도 있다.

다. [　　　　　　　]에 따라 [　　　　　　]을 [　　　]하여 평가한다.

- 교사는 유아의 특성과 변화 정도를 [　　　]하기 위하여 유아들의 실제 놀이 모습을 계획안에 [　　　]할 수 있고, 놀이 결과물과 작품 등을 [　　　]으로 [　　　]할 수 있다.
- 유아들의 놀이를 [　　　]할 때에는 유아의 말, 몸짓, 표정 등에서 드러나는 놀이의 [　　　]와 [　　　]에 주목하여 이 중 필요한 내용을 메모나 사진 등 교사가 할 수 있는 가장 용이한 방법으로 [　　　]한다.
- 개정 누리과정에서는 교사가 유아의 [　　　　　　　], 유아 평가와 누리과정 운영 평가 등 [　　　　　]를 만들고 [　　　]하는 데 과도한 노력을 기울이기보다는 유아의 놀이에 더 집중하고 [　　　]하는 것이 중요함을 강조하고 있다.

라. [ ]의 [ ]는 [ ]와 [ ]을 위한 [ ]로 [ ]할 수 있다.

- 유아 평가의 결과는 누리과정이 추구하는 인간상과 목적 및 목표 등에 비추어 유아의 [ ]과 [ ]를 이해하고 유아의 [ ]과 [ ]에 도움이 되도록 [ ]하는 데 활용한다.
- 수집된 모든 자료를 바탕으로 개별 유아의 [ ]과 [ ]를 종합적으로 이해하여, 이를 부모와의 [ ] 및 유아의 [ ] 등에 활용할 수 있다.
- 유치원과 어린이집에서 자율적인 방식을 통해 실시한 누리과정 운영 평가의 결과는 각 기관에서 유아·놀이 중심 교육과정의 운영을 보다 나은 방향으로 [ ]하는 데 활용할 수 있다.

# 4 총론 II

**2019 개정 누리과정**

## Ⅲ. 누리과정의 운영

### 01. 편성 · 운영

| | | |
|---|---|---|
| 누리과정 운영 시간 | 가 | [          ]을 [          ]으로 [          ]한다. |
| 방과후 과정 | 나 | [          ]에 따라 [          ]하여 [          ] 있다. |
| 자율적인 계획·운영 | 다 | [          ]을 [          ]으로 [          ]에 [          ]을 [          ]한다. |
| 놀이 중심 운영 | 라 | [          ]에서 [          ]를 [          ]하여 [          ]가 [          ] 이루어지도록 [          ]한다. |
| 반편견 | 마 | [ ] 등으로 인한 [          ]이 없도록 [          ]한다. |
| 개인차 반영 | 바 | [          ]가 [          ]에 따라 [          ]한다. |
| 가정과 지역사회와의 협력 | 사 | [          ]와의 [          ]에 [          ]한다. |
| 교사 연수 | 아 | [          ]를 통해 [          ]의 [          ]이 [          ]한다. |

# 4 총론 Ⅱ

## 02. 교수·학습

| | | |
|---|---|---|
| 흥미, 관심<br>(자발성의 원리) | 가 | [        ]가 [                    ]에 따라<br>[        ]에 [                ]하고<br>[              ]한다. |
| 놀이<br>(놀이중심의 원리) | 나 | [        ]가 [          ]를 통해 [        ]한다. |
| 경험, 환경<br>(생활중심의 원리) | 다 | [        ]가 [                ]을<br>[      ]할 수 있도록 [        ]을<br>[              ] 한다. |
| 상호작용<br>(집단역동성의 원리) | 라 | [                                    ]<br>간에 [                        ]이<br>[                    ] 한다. |
| 통합<br>(통합의 원리) | 마 | [                    ]이 [          ]으로<br>[          ]과 [              ]한다. |
| 휴식<br>(융통성의 원리) | 바 | [                      ]에 따라<br>[                      ]이<br>[                    ] 한다. |
| 개인차<br>(개별화의 원리) | 사 | [          ]의 [                          ]<br>등을 [          ]하여 [              ]에<br>[                ]으로 [            ] 한다. |

## 03. 평가

| 평가 목적 | 가 | [　　　　　　　　　　　　　　　　　　　]을<br>[　　　　　　　　　　　　　　　]하기 위해<br>[　　　　　　　　　　　　　　　　　　　]한다. |
|---|---|---|
| 평가 내용 | 나 | [　　　　]의 [　　　　　　　　]와<br>[　　　　　　　　]을 [　　　]한다. |
| 평가 방법 | 다 | [　　　　　　　　]에 따라 [　　　　　　]<br>[　　　]을 [　　　]하여 [　　　]한다. |
| 평가 결과 활용 | 라 | [　　　　　　　]는 [　　　　　　　　　]<br>[　　　　]와 [　　　　　　　　　]을<br>위한 [　　　　　　　]할 수 있다. |

# 2019 개정 누리과정

## 총론 Ⅱ

### Ⅲ. 누리과정의 운영

#### 01. 편성·운영

| | |
|---|---|
| 누리과정 운영 시간 | 가 |
| 방과후 과정 | 나 |
| 자율적인 계획·운영 | 다 |
| 놀이 중심 운영 | 라 |
| 반편견 | 마 |
| 개인차 반영 | 바 |
| 가정과 지역사회와의 협력 | 사 |
| 교사 연수 | 아 |

## 02. 교수 · 학습

| | | |
|---|---|---|
| 흥미, 관심<br>(자발성의 원리) | 가 | |
| 놀이<br>(놀이중심의 원리) | 나 | |
| 경험, 환경<br>(생활중심의 원리) | 다 | |
| 상호작용<br>(집단역동성의 원리) | 라 | |
| 통합<br>(통합의 원리) | 마 | |
| 휴식<br>(융통성의 원리) | 바 | |
| 개인차<br>(개별화의 원리) | 사 | |

## 03. 평가

| | |
|---|---|
| 평가 목적 | 가 |
| 평가 내용 | 나 |
| 평가 방법 | 다 |
| 평가 결과 활용 | 라 |

2019 개정 누리과정

### 3

## 신체운동·건강

암기훈련

## 2019 개정 누리과정

# 1 신체운동·건강

### 01. 목표

| 목표 | 실내외에서 신체활동을 [　　　]고, 건강하고 안전한 [　　　]을 한다. |
| --- | --- |
| | 1) [　　　　　]에 즐겁게 참여한다. |
| | 2) 건강한 [　　　　　]을 기른다. |
| | 3) 안전한 [　　　　　]을 기른다. |

### 02. 내용범주 및 내용

| 내용범주 | 내용 |
| --- | --- |
| 신체활동<br>[　　　] | [　　　]를 인식하고 움직인다. |
| | 신체 [　　　]을 조절한다. |
| | 기초적인 [　　　]운동, 제자리 운동, 도구를 이용한 운동을 한다. |
| | 실내외 [　　　]에 자발적으로 참여한다. |
| 건강하게<br>[　　　]하기 | 자신의 [　　　]과 주변을 깨끗이 한다. |
| | 몸에 좋은 [　　　]에 관심을 가지고 바른 태도로 즐겁게 먹는다. |
| | 하루 일과에서 적당한 [　　　]을 취한다. |
| | [　　　]을 예방하는 방법을 알고 실천한다. |
| 안전하게<br>[　　　]하기 | 일상에서 [　　　]하게 놀이하고 생활한다. |
| | TV, 컴퓨터, 스마트폰 등을 [　　　] 사용한다. |
| | 교통안전 [　　　]을 지킨다. |
| | 안전사고, 화재, 재난, 학대, 유괴 등에 [　　　]하는 방법을 경험한다. |

## 1) 신체활동 즐기기

| 내용범주 | 신체활동 [　　　　] |
|---|---|
| 목표 | [　　　　　　]에 즐겁게 참여한다. |

| 내용 | 내용 이해 |
|---|---|
| [　　　]를 인식하고 움직인다. | 유아가 자신의 [　　　]에 관심을 가지며 [　　　] 각 부분의 특성을 알고 다양하게 움직이는 내용이다. |
| 신체 [　　　]을 조절한다. | 유아가 몸을 [　　　]이며 균형을 잡고, 몸이나 도구의 [　　　]을 다양하게 조절하는 내용이다. 또한 눈과 손을 협응하며 소근육 [　　　]을 조절하는 내용이다. |
| 기초적인 [　　　]운동, 제자리 운동, 도구를 이용한 운동을 한다. | 유아가 한 곳에서 다른 곳으로 몸을 움직이는 걷기·달리기·뛰어넘기 등의 [　　　]운동, 구부리기·뻗기·돌기 등의 [　　　] 운동, 공·줄·후프 등의 [　　　]를 이용한 운동을 하는 내용이다. |
| 실내외 [　　　]에 자발적으로 참여한다. | 유아가 하루 일과에서 실내외의 다양한 [　　　]에 자발적으로 즐겁게 참여하는 내용이다. |

## 2) 건강하게 생활하기

| 내용범주 | 건강하게 [　　　]하기 |
|---|---|
| 목표 | 건강한 [　　　　]을 기른다. |

| 내용 | 내용 이해 |
|---|---|
| 자신의 [　　　]과 주변을 깨끗이 한다. | 유아가 손을 씻고 이를 닦는 등 [　　　]을 깨끗이 하는 적절한 방법을 알고 실천하며, 자기 [　　　]을 깨끗하게 정리정돈 하는 내용이다. |

| 몸에 좋은 [        ]에 관심을 가지고 바른 태도로 즐겁게 먹는다. | 유아가 몸을 건강하게 하는 [        ]에 관심을 가지고, [        ]을 소중히 여기며, 제자리에 앉아서 골고루 즐겁게 먹는 내용이다. |
|---|---|
| 하루 일과에서 적당한 [        ]을 취한다. | 유아가 피곤하거나, 몸이 아프거나, 몸을 많이 움직여서 쉬고 싶을 때, 적절한 [        ]을 취하는 내용이다. |
| [        ]을 예방하는 방법을 알고 실천한다. | 유아가 [        ]의 위험으로부터 건강을 유지할 수 있는 다양한 생활 방식(몸을 청결히 하기, 날씨와 상황에 알맞은 옷 입기, 찬 음식 적당히 먹기, 정해진 시간에 자고 일어나기, 따뜻한 물 마시기 등)을 경험하는 내용이다. |

### 3) 안전하게 생활하기

| 내용범주 | 안전하게 [        ]하기 |
|---|---|
| 목표 | 안전한 [        ]을 기른다. |

| 내용 | 내용 이해 |
|---|---|
| 일상에서 [        ]하게 놀이하고 생활한다. | 유아가 일상에서 위험한 장소, 상황, 도구 등을 알고, [        ]한 놀이 방법과 놀이 규칙을 지키며 놀이하고 생활하는 내용이다. |
| TV, 컴퓨터, 스마트폰 등을 [        ] 사용한다. | 유아가 일상에서 자주 접하는 TV, 컴퓨터, 스마트폰 등을 [        ]한 [        ]에서 적절하게 사용하며, [        ]로 이용하는 내용이다. |
| 교통안전 [        ]을 지킨다. | 유아가 안전한 보행 및 도로 횡단, 교통기관의 안전한 이용 등 [        ]을 알고 실천하는 내용이다. |
| 안전사고, 화재, 재난, 학대, 유괴 등에 [        ]하는 방법을 경험한다. | 유아가 안전사고, 화재, 재난, 학대, 유괴 등의 위험에 처한 상황을 [        ]고, 주변에 도움을 [        ]하는 방법을 배우며, 평소 훈련에 따라 [        ]하는 연습을 하는 등의 [        ]과 관련된 내용이다. |

66 ··· 2019 개정 누리과정

# 2 신체운동 · 건강

2019 개정 누리과정

## 01. 목표

| 목표 | 실내외에서 신체활동을 [       ]고, 건강하고 안전한 [       ]을 한다. |
|---|---|
| | 1) [              ]에 즐겁게 참여한다. |
| | 2) 건강한 [         ]을 기른다. |
| | 3) 안전한 [         ]을 기른다. |

## 02. 내용범주 및 내용

| 내용범주 | 내용 |
|---|---|
| 신체활동 [     ] | [     ]를 [     ]하고 움직인다. |
| | [         ]을 조절한다. |
| | 기초적인 [     ]운동, [      ] 운동, 도구를 이용한 운동을 한다. |
| | 실내외 [         ]에 자발적으로 참여한다. |
| 건강하게 [    ]하기 | 자신의 [    ]과 [     ]을 깨끗이 한다. |
| | 몸에 좋은 [     ]에 관심을 가지고 [     ]로 즐겁게 먹는다. |
| | 하루 [     ]에서 적당한 [     ]을 취한다. |
| | [     ]을 예방하는 [     ]을 알고 실천한다. |
| 안전하게 [    ]하기 | 일상에서 [     ]하게 놀이하고 [     ]한다. |
| | TV, [         ] 등을 [       ] 사용한다. |
| | [     ]안전 [     ]을 지킨다. |
| | 안전사고, 화재, 재난, 학대, 유괴 등에 [     ]하는 방법을 [     ]한다. |

## 2. 신체운동·건강

1) [　　　　　] 즐기기

| 내용범주 | 신체활동 [　　　] |
|---|---|
| 목표 | [　　　　　]에 즐겁게 참여한다. |

| 내용 | 내용 이해 |
|---|---|
| [　　]를 [　　]하고 움직인다. | 유아가 자신의 신체에 [　　]을 가지며 신체 [　　　]의 [　　]을 알고 [　　]하게 움직이는 내용이다. |
| [　　　　]을 조절한다. | 유아가 몸을 [　　]이며 [　　]을 잡고, 몸이나 도구의 [　　]을 다양하게 [　　]하는 내용이다. 또한 눈과 손을 [　　]하며 소근육 [　　]을 [　　]하는 내용이다. |
| 기초적인 [　　]운동, [　　　]운동, 도구를 이용한 운동을 한다. | 유아가 한 곳에서 다른 곳으로 몸을 움직이는 걷기·달리기·뛰어넘기 등의 [　　]운동, 구부리기·뻗기·돌기 등의 [　　]운동, 공·줄·후프 등의 [　　]를 이용한 운동을 하는 내용이다. |
| 실내외 [　　]에 자발적으로 [　　]한다. | 유아가 하루 일과에서 실내외의 다양한 [　　]에 [　　]으로 즐겁게 [　　]하는 내용이다. |

2) [　　　]하게 생활하기

| 내용범주 | 건강하게 [　　　]하기 |
|---|---|
| 목표 | 건강한 [　　　　　]을 기른다. |

| 내용 | 내용 이해 |
|---|---|
| 자신의 [　　]과 주변을 깨끗이 한다. | 유아가 손을 씻고 이를 닦는 등 [　　]을 깨끗이 하는 적절한 [　　　]을 알고 [　　　]하며, 자기 [　　]을 깨끗하게 [　　　　　　　　]하는 내용이다. |
| 몸에 좋은 [　　　]에 관심을 가지고 [　　　　　]로 즐겁게 먹는다. | 유아가 몸을 건강하게 하는 음식에 [　　　]을 가지고, 음식을 [　　　]히 여기며, [　　　]에 앉아서 [　　　　　　　] 먹는 내용이다. |
| 하루 일과에서 적당한 [　　　]을 취한다. | 유아가 [　　　]하거나, 몸이 [　　　]거나, 몸을 많이 움직여서 [　　　　　] 때, 적절한 [　　　]을 취하는 내용이다. |
| [　　　]을 예방하는 방법을 알고 실천한다. | 유아가 [　　　]의 위험으로부터 건강을 [　　　] 할 수 있는 다양한 생활 방식(몸을 [　　　]히 하기, [　　　]와 [　　　]에 알맞은 옷 입기, [　　] 음식 적당히 먹기, 정해진 [　　　]에 자고 일어나기, [　　　　　] 물 마시기 등)을 경험하는 내용이다. |

3) [　　　]하게 생활하기

| 내용범주 | 안전하게 [　　　]하기 |
| --- | --- |
| 목표 | 안전한 [　　　　　]을 기른다. |

| 내용 | 내용 이해 |
| --- | --- |
| 일상에서 [　　　]하게 놀이하고 [　　]한다. | 유아가 일상에서 위험한 장소, 상황, 도구 등을 알고, [　　　]한 놀이 방법과 놀이 규칙을 지키며 놀이하고 생활하는 내용이다. |
| TV, [　　　　　] 등을 [　　　　] 사용한다. | 유아가 [　　　]에서 자주 접하는 TV, 컴퓨터, 스마트폰 등을 [　　]한 [　　　]에서 적절하게 사용하며, [　　　　　]로 이용하는 내용이다. |
| [　　]안전 [　　]을 지킨다. | 유아가 안전한 [　　　] 및 도로 횡단, [　　　　]의 안전한 이용 등 [　　　　　　]을 알고 실천하는 내용이다. |
| 안전사고, 화재, 재난, 학대, 유괴 등에 [　　]하는 방법을 [　　]한다. | 유아가 [　　　　　　　　　　　] 등의 위험에 처한 상황을 [　　]고, 주변에 도움을 [　　　]하는 방법을 배우며, 평소 [　　　]에 따라 [　　]하는 연습을 하는 등의 [　　　　　]과 관련된 내용이다. |

# 3. 신체운동 · 건강

2019 개정 누리과정

## 01. 목표

| 목표 | 실내외에서 [　　　　]을 [　　　]고, 건강하고 안전한 [　　　　]을 한다. |
|---|---|
| | 1) [　　　　　　]에 즐겁게 [　　　　]한다. |
| | 2) 건강한 [　　　　　　]을 기른다. |
| | 3) 안전한 [　　　　　　]을 기른다. |

## 02. 내용범주 및 내용

| 내용범주 | 내용 |
|---|---|
| [　　　　　] | [　　　]를 [　　　]하고 [　　　]인다. |
| | [　　　　　]을 [　　　]한다. |
| | 기초적인 [　　　]운동, [　　　　]운동, [　　　　]를 이용한 운동을 한다. |
| | 실내외 [　　　　　　　]에 자발적으로 참여한다. |
| [　　　]하게<br>[　　　]하기 | 자신의 [　　　]과 [　　　]을 [　　　]이 한다. |
| | 몸에 좋은 [　　　　]에 관심을 가지고 [　　　　]로 즐겁게 먹는다. |
| | 하루 [　　　　]에서 적당한 [　　　]을 취힌다. |
| | [　　　]을 예방하는 [　　　]을 알고 [　　　]한다. |
| [　　　]하게<br>[　　　]하기 | 일상에서 [　　　]하게 놀이하고 [　　　]한다. |
| | TV, [　　　　　　　　　　] 등을 [　　　　] 사용한다. |
| | [　　　　　　　　　]을 지킨다. |
| | [　　　　　　　　], 재난, 학대, 유괴 등에 [　　　]하는 방법을 [　　　]한다. |

# 3. 신체운동·건강

1) [　　　]활동 [　　　]기

| 목표 | [　　　　　　　]에 즐겁게 참여한다. | |
|---|---|---|
| 내용범주 | 내용 | |
| [　　　]활동 [　　　　] | [　　　]를 [　　　]하고 [　　　]인다. | |
| | [　　　　　　]을 [　　　]한다. | |
| | 기초적인 [　　　]운동, [　　　]운동, [　　　]를 이용한 운동을 한다. | |
| | 실내외 [　　　　]에 [　　　]적으로 [　　　]한다. | |

2) [　　　]하게 [　　　]하기

| 목표 | [　　　]한 [　　　]을 기른다. | |
|---|---|---|
| 내용범주 | 내용 | |
| [　　　]하게 [　　　]하기 | 자신의 [　　　]과 [　　　]을 [　　　]이 한다. | |
| | 몸에 좋은 [　　　]에 [　　　]을 가지고 [　　　]로 즐겁게 먹는다. | |
| | 하루 [　　　]에서 적당한 [　　　]을 취한다. | |
| | [　　　]을 예방하는 [　　　]을 알고 [　　　]한다. | |

3) [　　　]하게 [　　　]하기

| 목표 | [　　]한 [　　　　]을 기른다. | |
|---|---|---|
| 내용범주 | 내용 | |
| [　　]하게<br>[　　]하기 | 일상에서 [　　]하게 [　　]하고 [　　]한다. | |
| | TV, [　　　　　　] 등을 [　　　　] 사용한다. | |
| | [　　　　　　　]을 지킨다. | |
| | [　　　　　　　　　　], 학대, 유괴 등에 [　　]하는 방법을 [　　]한다. | |

## 2019 개정 누리과정

# 4 신체운동 · 건강

## 01. 목표

| 목표 | [　　　]에서 [　　　　]을 [　　　]고,<br>[　　　]하고 [　　　]한 [　　　]을 한다. |
|---|---|
| | 1) [　　　　　]에 [　　　]게 [　　　]한다. |
| | 2) [　　　]한 [　　　　　]을 기른다. |
| | 3) [　　　]한 [　　　　　]을 기른다. |

## 02. 내용범주 및 내용

| 내용범주 | 내용 |
|---|---|
| [　　　　] | [　　　]를 [　　　]하고 [　　　]인다. |
| | [　　　　　]을 [　　　]한다. |
| | 기초적인 [　　　] 운동, [　　　] 운동, [　　　　　] 운동을 한다. |
| | 실내외 [　　　　]에 [　　　]으로 [　　　]한다. |
| [　　　]하게<br>[　　　]하기 | 자신의 [　　　　]을 [　　　]이 한다. |
| | [　　　　　]에 [　　　]을 가지고 [　　　　　]로 [　　　]게 먹는다. |
| | [　　　　]에서 [　　　　　　]을 취한다. |
| | [　　　]을 [　　　　　]을 알고 [　　　]한다. |

| [　　]하게<br>[　　]하기 | [　　]에서 [　　]하게 [　　]하고<br>[　　]한다. |
|---|---|
| | [　　　　　　　　　　] 등을<br>[　　　　] 사용한다. |
| | [　　　　　　　] 을 지킨다. |
| | [　　　　　　　　　　　　　　　]<br>[　　　　　] 등에 [　　　] 하는<br>[　　　] 을 [　　　] 한다. |

1) [　　　　　　　　　]

| 목표 | [　　　　　] 에 [　　　] 게<br>[　　　] 한다. |
|---|---|
| 내용범주 | 내용 |
| | [　　] 를 [　　] 하고 [　　] 인다. |
| | [　　　　] 을 [　　　] 한다. |
| | [　　] 인 [　　　] 운동, [　　　　　]<br>운동, [　　　　　　] 운동을 한다. |
| | [　　　　　　　　　　] 에<br>[　　　] 으로 [　　　] 하다. |

2) [                    ]

| 목표 | [        ]한 [              ]을 [      ]. |
|---|---|
| 내용범주 | 내용 |
| | [        ]의 [            ]을 [        ]이 한다. |
| | [              ]에 [          ]을 가지고 [          ]로 [        ]게 먹는다. |
| | [              ]에서 [              ]을 취한다. |
| | [        ]을 [                      ]을 [                ]한다. |

3) [                    ]

| 목표 | [        ]한 [              ]을 [                ]. |
|---|---|
| 내용범주 | 내용 |
| | [          ]에서 [                ]하고 [          ]한다. |
| | [                                    ] 등을 [        ] 사용한다. |
| | [                  ]을 지킨다. |
| | [                                  ] 등에 [          ]을 [          ]한다. |

# 5. 신체운동 · 건강

2019 개정 누리과정

## 01. 목표

| 목표 | |
|---|---|
| | 1) |
| | 2) |
| | 3) |

## 02. 내용범주 및 내용

| 내용범주 | 내용 |
|---|---|
| | |
| | |
| | |
| | |
| | |
| | |
| | |
| | |
| | |
| | |
| | |
| | |

1) [                    ]

| 목표 | |
|---|---|
| 내용범주 | 내용 |
|  |  |
|  |  |
|  |  |
|  |  |

2) [                    ]

| 목표 | |
|---|---|
| 내용범주 | 내용 |
|  |  |
|  |  |
|  |  |
|  |  |

3) [                    ]

| 목표 | |
|---|---|
| 내용범주 | 내용 |
|  |  |
|  |  |
|  |  |
|  |  |

# 2019 개정 누리과정

## 4 의사소통

### 암기훈련

## 2019 개정 누리과정

# 1 의사소통

## 01. 목표

| 목표 | 일상생활에 필요한 [　　　　] 능력과 [　　　]을 기른다. |
|---|---|
| | 1) 일상생활에서 [　　]고 [　　　　]를 즐긴다.<br>2) [　　　]와 [　　　　]에 관심을 가진다.<br>3) [　　　]이나 [　　　　　]를 통해 상상하기를 즐긴다. |

## 02. 내용범주 및 내용

| 내용범주 | 내용 |
|---|---|
| [　　　]와<br>[　　　　] | [　　　]이나 이야기를 관심 있게 듣는다. |
| | 자신의 [　　　　], 느낌, 생각을 말한다. |
| | 상황에 적절한 [　　　　]를 사용하여 말한다. |
| | 상대방이 하는 [　　　　　]를 듣고 관련해서 말한다. |
| | 바른 [　　　　]로 듣고 말한다. |
| | [　　　　] 말을 사용한다. |
| [　　　]와<br>[　　　]에<br>관심 가지기 | [　　]과 [　　　]의 관계에 관심을 가진다. |
| | 주변의 [　　　　], 글자 등의 읽기에 관심을 가진다. |
| | 자신의 [　　　　]을 글자와 비슷한 형태로 표현한다. |
| [　　]과<br>[　　　　]<br>즐기기 | [　　　]에 관심을 가지고 상상하기를 즐긴다. |
| | [　　　　], 동시에서 말의 재미를 느낀다. |
| | [　　　　]와 이야기 짓기를 즐긴다. |

1) 듣기와 말하기

| 내용범주 | [　　　]와 [　　　　] |
|---|---|
| 목표 | 일상생활에서 [　　]고 [　　　　]를 즐긴다. |

| 내용 | 내용 이해 |
|---|---|
| [　　]이나 이야기를 관심 있게 듣는다. | 유아가 다른 사람이 하는 [　　]과 흥미로운 [　　　], 익숙한 경험이 담긴 [　　　　]에 관심을 가지며 듣는 내용이다. |
| 자신의 [　　], 느낌, 생각을 말한다. | 유아가 상대방에게 자신의 [　　　　　　]을 자유롭게 말하는 내용이다. |
| 상황에 적절한 [　　]를 사용하여 말한다. | 유아가 때와 장소, 대상과 상황을 고려하여 적절한 [　　　]와 [　　　]을 선택하여 말하는 내용이다. |
| 상대방이 하는 [　　　　]를 듣고 관련해서 말한다. | 유아가 다른 사람이 [　　　]하는 내용을 [　　]고 말하는 사람의 생각, 의도, 감정을 고려하여 [　　]하는 내용이다. |
| 바른 [　　]로 듣고 말한다. | 유아가 말하는 사람에게 [　　　]를 기울이며 듣는 내용이다. 말을 [　　　　] 듣고, 자신의 [　　　]을 말하는 내용이다. |
| [　　　] 말을 사용한다. | 유아가 일상생활에서 자주 쓰는 [　　　　], 속어, [　　　], 상대방을 비난하는 말을 사용하지 않고, [　　　]을 바르게 사용하는 내용이다. |

### 2) 읽기와 쓰기에 관심 가지기

| 내용범주 | [      ]와 [      ]에 관심 가지기 |
|---|---|
| 목표 | [      ]와 [      ]에 관심을 가진다. |

| 내용 | 내용 이해 |
|---|---|
| [     ]과 [     ]의 관계에 관심을 가진다. | 유아가 일상에서 말이 글로, 글이 말로 [                    ]에 관심을 갖는 내용이다. |
| 주변의 [     ], 글자 등의 읽기에 관심을 가진다. | 유아가 [     ]에서 자주 보는 [     ](표지판, 그림문자 등)이나 글자 읽기에 관심을 가지는 내용이다. 유아가 [     ]이나 [     ]에는 사람들의 생각과 감정, 정보가 담겨 있다는 것을 이해하는 내용이다. |
| 자신의 [     ]을 글자와 비슷한 형태로 표현한다. | 유아가 자신의 [     ]이나 [     ]을 끼적거리거나 글자와 비슷한 선이나 모양, 글자와 비슷한 형태로 [     ]하는 내용이다. |

### 3) 책과 이야기 즐기기

| 내용범주 | [     ]과 [     ] 즐기기 |
|---|---|
| 목표 | [     ]이나 [     ]를 통해 상상하기를 즐긴다. |

| 내용 | 내용 이해 |
|---|---|
| [     ]에 관심을 가지고 상상하기를 즐긴다. | 유아가 책에 [     ]를 가지며 책 보는 것을 [     ]고 [     ]하는 즐거움을 경험하는 내용이다. |
| [     ], 동시에서 말의 재미를 느낀다. | 유아가 [     ]와 [     ]를 자주 들으며 우리말의 재미와 아름다움을 느끼는 내용이다. |
| [     ]와 이야기 짓기를 즐긴다. | 유아가 끝말잇기, 수수께끼, 스무고개 등 다양한 [     ]를 즐기는 내용이다. 자신의 경험, 생각, 상상을 기초로 새로운 [     ]를 만드는 [     ]을 즐기는 내용이다. |

## 2019 개정 누리과정

# 2 의사소통

## 01. 목표

| 목표 | 일상생활에 필요한 [　　　] 능력과 [　　　]을 기른다. |
|---|---|
| | 1) 일상생활에서 [　　]고 [　　　]를 즐긴다. |
| | 2) [　　　]와 [　　　]에 관심을 가진다. |
| | 3) [　　]이나 [　　　]를 통해 [　　　]하기를 즐긴다. |

## 02. 내용범주 및 내용

| 내용범주 | 내용 |
|---|---|
| [　　　]와<br>[　　　] | [　　]이나 [　　　]를 관심 있게 듣는다. |
| | 자신의 [　　　　　]을 말한다. |
| | [　　]에 적절한 [　　]를 사용하여 말한다. |
| | [　　]이 하는 [　　　]를 듣고 관련해서 말한다. |
| | [　　　]로 듣고 말한다. |
| | [　　　]을 사용한다. |
| [　　]와<br>[　　]에<br>관심 가지기 | [　]과 [　]의 [　　]에 관심을 가진다. |
| | 주변의 [　　　] 등의 읽기에 관심을 가진다. |
| | 자신의 [　　]을 [　　]와 비슷한 형태로 표현한다. |
| [　　]과<br>[　　　]<br>즐기기 | [　　]에 관심을 가지고 [　　]하기를 즐긴다. |
| | [　　　]에서 말의 재미를 느낀다. |
| | [　　]와 [　　　] 짓기를 즐긴다. |

## 2019 개정 누리과정

# 2 의사소통

1) [          ]와 말하기

| 내용범주 | [          ]와 [               ] |
|---|---|
| 목표 | 일상생활에서 [        ]고 [            ]를 즐긴다. |

| 내용 | 내용 이해 |
|---|---|
| [     ]이나 [          ]를 관심 있게 듣는다. | 유아가 다른 사람이 하는 [      ]과 흥미로운 [       ], 익숙한 [        ]이 담긴 [            ]에 [         ]을 가지며 듣는 내용이다. |
| 자신의 [            ]을 말한다. | 유아가 상대방에게 자신의 [          ]을 [        ]롭게 말하는 내용이다. |
| [           ]에 적절한 [             ]를 사용하여 말한다. | 유아가 [       ]와 [             ]과 [        ]을 고려하여 적절한 [         ]와 [        ]을 선택하여 말하는 내용이다. |
| [           ]이 하는 [           ]를 듣고 관련해서 말한다. | 유아가 다른 사람이 [          ]하는 내용을 듣고 말하는 사람의 [                  ]을 고려하여 말하는 내용이다. |
| [           ]로 듣고 말한다. | 유아가 말하는 사람에게 [       ]를 기울이며 듣는 내용이다. 말을 [           ] 듣고, 자신의 [          ]을 말하는 내용이다. |
| [             ]을 사용한다. | 유아가 일상생활에서 자주 쓰는 [                          ], 상대방을 [         ]하는 말을 사용하지 않고, [            ]을 바르게 사용하는 내용이다. |

2) [ ]와 [ ]에 관심 가지기

| 내용범주 | [ ]와 [ ]에 관심 가지기 |
| --- | --- |
| 목표 | [ ]와 [ ]에 관심을 가진다. |

| 내용 | 내용 이해 |
| --- | --- |
| [ ]과 [ ]의 [ ]에 관심을 가진다. | 유아가 일상에서 [ ]로, [ ]로 [ ]에 관심을 갖는 내용이다. |
| 주변의 [ ] 등의 읽기에 관심을 가진다. | 유아가 [ ]에서 자주 보는 상징([ ], [ ] 등)이나 [ ]에 관심을 가지는 내용이다. 유아가 [ ]이나 [ ]에는 사람들의 [ ]과 감정, [ ]가 담겨 있다는 것을 이해하는 내용이다. |
| 자신의 [ ]을 [ ]와 비슷한 형태로 표현한다. | 유아가 자신의 [ ]이나 [ ]을 [ ]거리거나 글자와 비슷한 [ ]이나 [ ], 글자와 비슷한 [ ]로 표현하는 내용이다. |

3) [ ]과 [ ] 즐기기

| 내용범주 | [ ]과 [ ] 즐기기 |
| --- | --- |
| 목표 | [ ]이나 [ ]를 통해 상상하기를 즐긴다. |

| 내용 | 내용 이해 |
| --- | --- |
| [ ]에 관심을 가지고 [ ]하기를 즐긴다. | 유아가 책에 [ ]를 가지며 책 보는 것을 [ ]고 [ ]하는 [ ]을 경험하는 내용이다. |
| [ ] 에서 말의 재미를 느낀다. | 유아가 [ ]와 [ ]를 자주 들으며 우리말의 [ ]와 [ ]을 느끼는 내용이다. |
| [ ]와 [ ] 짓기를 즐긴다. | 유아가 [ ] 등 다양한 [ ]를 즐기는 내용이다. 자신의 [ ]을 기초로 새로운 [ ]를 만드는 [ ]을 즐기는 내용이다. |

# 3 의사소통

2019 개정 누리과정

## 01. 목표

| 목표 | [          ]에 필요한 [          ]능력과 [          ]을 기른다. |
| --- | --- |
| | 1) [          ]에서 [     ]고 [          ]를 즐긴다. |
| | 2) [     ]와 [     ]에 관심을 가진다. |
| | 3) [     ]이나 [     ]를 통해 [     ]하기를 즐긴다. |

## 02. 내용범주 및 내용

| 내용범주 | 내용 |
| --- | --- |
| [     ]와 [     ] | [     ]이나 [     ]를 관심 있게 듣는다. |
| | 자신의 [          ]을 말한다. |
| | [     ]에 [     ]한 [     ]를 사용하여 말한다. |
| | [     ]이 하는 [     ]를 듣고 [     ]해서 말한다. |
| | [          ]로 듣고 말한다. |
| | [     ]을 [     ]한다. |
| [     ]와 [     ]에 관심 가지기 | [     ]과 [     ]의 [     ]에 관심을 가진다. |
| | [     ]의 [          ] 등의 읽기에 관심을 가진다. |
| | 자신의 [     ]을 [     ]와 [     ]한 형태로 표현한다. |
| [     ]과 [     ] 즐기기 | [     ]에 관심을 가지고 [     ]하기를 즐긴다. |
| | [          ]에서 말의 [     ]를 느낀다. |
| | [     ]와 [     ]를 즐긴다. |

# 3 의사소통

2019 개정 누리과정

1) 듣기와 [           ]

| 목표 | [              ]에서<br>[     ]고 [           ]를 즐긴다. |
|---|---|
| 내용범주 | 내용 |
| 듣기와<br>[         ] | [      ]이나 [         ]를 관심 있게 듣는다. |
| | 자신의 [                    ]을 말한다. |
| | [        ]에 [      ]한 [       ]를 사용하여 말한다. |
| | [         ]이 하는 [          ]를 듣고 [      ]해서 말한다. |
| | [                 ]로 듣고 말한다. |
| | [          ]을 [         ]한다. |

2) 읽기와 쓰기에 [           ]

| 목표 | [       ]와 [       ]에 관심을 가진다. |
|---|---|
| 내용범주 | 내용 |
| 읽기와 쓰기에<br>[         ] | [    ]과 [     ]의 [       ]에 관심을 가진다. |
| | [        ]의 [              ] 등의 읽기에 관심을 가진다. |
| | 자신의 [       ]을 [      ]와 [      ]한 형태로 표현한다. |

3) 책과 이야기 [          ]

| 목표 | [     ]이나 [          ]를 통해 [        ]하기를 즐긴다. |
|---|---|
| 내용범주 | 내용 |
| 책과 이야기 [          ] | [     ]에 관심을 가지고 [        ]하기를 즐긴다. |
| | [             ]에서 말의 [      ]를 느낀다. |
| | [         ]와 [             ]를 즐긴다. |

## 2019 개정 누리과정

# 4 의사소통

## 01. 목표

| 목표 | [　　　　]에 필요한 [　　　　]과 [　　　　]을 기른다. |
| --- | --- |
| | 1) [　　　　]에서 [　　　　]를 즐긴다. |
| | 2) [　　　　]에 [　　　　]을 가진다. |
| | 3) [　　　　]를 통해 [　　　　]를 즐긴다. |

## 02. 내용범주 및 내용

| 내용범주 | 내용 |
| --- | --- |
| [　　]와<br>[　　　] | [　　　　]를 [　　　] 있게 듣는다. |
| | 자신의 [　　　　]을 말한다. |
| | [　　]에 [　　　]를 [　　　]하여 말한다. |
| | [　　　　]를 듣고 [　　　]해서 말한다. |
| | [　　　　]로 듣고 말한다. |
| | [　　　]을 [　　　]한다. |
| [　　]와<br>[　　]에<br>[　　　] | [　　　　]에 [　　　]을 가진다. |
| | [　　　]의 [　　　　] 등의 읽기에 [　　　]을 가진다. |
| | 자신의 [　　　]을 [　　　　]로 표현한다. |
| [　　]과<br>[　　　] | [　　]에 [　　　]을 가지고 [　　　]를 즐긴다. |
| | [　　　　]에서 [　　　]를 느낀다. |
| | [　　　]와 [　　　　]를 즐긴다. |

1) [                    ]

| 목표 | [            ]에서 [            ]를 즐긴다. |
|---|---|
| 내용범주 | 내용 |
| | [            ]를 [      ] 있게 듣는다. |
| | 자신의 [                    ]을 말한다. |
| | [        ]에 [                ]를 [        ]하여 말한다. |
| | [                    ]를 듣고 [        ]해서 말한다. |
| | [                ]로 듣고 말한다. |
| | [            ]을 [        ]한다. |

2) [                    ]

| 목표 | [            ]에 [        ]을 가진다. |
|---|---|
| 내용범주 | 내용 |
| | [            ]에 [        ]을 가진다. |
| | [      ]의 [            ] 등의 읽기에 [      ] 가지다. |
| | 자신의 [      ]을 [      ]로 [        ]한다. |

3) [                              ]

| 목표 | [                    ]를 통해 [            ]를 즐긴다. |
|---|---|
| 내용범주 | 내용 |
| | [        ]에 관심을 가지고 [            ] 즐긴다. |
| | [                ]에서 [            ]를 느낀다. |
| | [            ]와 [                ]를 즐긴다. |

# 5 의사소통

2019 개정 누리과정

## 01. 목표

| 목표 | 1) |
| | 2) |
| | 3) |

## 02. 내용범주 및 내용

| 내용범주 | 내용 |
| --- | --- |
| | |
| | |
| | |
| | |
| | |
| | |
| | |
| | |
| | |
| | |
| | |

1) [                    ]

| 목표 | |
|---|---|
| 내용범주 | 내용 |
|  |  |
|  |  |
|  |  |
|  |  |
|  |  |
|  |  |

2) [                    ]

| 목표 | |
|---|---|
| 내용범주 | 내용 |
|  |  |
|  |  |
|  |  |

3) [                    ]

| 목표 | |
|---|---|
| 내용범주 | 내용 |
|  |  |
|  |  |
|  |  |

2019 개정 누리과정

# 5

## 사회관계
### 암기훈련

# 2019 개정 누리과정

## 사회관계

### 01. 목표

| 목표 | 자신을 [         ]하고 [              ] 생활하는 태도를 가진다. |
| --- | --- |
| | 1) [              ]을 이해하고 존중한다. |
| | 2) [              ]과 사이좋게 지낸다. |
| | 3) [              ]가 사는 사회와 다양한 문화에 관심을 가진다. |

### 02. 내용범주 및 내용

| 내용범주 | 내용 |
| --- | --- |
| [       ]를 알고 존중하기 | [         ]를 알고 소중히 여긴다. |
| | [         ]의 감정을 알고 상황에 맞게 표현한다. |
| | [         ]가 할 수 있는 것을 스스로 한다. |
| [         ] 생활하기 | [         ]의 의미를 알고 화목하게 지낸다. |
| | [         ]와 서로 도우며 사이좋게 지낸다. |
| | [         ]와의 갈등을 긍정적인 방법으로 해결한다. |
| | 서로 [         ] 감정, 생각, 행동을 존중한다. |
| | [         ]와 [         ]께 예의 바르게 행동한다. |
| | 약속과 규칙의 [         ]을 알고 지킨다. |
| [       ]에 관심 가지기 | 내가 [     ]고 있는 [     ]에 대해 궁금한 것을 알아본다. |
| | [         ]에 대해 자부심을 가진다. |
| | 다양한 [         ]에 관심을 가진다. |

## 1) 나를 알고 존중하기

| 내용범주 | [　　]를 알고 존중하기 |
|---|---|
| 목표 | [　　　]을 이해하고 존중한다. |

| 내용 | 내용 이해 |
|---|---|
| [　　]를 알고 소중히 여긴다. | 유아가 자신을 나타내는 [　　　], [　　　], 모습 등에 대해 알고, 자신을 [　　　]히 여기며 가치 있는 존재로 느끼는 내용이다. |
| [　　]의 감정을 알고 상황에 맞게 표현한다. | 유아가 자신의 [　　　]에 대해 알고 다양한 [　　　]에서 자신의 감정을 적절하게 [　　　]하는 내용이다. |
| [　　]가 할 수 있는 것을 스스로 한다. | 유아가 자신이 할 수 있는 일을 알고 [　　　　]을 가지며 자율적으로 [　　　]해 가는 내용이다. |

# 사회관계

2) 더불어 생활하기

| 내용범주 | [　　　　　　] 생활하기 |
|---|---|
| 목표 | [　　　　　　]과 사이좋게 지낸다. |

| 내용 | 내용 이해 |
|---|---|
| [　　　　]의 의미를 알고 화목하게 지낸다. | 유아가 자신의 가족 [　　　　]을 알고, 가족과 함께 [　　　]하며, 가족은 서로 [　　　]고 살아간다는 것을 경험하는 내용이다. 가족의 구성원이 다양함을 이해하고 [　　　]하는 내용이다. |
| [　　　　]와 서로 도우며 사이좋게 지낸다. | 유아가 친구들과 [　　　] 놀이하는 [　　　]을 느끼고 친구와 서로 [　　　]며 배려하고 협력하며 더불어 살아가는 내용이다. |
| [　　　　]와의 갈등을 긍정적인 방법으로 해결한다. | 유아가 친구와 [　　　]이 생겼을 때 자신의 감정과 생각을 제대로 [　　　]하고, 배려, 양보, 타협 등을 통해 [　　　]하는 내용이다. |
| 서로 [　　　] 감정, 생각, 행동을 존중한다. | 유아가 다른 사람들의 감정, 생각, 행동에 [　　　]을 갖고 감정, 생각, 행동이 서로 다를 수 있음을 [　　　] 하고 [　　　]하는 내용이다. |
| [　　　]와 [　　　]께 예의 바르게 행동한다. | 유아가 친구와 어른께 배려, 존중, 공경하는 마음을 담아 [　　　]을 [　　　]하는 내용이다. |
| 약속과 규칙의 [　　　]을 알고 지킨다. | 유아가 다른 사람과 더불어 살아가기 위해 필요한 [　　　]과 [　　　]이 있음을 이해하는 내용이다. 상황에 따라 필요한 [　　　]과 [　　　]을 의논하여 정하고 지키는 내용이다. |

### 3) 사회에 관심 가지기

| 내용범주 | [ ]에 관심 가지기 |
| --- | --- |
| 목표 | [ ]가 사는 사회와 다양한 문화에 관심을 가진다. |

| 내용 | 내용 이해 |
| --- | --- |
| 내가 [ ]고 있는 [ ]에 대해 궁금한 것을 알아본다. | 유아가 자주 접하는 가까운 [ ] 지역과 이웃에 대해 관심을 가지고, [ ]한 것을 알아보며, 지역 구성원으로서 유대감과 [ ]을 느끼는 내용이다. |
| [ ]에 대해 자부심을 가진다. | 유아가 우리나라의 [ ]에 친숙해지고, 우리나라의 [ ] 등을 경험하면서, 우리나라에 대해 자랑스러운 마음을 가지는 내용이다. |
| 다양한 [ ]에 관심을 가진다. | 유아가 다른 나라의 다양한 [ ]와 생활양식에 대해 관심을 가지고, [ ]의 [ ]을 이해하며 존중하는 내용이다. |

# 2 사회관계

## 01. 목표

| 목표 | 자신을 [　　　]하고 [　　　　　　]하는 태도를 가진다. |
|---|---|
| | 1) [　　　　]을 이해하고 [　　　]한다. |
| | 2) [　　　　　]과 [　　　　　　] 지낸다. |
| | 3) [　　　]가 사는 [　　　　]와 다양한 [　　　　]에 관심을 가진다. |

## 02. 내용범주 및 내용

| 내용범주 | 내용 |
|---|---|
| [　　]를 [　　]고 존중하기 | [　　]를 [　　]고 소중히 여긴다. |
| | [　　]의 [　　　　]을 알고 상황에 맞게 표현한다. |
| | [　　]가 [　　　　　　] 것을 스스로 한다. |
| [　　　　] 생활하기 | [　　　　]의 [　　　]를 알고 화목하게 지낸다. |
| | [　　　]와 서로 [　　　]며 사이좋게 지낸다. |
| | [　　　]와의 [　　　]을 긍정적인 방법으로 해결한다. |
| | 서로 다른 [　　　], 생각, [　　　]을 존중한다. |
| | [　　]와 [　　]께 [　　　] 바르게 행동한다. |
| | [　　]과 [　　]의 [　　　]을 알고 지킨다. |
| [　　　　]에 관심 가지기 | 내가 [　　]고 있는 [　　　]에 대해 [　　　]한 것을 알아본다. |
| | [　　　　　]에 대해 자부심을 가진다. |
| | [　　]한 [　　　]에 관심을 가진다. |

1) [　]를 [　]고 존중하기

| 내용범주 | [　]를 [　]고 존중하기 |
|---|---|
| 목표 | [　　]을 이해하고 [　　]한다. |

| 내용 | 내용 이해 |
|---|---|
| [　]를 [　]고 소중히 여긴다. | 유아가 자신을 나타내는 [　　　　] 등에 대해 알고, 자신을 [　　]히 여기며 [　　] 있는 존재로 느끼는 내용이다. |
| [　]의 [　　]을 알고 상황에 맞게 표현한다. | 유아가 자신의 [　　]에 대해 알고 다양한 [　　]에서 자신의 [　　]을 적절하게 [　　]하는 내용이다. |
| [　]가 [　　　] 것을 스스로 한다. | 유아가 자신이 [　　] 있는 일을 알고 [　　　]을 가지며 [　　　]으로 [　　]해 가는 내용이다. |

## 2 사회관계

2019 개정 누리과정

2) [ ] 생활하기

| 내용범주 | [ ] 생활하기 |
|---|---|
| 목표 | [ ]과 [ ] 지낸다. |

| 내용 | 내용 이해 |
|---|---|
| [ ]의 [ ]를 알고 화목하게 지낸다. | 유아가 자신의 가족 [ ]을 알고, 가족과 함께 [ ]하며, 가족은 서로 [ ]고 살아간다는 것을 [ ]하는 내용이다. 가족의 구성원이 다양함을 [ ]하고 [ ]하는 내용이다. |
| [ ]와 서로 [ ]며 사이좋게 지낸다. | 유아가 친구들과 [ ] 놀이하는 [ ]을 느끼고 친구와 서로 [ ]며 배려하고 [ ]하며 [ ] 살아가는 내용이다. |
| [ ]와의 [ ]을 긍정적인 방법으로 해결한다. | 유아가 친구와 [ ]이 생겼을 때 자신의 [ ]과 [ ]을 제대로 표현하고, [ ] 등을 통해 해결하는 내용이다. |
| 서로 다른 [ ], 생각, [ ]을 존중한다. | 유아가 다른 사람들의 감정, 생각, 행동에 [ ]을 갖고 [ ]이 서로 다를 수 있음을 [ ]하고 [ ]하는 내용이다. |
| [ ]와 [ ]께 [ ] 바르게 행동한다. | 유아가 친구와 어른께 [ ]하는 마음을 담아 [ ]을 [ ]하는 내용이다. |
| [ ]과 [ ]의 [ ]을 알고 지킨다. | 유아가 다른 사람과 [ ] 살아가기 위해 필요한 [ ]과 [ ]이 있음을 이해하는 내용이다. [ ]에 따라 [ ]한 약속과 규칙을 [ ]하여 정하고 [ ]는 내용이다. |

3) [       ]에 관심 가지기

| 내용범주 | [          ]에 관심 가지기 |
|---|---|
| 목표 | [      ]가 사는 [        ]와 다양한 [        ]에 관심을 가진다. |

| 내용 | 내용 이해 |
|---|---|
| 내가 [     ]고 있는 [      ]에 대해 [      ]한 것을 알아본다. | 유아가 자주 접하는 가까운 [        ] 지역과 [        ]에 대해 관심을 가지고, [        ]한 것을 알아보며, [              ]으로서 유대감과 [              ]을 느끼는 내용이다. |
| [              ]에 대해 자부심을 가진다. | 유아가 우리나라의 전통에 [        ]해지고, 우리나라의 [              ] 등을 경험하면서, 우리나라에 대해 [              ] 마음을 가지는 내용이다. |
| [      ]한 [      ]에 관심을 가진다. | 유아가 다른 나라의 다양한 [        ]와 [              ]에 대해 관심을 가지고, [        ]의 [              ]을 이해하며 [              ]하는 내용이다. |

# 3 사회관계

**2019 개정 누리과정**

## 01. 목표

| 목표 | 자신을 [　　　　]하고 [　　　　　　　　]하는 태도를 가진다. |
| --- | --- |
| | 1) [　　　　　]을 이해하고 [　　　　]한다. |
| | 2) [　　　　　　　]과 [　　　　　　　] 지낸다. |
| | 3) [　　　]가 사는 [　　　]와 [　　　]한 [　　　　]에 관심을 가진다. |

## 02. 내용범주 및 내용

| 내용범주 | 내용 |
| --- | --- |
| [　　]를 [　　]고 [　　　　]하기 | [　　]를 [　　　]고 소중히 여긴다. |
| | [　　]의 [　　　]을 알고 [　　　　]에 맞게 표현한다. |
| | [　　]가 [　　　　　]것을 [　　　　]한다. |
| [　　　　] [　　　　]하기 | [　　　]의 [　　]를 알고 [　　　]하게 지낸다. |
| | [　　　]와 서로 [　　　]며 사이좋게 지낸다. |
| | [　　　]와의 [　　]을 [　　　]적인 방법으로 해결한다. |
| | 서로 다른 [　　　　　　　]을 존중한다. |
| | [　　　]와 [　　　]께 [　　　　　　　] 행동한다. |
| | [　　]과 [　　]의 [　　　]을 [　　]고 지킨다. |
| [　　　]에 [　　] 가지기 | 내가 [　　]고 있는 [　　]에 대해 [　　]한 것을 알아본다. |
| | [　　　　　　]에 대해 [　　　　　]을 가진다. |
| | [　　]한 [　　　　]에 관심을 가진다. |

1) 나를 알고 [          ]

| 목표 | [     ]을 [     ]하고 [     ]한다. | | |
|---|---|---|---|
| 내용범주 | 내용 | | |
| 나를 알고 [          ] | [    ]를 [    ]고 [      ]히 여긴다. | | |
| | [    ]의 [      ]을 알고 [      ]에 맞게 표현한다. | | |
| | [    ]가 [              ] 것을 [              ] 한다. | | |

2) 더불어 [          ]

| 목표 | [              ]과 [          ] 지낸다. | | |
|---|---|---|---|
| 내용범주 | 내용 | | |
| 더불어 [          ] | [      ]의 [      ]를 알고 [      ]하게 지낸다. | | |
| | [      ]와 서로 [      ]며 사이좋게 지낸다. | | |
| | [      ]와의 [      ]을 [      ]적인 방법으로 해결한다. | | |
| | 서로 다른 [                    ]을 존중한다. | | |
| | [      ]와 [      ]께 [          ] 행동한다. | | |
| | [      ]과 [      ]의 [      ]을 [    ]고 지킨다. | | |

3) 사회에 [                    ]

| 목표 | [          ]가 사는 [          ]와 [        ]한 [          ]에 관심을 가진다. |
|---|---|
| 내용범주 | 내용 |
| 사회에 [              ] | 내가 [       ]고 있는 [       ]에 대해 [       ]한 것을 알아본다. |
| | [              ]에 대해 [          ]을 가진다. |
| | [        ]한 [        ]에 [        ]을 가진다. |

# 4 사회관계

2019 개정 누리과정

## 01. 목표

| 목표 | 자신을 [　　　]하고 [　　　　　　]하는 [　　　]를 가진다. |
|---|---|
| | 1) [　　　]을 [　　　]하고 [　　　]한다. |
| | 2) [　　　　]과 [　　　　　] 지낸다. |
| | 3) [　　　]가 사는 [　　　]와 [　　　　　]에 [　　　]을 가진다. |

## 02. 내용범주 및 내용

| 내용범주 | 내용 |
|---|---|
| [　　]를 [　　]고 [　　　]하기 | [　　　]고 [　　　　　]다. |
| | [　　　　]을 알고 [　　　]에 맞게 [　　]한다. |
| | [　　　　　] 것을 [　　　] 한다. |
| [　　　　] [　　　]하기 | [　　　]를 알고 [　　　]하게 지낸다. |
| | [　　]와 [　　　]며 [　　　] 지낸다. |
| | [　　　]을 [　　　]으로 [　　　]한다. |
| | [　　　　　　]을 [　　　]한다. |
| | [　　　]께 [　　　　　]한다. |
| | [　　　]의 [　　　]을 [　　　]다. |

# 4  사회관계

| [　　]에<br>[　　] 가지기 | 내가 [　　　　]에 대해 [　　　]을 [　　]본다. |
|---|---|
| | [　　　　]에 대해 [　　　]을 가진다. |
| | [　　　　]에 [　　　]을 가진다. |

1) [　　　　　　　　　]

| 목표 | [　　]을 [　　]하고 [　　]한다. |
|---|---|
| 내용범주 | 내용 |
| | [　　]고 [　　]다. |
| | [　　]을 알고 [　　]에 맞게 표현한다. |
| | [　　　　] 것을 [　　] 한다. |

2) [                              ]

| 목표 | [                    ]과 [                ] 지낸다. |
|---|---|
| 내용범주 | 내용 |
| | [              ]를 알고 [          ]하게 지낸다. |
| | [        ]와 [              ]며 [            ] 지낸다. |
| | [            ]을 [            ]으로 [      ]한다. |
| | [                                ]을 [        ]한다. |
| | [              ]께 [                    ]한다. |
| | [            ]의 [            ]을 [              ]다. |

3) [                    ]

| 목표 | [        ]가 사는 [        ]와 [        ]한 [        ]에 [        ]을 가진다. |
|---|---|
| 내용범주 | 내용 |
|  | 내가 [            ]에 대해 [        ]을 [        ]본다. |
|  | [            ]에 대해 [        ]을 가진다. |
|  | [            ]에 [        ]을 가진다. |

# 5 사회관계

2019 개정 누리과정

## 01. 목표

| 목표 | |
|---|---|
| | 1) |
| | 2) |
| | 3) |

## 02. 내용범주 및 내용

| 내용범주 | 내용 |
|---|---|
| | |
| | |
| | |
| | |
| | |
| | |
| | |
| | |
| | |
| | |
| | |
| | |

1) [                              ]

| 목표 | |
|---|---|
| 내용범주 | 내용 |
|  |  |
|  |  |
|  |  |

2) [                              ]

| 목표 | |
|---|---|
| 내용범주 | 내용 |
|  |  |
|  |  |
|  |  |
|  |  |
|  |  |
|  |  |

3) [                              ]

| 목표 | |
|---|---|
| 내용범주 | 내용 |
|  |  |
|  |  |
|  |  |

2019 개정 누리과정

# 6

## 예술경험

암기훈련

# 예술경험

2019 개정 누리과정

## 01. 목표

| 목표 | [          ]과 [        ]에 관심을 가지고 창의적 표현을 즐긴다. |
|---|---|
| | 1) 자연과 생활 및 예술에서 [            ]을 느낀다. |
| | 2) 예술을 통해 창의적으로 표현하는 [        ]을 즐긴다. |
| | 3) 다양한 예술 표현을 [       ]한다. |

## 02. 내용범주 및 내용

| 내용범주 | 내용 |
|---|---|
| [          ] 찾아보기 | 자연과 생활에서 [              ]을 느끼고 즐긴다. |
| | [         ] 요소에 관심을 갖고 찾아본다. |
| [         ]으로 표현하기 | [         ]를 즐겨 부른다. |
| | 신체, 사물, 악기로 간단한 소리와 [       ]을 만들어 본다. |
| | 신체나 도구를 활용하여 [          ]과 춤으로 자유롭게 표현한다. |
| | 다양한 미술 재료와 도구로 자신의 [         ]과 느낌을 표현한다. |
| | 극놀이로 [        ]이나 이야기를 표현한다. |
| [    ] 감상하기 | 다양한 예술을 [         ]하며 상상하기를 즐긴다. |
| | 서로 다른 예술 표현을 [        ]한다. |
| | 우리나라 [        ] 예술에 관심을 갖고 친숙해진다. |

### 1) 아름다움 찾아보기

| 내용범주 | [　　　　　　　　] 찾아보기 |
|---|---|
| 목표 | 자연과 생활 및 예술에서 [　　　　　　]을 느낀다. |

| 내용 | 내용 이해 |
|---|---|
| 자연과 생활에서 [　　　　　　]을 느끼고 즐긴다. | 유아가 자신의 [　　　　]에서 만나는 자연, 공간, 사물 등의 [　　　　　]을 풍부하게 [　　　　]며 [　　　　]는 내용이다. |
| [　　　　]적 요소에 관심을 갖고 찾아본다. | 유아가 주변의 [　　　　]과 [　　　　]에서 다양한 소리나 리듬 등의 [　　　　　] 요소, 색이나 형태 등과 같은 [　　　　　] 요소를 발견하고, 사물이나 동식물의 움직임에서 [　　　　　]을 경험하는 내용이다. |

### 2) 창의적으로 표현하기

| 내용범주 | [　　　　　　　]으로 표현하기 |
|---|---|
| 목표 | 예술을 통해 창의적으로 표현하는 [　　　　　]을 즐긴다. |

| 내용 | 내용 이해 |
|---|---|
| [　　　　]를 즐겨 부른다. | 유아가 [　　　　　]거리거나 친구들과 함께 소리와 박자 등을 느끼고 노랫말을 바꾸어 불러 보며 [　　　　　　　]를 즐기는 내용이다. |
| 신체, 사물, 악기로 간단한 소리와 [　　　　]을 만들어 본다. | 유아가 자신의 신체, 주변의 사물, 리듬 악기 등을 사용하여 [　　　　]와 [　　　　]을 창의적으로 [　　　　] 보는 내용이다. |
| 신체나 도구를 활용하여 [　　　　　　]과 춤으로 자유롭게 표현한다. | 유아가 자연과 생활에서 [　　　　　]한 다양한 [　　　　　]을 자유롭게 [　　　　　]하고 나아가 자신의 [　　　　]과 [　　　　]을 자신의 신체나 다양한 도구를 활용하여 [　　　　　　]으로 [　　　　　]하는 내용이다. |

| 다양한 미술 재료와 도구로 자신의 [　　]과 느낌을 표현한다. | 유아가 자연과 생활에서 [　　]한 다양한 재료와 도구를 [　　]하여 여러 가지 [　　]으로 [　　]하는 내용이다. 자신의 경험, 느낌, 생각 등을 [　　]으로 [　　]하는 [　　]을 즐기는 내용이다. |
|---|---|
| 극놀이로 [　　]이나 이야기를 표현한다. | 유아가 자신의 [　　], 다양한 [　　], 이야기를 자유롭게 상상하며 극놀이로 [　　]하는 [　　]을 즐기는 내용이다. |

### 3) 예술 감상하기

| 내용범주 | [　　] 감상하기 |
|---|---|
| 목표 | 다양한 예술 표현을 [　　]한다. |

| 내용 | 내용 이해 |
|---|---|
| 다양한 예술을 [　　]하며 상상하기를 즐긴다. | 유아가 자신과 또래의 작품이나 음악, 춤, 미술작품, 극 등 다양한 [　　]을 [　　]하고 자유롭게 [　　]하기를 즐기는 내용이다. |
| 서로 다른 예술 표현을 [　　]한다. | 유아가 자신과 또래의 작품, 음악, 춤, 미술작품, 극 등에 포함된 다양한 [　　]을 [　　]하는 내용이다. |
| 우리나라 [　　] 예술에 관심을 갖고 친숙해진다. | 유아가 우리나라 [　　]의 전통 음악, 춤, 미술, 건축물, 극 등에 [　　]을 가지고 전통 예술을 [　　]하며 우리나라 문화에 [　　]해지는 내용이다. |

# 2 예술경험

2019 개정 누리과정

## 01. 목표

| 목표 | [　　　　　]과 [　　　　]에 관심을 가지고 창의적 표현을 즐긴다. |
|---|---|
| | 1) [　　　　]과 생활 및 예술에서 [　　　　　]을 느낀다. |
| | 2) 예술을 통해 [　　　　]으로 표현하는 [　　　　]을 즐긴다. |
| | 3) [　　　　] 예술 표현을 [　　　　]한다. |

## 02. 내용범주 및 내용

| 내용범주 | 내용 |
|---|---|
| [　　　　]<br>찾아보기 | [　　　　]과 생활에서 [　　　　]을 느끼고 즐긴다. |
| | [　　　　　　　]에 관심을 갖고 찾아본다. |
| [　　　　]으로<br>표현하기 | [　　　　]를 즐겨 부른다. |
| | 신체, 사물, 악기로 간단한 [　　　]와 [　　　]을 만들어 본다. |
| | 신체나 도구를 [　　　]하여 [　　　]과 [　　　]으로 자유롭게 표현한다. |
| | [　　　]한 미술 재료와 도구로 자신의 [　　　]과 [　　　]을 표현한다. |
| | 극놀이로 [　　　]이나 [　　　]를 표현한다. |
| [　　　] 감상하기 | [　　　]한 예술을 [　　　]하며 상상하기를 즐긴다. |
| | 서로 [　　　] 예술 표현을 [　　　]한다. |
| | 우리나라 [　　　] 예술에 관심을 갖고 [　　　]해진다. |

## 2019 개정 누리과정

# 2 예술경험

### 1) [　　　　] 찾아보기

| 내용범주 | [　　　　　　] 찾아보기 | |
|---|---|---|
| 목표 | 자연과 생활 및 예술에서 [　　　　　]을 느낀다. | |
| **내용** | **내용 이해** | |
| [　　　]과 생활에서 [　　　　　]을 느끼고 즐긴다. | 유아가 자신의 주변에서 만나는 [　　　　　] 등의 [　　　　]을 풍부하게 [　　　]며 [　　　]는 내용이다. | |
| [　　　　　　]에 관심을 갖고 찾아본다. | 유아가 주변의 [　　　]과 [　　　]에서 다양한 [　　　]나 [　　　] 등의 [　　　] 요소, [　　]이나 [　　　] 등과 같은 미술적 요소를 발견하고, [　　　]이나 [　　　　]의 [　　　　]에서 아름다움을 경험하는 내용이다. | |

### 2) [　　　　] 표현하기

| 내용범주 | [　　　　　　] 표현하기 | |
|---|---|---|
| 목표 | 예술을 통해 [　　　　]으로 표현하는 [　　　]을 즐긴다. | |
| **내용** | **내용 이해** | |
| [　　　]를 즐겨 부른다. | 유아가 흥얼거리거나 친구들과 함께 소리와 [　　　] 등을 느끼고 [　　　　]을 바꾸어 불러 보며 [　　　　]를 즐기는 내용이다. | |
| 신체, 사물, 악기로 간단한 [　　　]와 [　　　]을 만들어 본다. | 유아가 자신의 [　　　], 주변의 [　　　], [　　　　] 등을 사용하여 [　　　]와 [　　　]을 [　　　]으로 만들어 보는 내용이다. | |

| 신체나 도구를 [　　]하여 [　　　]과 [　]으로 자유롭게 표현한다. | 유아가 [　　]과 [　　　]에서 발견한 다양한 움직임을 [　　]롭게 표현하고 나아가 자신의 생각과 느낌을 자신의 [　　]나 다양한 [　　]를 활용하여 움직임과 춤으로 표현하는 내용이다. |
|---|---|
| [　　]한 미술 재료와 도구로 자신의 [　　]과 [　　]을 표현한다. | 유아가 [　　]과 [　　　]에서 발견한 다양한 [　　]와 [　　]를 활용하여 여러 가지 [　　]으로 표현하는 내용이다. 자신의 [　　　　　　] 등을 창의적으로 표현하는 [　　]을 즐기는 내용이다. |
| 극놀이로 [　　]이나 [　　　]를 표현한다. | 유아가 자신의 [　　], 다양한 [　　], [　　]를 자유롭게 [　　]하며 극놀이로 표현하는 [　　]을 즐기는 내용이다. |

3) [　　] 감상하기

| 내용범주 | [　　] 감상하기 |
|---|---|
| 목표 | [　]한 예술 표현을 [　　]한다. |

| 내용 | 내용 이해 |
|---|---|
| [　　　] 예술을 [　　]하며 상상하기를 즐긴다. | 유아가 [　　]과 [　　]의 작품이나 [　　　　　　　] 등 다양한 예술을 [　　]하고 자유롭게 [　　]하기를 즐기는 내용이다. |
| 서로 [　　] 예술 표현을 [　　]한다. | 유아가 [　　]과 [　　]의 작품, [　　　　] 등에 포함된 [　　] 표현을 [　　]하는 내용이다. |
| 우리나라 [　　] 예술에 관심을 갖고 [　　]해진다. | 유아가 우리나라 고유의 [　　　　　　　] 등에 관심을 가지고 [　　　]을 감상하며 [　　　　]에 친숙해지는 내용이다. |

# 3 예술경험

2019 개정 누리과정

## 01. 목표

| 목표 | [　　　　　]과 [　　　]에 관심을 가지고 [　　　] 표현을 즐긴다. |
|---|---|
| | 1) [　　　]과 [　　　] 및 [　　　]에서 [　　　　　]을 느낀다. |
| | 2) [　　　]을 통해 [　　　　]으로 표현하는 [　　　]을 즐긴다. |
| | 3) [　　　　　] 표현을 [　　　]한다. |

## 02. 내용범주 및 내용

| 내용범주 | 내용 |
|---|---|
| [　　　]보기 | [　　　]과 [　　　]에서 [　　　]을 느끼고 즐긴다. |
| | [　　　　　]에 관심을 갖고 [　　　]본다. |
| [　　　]으로 [　　　]하기 | [　　　]를 즐겨 부른다. |
| | [　　　], 사물, 악기로 [　　　]한 [　　　]와 [　　　]을 만들어 본다. |
| | [　　　]나 도구를 [　　　]하여 [　　　]과 [　　]으로 [　　　] 표현한다. |
| | [　　　]한 [　　　　　]와 도구로 자신의 [　　]과 [　　]을 표현한다. |
| | [　　　]로 [　　　]이나 [　　　]를 표현한다. |
| [　　　]하기 | [　　]한 [　　]을 [　　　]하며 상상하기를 즐긴다. |
| | 서로 다른 [　　　]을 [　　　]한다. |
| | 우리나라 [　　　　]에 관심을 갖고 [　　　]해진다. |

## 1) [　　　　　]보기

| 목표 | [　　　]과 [　　]및 [　　　]에서 [　　　　　]을 느낀다. | |
|---|---|---|
| 내용범주 | 내용 | |
| 아름다움 [　　　]보기 | [　　　]과 [　　　]에서 [　　　　]을 느끼고 즐긴다. | |
| | [　　　]적 [　　　]에 관심을 갖고 [　　　]본다. | |

## 2) [　　　]으로 [　　　]하기

| 목표 | [　　　]을 통해 [　　　]적으로 표현하는 [　　　]을 즐긴다. | |
|---|---|---|
| 내용범주 | 내용 | |
| 창의적으로 [　　　]하기 | [　　　]를 즐겨 부른다. | |
| | [　　　], 사물, 악기로 [　　　]한 [　　　]와 [　　　]을 만들어 본다. | |
| | [　　　]나 도구를 [　　　]하여 [　　　]과 [　　　]으로 [　　　] 표현한다. | |
| | [　　　]한 [　　　]와 도구로 자신의 [　　　]과 [　　　]을 표현한다. | |
| | [　　　]로 [　　　]이나 [　　　]를 표현한다. | |

## 3) [　　　]하기

| 목표 | [　　　　　] 표현을 [　　　]한다. | |
|---|---|---|
| 내용범주 | 내용 | |
| [　　　]하기 | [　　　]한 [　　　]을 [　　　]하며 상상하기를 즐긴다. | |
| | 서로 다른 [　　　]을 [　　　]한다. | |
| | 우리나라 [　　　]에 관심을 갖고 [　　　]해진다. | |

## 2019 개정 누리과정

# 예술경험

## 01. 목표

| 목표 | [　　　　　　　　　　]에 [　　　　]을 가지고 [　　　　　　　　　　　]을 즐긴다. |
| --- | --- |
| | 1) [　　　　　　　　　　　　]에서 [　　　　　　　　　]을 느낀다. |
| | 2) [　　　　　]을 통해 [　　　　　　　　]을 즐긴다. |
| | 3) [　　　　　　　　　　]을 [　　　　]한다. |

## 02. 내용범주 및 내용

| 내용범주 | 내용 |
| --- | --- |
| [　　　　　]<br>[　　　]보기 | [　　　　　　]에서 [　　　　　　]을 [　　　　　　　]다. |
| | [　　　　　　]에 [　　　　]을 갖고 [　　　　]본다. |
| [　　　　]으로<br>[　　　]하기 | [　　　　]를 [　　　　]다. |
| | [　　　　　　　　]로 [　　　]한 [　　　　]을 [　　　　]다. |
| | [　　　　]를 [　　　　]하여 [　　　]으로 [　　　　]한다. |
| | [　　　　　　　　]로 자신의 [　　　　　　]을 [　　　　]한다. |
| | [　　　　]로 [　　　　　　　　]를 [　　　　]한다. |

122 ··· 2019 개정 누리과정

| [　　　　　]<br>하기 | [　　　　]을 [　　]하며 [　　　　　　]다. |
| --- | --- |
| | [　　　　　]을 [　　　]한다. |
| | [　　　　　　　　]에 [　　　　　　]해진다. |

1) [　　　　　　　　　　]

| 목표 | [　　　　　　　　　　　]에서 [　　　　　]을 느낀다. |
| --- | --- |
| 내용범주 | 내용 |
| | [　　　　　]에서 [　　　　]을 [　　　　　]다. |
| | [　　　　　]에 [　　　]을 갖고 [　　　]본다. |

2) [　　　　　　　　　　]

| 목표 | [　　　]을 통해 [　　　　]을 즐긴다. |
| --- | --- |
| 내용범주 | 내용 |
| | [　　]를 [　　　　　]. |
| | [　　　　　]로 [　　　]한 [　　　]을 [　　　　]다. |
| | [　　　　]를 [　　　]하여 [　　　]으로 [　　　　　]한다. |
| | [　　　　　]와 [　　]로 자신의 [　　　　]을 [　　　]한다. |
| | [　　　]로 [　　　　　]를 [　　　]한다. |

3) [                    ]

| 목표 | [            ]을 [        ]한다. |
|---|---|
| 내용범주 | 내용 |
|  | [          ]을 [      ]하며 [              ]다. |
| | [                  ]을 [    ]한다. |
| | [              ]에 [              ]해진다. |

# 5. 예술경험

2019 개정 누리과정

## 01. 목표

| 목표 | |
|---|---|
| | 1) |
| | 2) |
| | 3) |

## 02. 내용범주 및 내용

| 내용범주 | 내용 |
|---|---|
| | |
| | |
| | |
| | |
| | |
| | |
| | |
| | |
| | |
| | |

1) [                              ]

| 목표 | |
|---|---|
| 내용범주 | 내용 |
|  |  |
|  |  |

2) [                              ]

| 목표 | |
|---|---|
| 내용범주 | 내용 |
|  |  |
|  |  |
|  |  |
|  |  |
|  |  |

3) [                              ]

| 목표 | |
|---|---|
| 내용범주 | 내용 |
|  |  |
|  |  |
|  |  |

2019 개정 누리과정

# 7

## 자연탐구

암기훈련

# 1 자연탐구

*2019 개정 누리과정*

## 01. 목표

| 목표 | 탐구하는 [          ]을 즐기고, [          ]과 더불어 살아가는 태도를 가진다. |
|---|---|
| | 1) 일상에서 [          ]을 가지고 탐구하는 과정을 즐긴다. |
| | 2) 생활 속의 [          ]를 수학적, 과학적으로 탐구한다. |
| | 3) 생명과 자연을 [          ]한다. |

## 02. 내용범주 및 내용

| 내용범주 | 내용 |
|---|---|
| [          ]과정 즐기기 | 주변 세계와 자연에 대해 지속적으로 [          ]을 가진다. |
| | 궁금한 것을 탐구하는 [          ]에 즐겁게 참여한다. |
| | 탐구[          ]에서 서로 다른 생각에 관심을 가진다. |
| 생활 속에서 [          ]하기 | 물체의 특성과 변화를 여러 가지 방법으로 [          ]한다. |
| | 물체를 세어 [          ]을 알아본다. |
| | 물체의 위치와 방향, 모양을 알고 [          ]한다. |
| | 일상에서 길이, 무게 등의 속성을 [          ]한다. |
| | 주변에서 반복되는 [          ]을 찾는다. |
| | 일상에서 모은 자료를 기준에 따라 [          ]한다. |
| | [          ]와 기계에 대해 관심을 가진다. |
| [          ]과 더불어 살기 | 주변의 [          ]에 관심을 가진다. |
| | 생명과 [          ]을 소중히 여긴다. |
| | [          ]와 계절의 변화를 생활과 관련짓는다. |

1) 탐구과정 즐기기

| 내용범주 | [        ]과정 즐기기 |
|---|---|
| 목표 | 일상에서 [        ]을 가지고 탐구하는 과정을 즐긴다. |

| 내용 | 내용 이해 |
|---|---|
| 주변 세계와 자연에 대해 지속적으로 [        ]을 가진다. | 유아가 물질, 물체, 동식물, 자연현상 등에 [        ]을 가지고, 놀이에서 지속적으로 [        ]을 찾아가거나 표현하는 내용이다. |
| 궁금한 것을 탐구하는 [        ]에 즐겁게 참여한다. | 유아가 [        ]을 알아보기 위해 관찰, 비교, 분류, 예측, 실험 등의 다양한 [        ]을 자발적으로 즐기는 내용이다. |
| 탐구[        ]에서 서로 다른 생각에 관심을 가진다. | 유아가 탐구하는 [        ]에서 자신의 생각을 또래나 교사와 함께 [        ]하고, 서로 다른 생각에 [        ]을 가지는 내용이다. |

# 자연탐구

2019 개정 누리과정

## 2) 생활 속에서 탐구하기

| 내용범주 | 생활 속에서 [          ]하기 |
|---|---|
| 목표 | 생활 속의 [          ]를 수학적, 과학적으로 탐구한다. |

| 내용 | 내용 이해 |
|---|---|
| 물체의 특성과 변화를 여러 가지 방법으로 [          ]한다. | 유아가 [          ]에서 쉽게 발견할 수 있는 친숙한 물체나 물질의 크기, 모양, 색, 냄새, 소리, 질감과 같은 [          ]에 관심을 갖는 내용이다. 나아가 그 물체나 물질을 자르고 섞는 등 [          ]으로 변화시켜 보며, [          ]과 변화되지 않는 특성이 무엇인지 [          ]해 보는 내용이다. |
| 물체를 세어 [          ]을 알아본다. | 유아가 일상에서 수에 [          ]을 가지고, 수량을 세어 [          ] 및 수량의 [          ]를 알아 보는 내용이다. |
| 물체의 위치와 방향, 모양을 알고 [          ]한다. | 유아가 자신과 물체를 [          ]으로 앞, 뒤, 옆, 위, 아래 등 공간 안에서 [          ]와 [          ]을 알아가는 내용이다. 유아가 [          ]에서 네모나 세모, 둥근 기둥, 상자 모양 등을 찾고 다양한 모양에서 [          ]과 [          ]을 알아가는 내용이다. |
| 일상에서 길이, 무게 등의 속성을 [          ]한다. | 유아가 일상에서 길이나 무게 등 [          ] 가능한 [          ]을 알고, 이 속성을 [          ]으로 물체를 [          ]하여 [          ] 지어 보는 내용이다. 이 과정에서 유아는 자신의 신체를 비롯하여 다양한 물체를 활용하고, 다양한 [          ]를 사용하면서 순서를 지어 보는 내용이다. |
| 주변에서 반복되는 [          ]을 찾는다. | 유아가 생활 주변에서 사물이나 사건의 양상이 일정한 [          ]로 반복 배열되는 것에 관심을 갖고 즐기며, [          ]되는 [          ]에 숨어 있는 질서와 [          ]을 발견하여 다음에 올 것이 무엇인지를 [          ]하는 내용이다. |

| 일상에서 모은 자료를 기준에 따라 [　　　]한다. | 유아가 일상생활에서 흥미와 관심에 따라 필요한 [　　　]를 다양한 방법으로 모으고, [　　　]한 자료의 [　　　]과 [　　　]을 탐색하며, 이를 하나 또는 그 이상의 다양한 [　　　](예: 모양, 크기, 색깔 등)에 따라 정리하고 [　　　]해 보는 내용이다. |
|---|---|
| [　　　]와 기계에 대해 관심을 가진다. | 유아가 일상생활에서 사용하는 다양한 [　　　]와 [　　　]에 관심을 가지고 [　　　]해 보면서, 도구와 기계가 우리의 생활에 어떠한 [　　　]을 주는지에 대해 관심을 가지는 내용이다. |

### 3) 자연과 더불어 살기

| 내용범주 | [　　　]과 더불어 살기 |
|---|---|
| 목표 | 생명과 자연을 [　　　]한다. |

| 내용 | 내용 이해 |
|---|---|
| 주변의 [　　　]에 관심을 가진다. | 유아가 등·하원, 산책, 바깥 놀이터, 교실에서 접할 수 있는 동식물을 [　　　]하거나 직접 길러 보면서, 동식물의 [　　　]에 관심을 가지고 [　　　]하는 내용이다. |
| 생명과 [　　　]을 소중히 여긴다. | 유아가 동식물뿐만 아니라 동식물이 살아가기에 좋은 [　　　]에 대해 관심을 가지고, 이들을 [　　　]로서 소중히 여기는 내용이다. |
| [　　　]와 계절의 변화를 생활과 관련짓는다. | 유아가 낮과 밤, [　　　], 계절의 [　　　]를 느끼고, 자연의 [　　　]가 자신의 옷차림, 놀이 등 [　　　]에 영향을 준다는 것을 [　　　]하고 적절하게 [　　　]하는 내용이다. |

## 2019 개정 누리과정

# 2 자연탐구

## 01. 목표

| 목표 | 탐구하는 [　　　]을 즐기고, [　　　]과 더불어 살아가는 태도를 가진다. |
|---|---|
| | 1) 일상에서 [　　　]을 가지고 탐구하는 [　　　]을 즐긴다. |
| | 2) 생활 속의 [　　　]를 수학적, 과학적으로 [　　　]한다. |
| | 3) 생명과 [　　　]을 [　　　]한다. |

## 02. 내용범주 및 내용

| 내용범주 | 내용 | | | |
|---|---|---|---|---|
| [　　　] 즐기기 | 주변 세계와 [　　　]에 대해 지속적으로 [　　　]을 가진다. | | | |
| | 궁금한 것을 [　　　]하는 [　　　]에 즐겁게 참여한다. | | | |
| | 탐구[　　　]에서 서로 다른 [　　　]에 관심을 가진다. | | | |
| [　　　]에서 탐구하기 | 물체의 [　　　]과 변화를 여러 가지 방법으로 [　　　]한다. | | | |
| | 물체를 [　　　] [　　　]을 알아본다. | | | |
| | 물체의 [　　　]와 [　　　], 모양을 알고 [　　　]한다. | | | |
| | 일상에서 [　　　] 등의 속성을 [　　　]한다. | | | |
| | 주변에서 [　　　]되는 [　　　]을 찾는다. | | | |
| | 일상에서 모은 자료를 [　　　]에 따라 [　　　]한다. | | | |
| | [　　　]와 [　　　]에 대해 관심을 가진다. | | | |
| [　　　]과 더불어 살기 | 주변의 [　　　]에 관심을 가진다. | | | |
| | 생명과 [　　　]을 소중히 여긴다. | | | |
| | [　　　]와 [　　　]의 변화를 생활과 관련짓는다. | | | |

1) [ ] 즐기기

| 내용범주 | [ ] 즐기기 | |
|---|---|---|
| 목표 | 일상에서 [ ]을 가지고 탐구하는 [ ]을 즐긴다. | |

| 내용 | 내용 이해 |
|---|---|
| 주변 세계와 [ ]에 대해 지속적으로 [ ]을 가진다. | 유아가 [ ] 등에 [ ]을 가지고, 놀이에서 [ ]으로 [ ]을 찾아가거나 [ ]하는 내용이다. |
| 궁금한 것을 [ ]하는 [ ]에 즐겁게 참여한다. | 유아가 [ ]을 알아보기 위해 [ ] 등의 다양한 [ ]을 [ ]으로 즐기는 내용이다. |
| 탐구[ ]에서 서로 다른 [ ]에 관심을 가진다. | 유아가 [ ]에서 자신의 [ ]을 또래나 교사와 함께 [ ]하고, [ ] 생각에 [ ]을 가지는 내용이다. |

2) [ ]에서 탐구하기

| 내용범주 | [ ]에서 탐구하기 | |
|---|---|---|
| 목표 | 생활 속의 [ ]를 수학적, 과학적으로 [ ]한다. | |

| 내용 | 내용 이해 |
|---|---|
| 물체의 [ ]과 변화를 여러 가지 방법으로 [ ]한다. | 유아가 [ ]에서 쉽게 발견할 수 있는 친숙한 [ ]나 [ ]의 크기, 모양, 색, 냄새, 소리, 질감과 같은 [ ]에 관심을 갖는 내용이다. 나아가 그 [ ]나 [ ]을 자르고 섞는 등 [ ] 으로 변화시켜 보며, [ ]과 [ ]이 무엇인지 [ ]해 보는 내용이다. |

## 2 자연탐구

*2019 개정 누리과정*

| | |
|---|---|
| 물체를 [　　　] [　　　]을 알아본다. | 유아가 [　　　]에서 수에 [　　　]을 가지고, 수량을 세어 [　　　　] 및 수량의 [　　　]를 알아보는 내용이다. |
| 물체의 [　　　]와 [　　　], 모양을 알고 [　　　]한다. | 유아가 [　　　]과 [　　　]를 [　　　]으로 앞, 뒤, 옆, 위, 아래 등 [　　　] 안에서 [　　　]와 [　　　]을 알아가는 내용이다. 유아가 [　　　　]에서 네모나 세모, 둥근 기둥, 상자 모양 등을 찾고 다양한 [　　　]에서 [　　　]과 [　　　]을 알아가는 내용이다. |
| 일상에서 [　　　], [　　　] 등의 속성을 [　　　]한다. | 유아가 일상에서 [　　　]나 [　　　] 등 [　　　] 가능한 [　　　]을 알고, 이 속성을 [　　　]으로 물체를 [　　　]하여 [　　　] 지어 보는 내용이다. 이 과정에서 유아는 자신의 [　　　]를 비롯하여 다양한 [　　　]를 활용하고, 다양한 [　　　]를 사용하면서 [　　　]를 지어 보는 내용이다. |
| 주변에서 [　　　]되는 [　　　]을 찾는다. | 유아가 생활 주변에서 [　　　]이나 [　　　]의 양상이 일정한 [　　　]로 반복 배열되는 것에 관심을 갖고 즐기며, [　　　]되는 [　　　]에 숨어 있는 [　　　]와 [　　　]을 발견하여 다음에 올 것이 무엇인지를 [　　　]하는 내용이다. |
| 일상에서 모은 자료를 [　　　]에 따라 [　　　]한다. | 유아가 일상생활에서 흥미와 관심에 따라 필요한 [　　　]를 다양한 [　　　]으로 모으고, [　　　]한 자료의 [　　　]과 [　　　]을 탐색하며, 이를 하나 또는 그 이상의 다양한 [　　　](예: [　　　], 크기, [　　　] 등)에 따라 정리하고 [　　　]해 보는 내용이다. |

| | |
|---|---|
| [　　]와 [　　]에 대해 관심을 가진다. | 유아가 [　　　　　　]에서 사용하는 다양한 [　　　]와 [　　　]에 관심을 가지고 [　　　　　　]해 보면서, 도구와 기계가 우리의 [　　　　]에 어떠한 [　　　]을 주는지에 대해 관심을 가지는 내용이다. |

3) [　　　]과 더불어 살기

| 내용범주 | [　　　]과 더불어 살기 |
|---|---|
| 목표 | 생명과 [　　　]을 [　　　]한다. |

| 내용 | 내용 이해 |
|---|---|
| 주변의 [　　　]에 관심을 가진다. | 유아가 등·하원, 산책, 바깥 놀이터, 교실에서 접할 수 있는 동식물을 [　　　]하거나 [　　　　] 보면서, 동식물의 [　　　]에 관심을 가지고 [　　　]하는 내용이다. |
| 생명과 [　　　　]을 소중히 여긴다. | 유아가 동식물뿐만 아니라 동식물이 살아가기에 좋은 [　　　]에 대해 관심을 가지고, 이들을 [　　　　]로서 [　　　]히 여기는 내용이다. |
| [　　　]와 [　　　]의 변화를 생활과 관련짓는다. | 유아가 낮과 밤, [　　　　　]의 [　　　]를 느끼고, 자연의 [　　　]가 자신의 옷차림, 놀이 등 [　　　　]에 영향을 준다는 것을 [　　　]하고 적절하게 [　　　]하는 내용이다. |

## 2019 개정 누리과정

# 3 자연탐구

## 01. 목표

| 목표 | [　　]하는 [　　]을 즐기고, [　　]과 더불어 살아가는 태도를 가진다. |
|---|---|
| | 1) 일상에서 [　　]을 가지고 [　　]하는 [　　]을 즐긴다. |
| | 2) 생활 속의 [　　]를 [　　]으로 [　　]한다. |
| | 3) [　　]과 [　　]을 [　　]한다. |

## 02. 내용범주 및 내용

| 내용범주 | 내용 |
|---|---|
| [　　] 즐기기 | 주변 세계와 [　　]에 대해 지속적으로 [　　]을 가진다. |
| | 궁금한 것을 [　　]하는 [　　]에 즐겁게 [　　]한다. |
| | [　　]에서 서로 다른 [　　]에 [　　]을 가진다. |

| [　　　]에서 [　　　]하기 | 물체의 [　　] 과 [　　]를 [　　　　] 방법으로 [　　　]한다. |
|---|---|
| | 물체를 [　　] [　　　]을 알아본다. |
| | 물체의 [　　]와 [　　　　]을 알고 [　　　]한다. |
| | 일상에서 [　　　　　] 등의 속성을 [　　　]한다. |
| | 주변에서 [　　]되는 [　　　]을 찾는다. |
| | 일상에서 모은 [　　]를 [　　]에 따라 [　　　]한다. |
| [　　]과 [　　] 살기 | [　　]와 [　　]에 대해 관심을 가진다. |
| | 주변의 [　　]에 [　　]을 가진다. |
| | 생명과 [　　　]을 [　　　]여긴다. |
| | [　　]와 [　　]의 변화를 [　　]과 관련짓는다. |

1) [　　　　　] 즐기기

| 목표 | 일상에서 [　　　]을 가지고 [　　　]하는 [　　　]을 즐긴다. |
|---|---|
| 내용범주 | 내용 |
| [　　　　] 즐기기 | [　　　]와 [　　　]에 대해 지속적으로 [　　　　]을 가진다. |
| | 궁금한 것을 [　　]하는 [　　　]에 즐겁게 [　　]한다. |
| | [　　　　]에서 서로 다른 [　　　]에 [　　　]을 가진다. |

2) [　　　]에서 [　　　]하기

| 목표 | 생활 속의 [　　　]를 [　　　　　]으로 [　　　]한다. |
|---|---|
| 내용범주 | 내용 |
| [　　　]에서 [　　　]하기 | 물체의 [　　]과 [　　]를 [　　　　　]으로 [　　　]한다. |
| | 물체를 [　　] [　　　]을 알아본다. |
| | 물체의 [　　　　　]을 알고 [　　　]한다. |
| | 일상에서 [　　　　] 등의 속성을 [　　　]한다. |
| | 주변에서 [　　　]되는 [　　　]을 찾는다. |
| | 일상에서 모은 [　　　]를 [.　　]에 따라 [　　　]한다. |
| | [　　　]와 [　　　]에 대해 관심을 가진다. |

3) [　　　]과 [　　　　　]

| 목표 | [　　　]과 [　　　]을 [　　　]한다. |
|---|---|
| 내용범주 | 내용 |
| [　　]과 [　　　] 살기 | 주변의 [　　　]에 [　　　]을 가진다. |
| | 생명과 [　　　]을 [　　　　]여긴다. |
| | [　　　]와 [　　　]의 변화를 [　　　]과 관련짓는다. |

# 4 자연탐구

2019 개정 누리과정

## 01. 목표

| 목표 | [　　　　　　　　　　]을 즐기고, [　　　　]과 [　　　　　　　　　　　　]를 가진다. |
|---|---|
| | 1) [　　　　]에서 [　　　　　]을 가지고 [　　　　　]을 [　　　　]다. |
| | 2) [　　　　　　]를 [　　　　　　　]으로 [　　　　]한다. |
| | 3) [　　　　　　]을 [　　　　]한다. |

## 02. 내용범주 및 내용

| 내용범주 | 내용 |
|---|---|
| [　　　　　　] | [　　　　　　　　　　]에 대해 [　　　　　]으로 [　　　　　　]을 가진다. |
| | [　　　　　]을 [　　　　　　　　]에 [　　　　　　]한다. |
| | [　　　　　　]에서 [　　　　　　]에 [　　　]을 가진다. |

# 4. 자연탐구

| | | |
|---|---|---|
| [ ]에서 [ ]하기 | [　　]의 [　　　　　]를 [　　]으로 [　　]한다. | |
| | [　　　　　　]을 [　　]본다. | |
| | [　　]의 [　　　　　　]을 [　　　]한다. | |
| | [　　]에서 [　　　　　] 등의 [　　　　]한다. | |
| | [　　]에서 [　　　　　　]을 찾는다. | |
| | [　　]에서 [　　　　]를 [　　]한다. | |
| [ ]과 [ ] | [　　　　　　]에 대해 [　　]을 가진다. | |
| | [　　　　　]에 [　　]을 가진다. | |
| | [　　　　]을 [　　　] 여긴다. | |
| | [　　　　]의 [　　]를 [　　]다. | |

1) [　　　　　　　]

| 목표 | [　　]에서 [　　　]을 가지고<br>[　　　　]을 [　　]다. |
|---|---|
| 내용범주 | 내용 |
| | [　　　　　　]에 대해<br>[　　]으로 [　　　]을 가진다. |
| | [　　　]을 [　　　　]에<br>[　　　]한다. |
| | [　　　]에서 [　　　　]에<br>[　　]을 가진다. |

2) [                         ]

| 목표 | [           ]를 [           ]으로 [           ]한다. |
| --- | --- |
| 내용범주 | 내용 |
| | [     ]의 [           ]를 [           ]으로 [       ]한다. |
| | [               ]을 [      ]본다. |
| | [     ]의 [               ]을 [           ]한다. |
| | [       ]에서 [           ] 등의 [             ]한다. |
| | [       ]에서 [             ]을 찾는다. |
| | [       ]에서 모은 [       ]를 [             ]한다. |
| | [           ]에 대해 [         ]을 가진다. |

3) [                 ]

| 목표 | [           ]을 [       ]한다. |
| --- | --- |
| 내용범주 | 내용 |
| | [             ]에 [         ]을 가진다. |
| | [               ]을 [       ] 여긴다. |
| | [           ]의 [       ]를 [         ]다. |

## 2019 개정 누리과정

# 5 자연탐구

### 01. 목표

| 목표 | 1) |
| | 2) |
| | 3) |

### 02. 내용범주 및 내용

| 내용범주 | 내용 |
|---|---|
| | |
| | |
| | |
| | |
| | |
| | |
| | |
| | |
| | |
| | |
| | |
| | |
| | |

1) [ ]

| 목표 | |
|---|---|
| 내용범주 | 내용 |
| | |
| | |
| | |

2) [ ]

| 목표 | |
|---|---|
| 내용범주 | 내용 |
| | |
| | |
| | |
| | |
| | |
| | |
| | |

3) [ ]

| 목표 | |
|---|---|
| 내용범주 | 내용 |
| | |
| | |
| | |

배지윤의 **아테나 유아교육과정**

# 2019 개정 누리과정
## 총정리 문제집

**암기훈련**